中國學術思想 研究輯刊

十五編

林慶彰 主編

第 13 冊

《儀禮·公食大夫禮》管見

鄭憲仁 著

花木蘭文化出版社

國家圖書館出版品預行編目資料

《儀禮·公食大夫禮》管見／鄭憲仁 著 — 增訂版 — 新北市：
花木蘭文化出版社，2013〔民 102〕
目 4+260 面；19×26 公分
（中國學術思想研究輯刊 十五編：第 13 冊）
ISBN：978-986-322-119-7（精裝）
1. 儀禮 2. 研究考訂
030.8 102001949

ISBN-978-986-322-119-7

9 789863 221197

中國學術思想研究輯刊
十五編 第十三冊 ISBN：978-986-322-119-7

《儀禮·公食大夫禮》管見

作 者 鄭憲仁
主 編 林慶彰
總 編 輯 杜潔祥
出 版 花木蘭文化出版社
發 行 所 花木蘭文化出版社
發 行 人 高小娟
聯絡地址 235 新北市中和區中安街七二號十三樓
電話：02-2923-1455／傳真：02-2923-1452
網 址 http://www.huamulan.tw 信箱 sut81518@gmail.com
印 刷 普羅文化出版廣告事業
封面設計 劉開工作室
增 訂 版 2013 年 3 月
定 價 十五編 18 冊（精裝）新台幣 30,000 元

《儀禮·公食大夫禮》管見

鄭憲仁　著

作者簡介

鄭憲仁，高雄人，國立臺灣師範大學國文學系學士、碩士、博士。現任教於國立臺南大學國語
文學系。學術專長為：中國古文字學、先秦禮學（三禮）、古器物學、中國上古史。發表著作如：
《西周銅器銘文所載賞賜物之研究——器物與身分的詮釋》、《周穆王時代銅器研究》、〈銅器銘文
所見聘禮研究〉、〈銅器銘文「金甬」與文獻「鸞和」之探究〉、〈銅器銘文札記〉、〈子犯編鐘—
—西之六自探討〉、〈銅器禘祭研究〉、〈豆形器的自名問題——兼論器物定名〉、〈西周銅器斷代
研究上的幾點意見〉、〈《殷周金文集成引得》與《殷周金文集成釋文》隸定相異處探討——以樂
器為例〉、〈哀成叔諸器研究〉、〈周代「諸侯大夫宗廟圖」研究〉、〈《儀禮·聘禮》儀節之
研究〉、〈郭沫若《周禮》職官研究之探討〉、〈釋拜——稽首、頓首、空首、振動〉、〈近六十年
（1950～2010）關於《儀禮》食器的討論〉、〈錢玄的三禮名物學研究〉等。

提　　要

　　本書以《儀禮·公食大夫禮》為研究對象，是作者研究先秦食禮的部分成果，採用以圖說
禮的詮釋方式，可視為圖說《儀禮·公食大夫禮》的系列之一。全書以三個子題的方式呈現研
究成果：子題一是「〈公食大夫禮〉之性質及其與〈聘禮〉之關係」，討論《儀禮》中的兩篇文
獻的關係；子題二是「由經文的研讀到儀節圖的繪製」，這是全書的重心，目的在繪製詳細的
儀節圖。研究的方式是由集釋著手，匯集前人意見，加案語的方式以誌作者心得，並繪製禮圖，
達到以圖輔文的效果，本書新繪儀節圖凡三十七幅，並有名物圖五幅。子題三是「禮義的探討」，
先就劉敞〈公食大夫義〉討論，再分析〈公食大夫禮〉的禮義，以闡發賢哲立禮的要旨。三個
子題為三章，相互聯繫。

目次

卷 頭 語

　　禮是實學，素稱難治，既有時代因革之異，又有經權隆殺之別，需長期關注與鑽研，方能有所長進。前人云治《儀禮》有三途徑，曰分節，曰繪圖，曰釋例。《儀禮》各篇分節之研究自臺灣大學　孔德成先生領導「儀禮復原小組」起，開展風氣，〈士昏禮〉、〈士相見禮〉、〈鄉飲酒禮〉、〈鄉射禮〉、〈特牲饋食禮〉等篇，皆有儀節之專著。臺灣師範大學　周何先生指導學生撰寫論文，而有〈鄉射禮〉、〈聘禮〉、〈士喪禮〉、〈既夕禮〉各篇儀節研究之作。學界於〈燕禮〉、〈少牢饋食禮〉、〈有司徹〉亦有儀節專著出版。

　　〈公食大夫禮〉乃國君款待外國使臣之食禮，為目前保留最完整之周代食禮記錄，於研究上古中國之飲食禮制可謂為核心文獻，而〈公食大夫禮〉尚乏儀節專著，憲仁乃思有本書之作也。各家儀節，或有禮圖以輔之，成果益彰，故本書亦於此著意焉。

　　本書以《儀禮·公食大夫禮》為研究對象，以三個子題的方式呈現，子題一為「〈聘禮〉與〈公食大夫禮〉的關係」；子題二為全書之重心：「由經文的研讀到儀節圖的繪製」，主要目的在繪製詳細之儀節圖，使經文所載人物進退方位、器物陳設地點與方式，得依圖以明之。又因繪製儀節圖必須先理解經文，於是由集釋著手。本書第二章第二節，乍視之，似將各家說法陳列，或有敷衍以充篇幅之譏，然作者於各家之說法，細心斷句，判別取捨，並加案語以分析是非，亦有用心於其間者，非徒鋪陳巧飾而已。既爬梳古籍，剖析異同，於是力求審慎詮譯，將經文中可用儀節圖呈現者，盡可能圖示，期望達到以圖輔文之效。子題三為「禮義的探討」，先就劉敞〈公食大夫義〉討論，再進而分析〈公食大夫禮〉之禮義，期能闡發賢哲立禮之旨。

　　憲仁於此，以誠實之態度自我檢討，本書於〈公食大夫禮〉尚有不少未觸及之處，如名物圖，當以新出土文物，求其時代與《儀禮》相當者，揀擇器形，編爲新圖以供治禮學者參考，憲仁於出土文物留意已久，曾有《周穆王時代銅器研究》與《西周銅器銘文所載賞賜物之研究——器物與身分的詮釋》之作，本應先完成「〈公食大夫禮〉名物圖」，卻未及成稿，願於下一階段完成。又「禮例（釋例）」之整理與分析，憲仁雖已留意多年，亦有粗略文稿，但尚未足以面世，乃計畫於下一階段完稿發表。再者，《左傳》爲春秋之實錄，諸子成書亦不乏食禮之事，亦當深入探討，俟後發表。本書草成，罣誤之處，固知難免，博雅君子，幸垂教焉。

鄭憲仁　謹識

民國百年八月

於國立臺南大學

附　記

　　本書爲行政院國家科學委員會專題研究計畫的成果（ NSC 95-2411-H-024-005），計畫完成時已寫有相關文稿，但內文涉及面象甚多，未及修定全部發表，之後乃陸續增改，於是取部分以成此書。本書於民國百年八月初成後，經專家審閱提供寶貴意見，因此於 101 年修改後再刊行。原單行本校對有未精處，今修訂本已付梓，單行本自當作廢，學者參考，請以本版爲是。

緒論：食禮概說

　　「禮」所含涉的範圍很廣，舉凡制度、儀式、常規、風俗、器用、思想，皆可包含在禮的範圍中，若由《周禮》一書的內容來看，禮的範疇更是無所不包，經天緯地，人群萬物，皆有禮以應之。《禮記・曲禮上》云：

> 道德仁義，非禮不成。教訓正俗，非禮不備。分爭辨訟，非禮不決。君臣上下，父子兄弟，非禮不定。宦學事師，非禮不親。班朝治軍，蒞官行法，非禮威嚴不行。禱祠祭祀，供給鬼神，非禮不誠不莊。〔註1〕

言及抽象的道德仁義及人群關係、關於宗教信仰的禱祠祭祀，並及國家之管理與軍隊之制度。《禮記・禮運》亦云：

> 夫禮，必本於天，殽於地，列於鬼神，達於喪、祭、射、御、冠、昏、朝、聘。〔註2〕

> 禮者，君之大柄也，所以別嫌明微，儐鬼神，考制度，別仁義，所以治政安君也。〔註3〕

> 夫禮，必本於大一，分而爲天地，轉而爲陰陽，變而爲四時，列而爲鬼神。其降曰命，其官於天也。夫禮，必本於天，動而之地，列而之事，變而從時，協於分藝，其居人也曰養，其行之以貨力、辭讓、飲食、冠、昏、喪、祭、射、御、朝、聘。〔註4〕

〔註1〕　〔東漢〕鄭玄注、〔唐〕孔穎達正義：《禮記注疏》（臺北：藝文印書館，清嘉慶二十年阮元南昌府學重刊宋本），卷一，頁10～11（總15～16）。
〔註2〕　同上註，卷二十一，頁6（總414）。
〔註3〕　同上註，卷二十一，頁21（總422）。
〔註4〕　同上註，卷二十二，頁18～19（總438～439）。

「禮本於天」，古人以禮事天，推之與天相關之事亦屬於禮之範疇；「殽於地」，故明地理，推之與地有關之事亦是禮之範疇。對於人群，從飲食到國家治理，皆屬禮之事。禮的作用至大，《禮記‧仲尼燕居》乃云：「君子無物而不在禮矣」。〔註5〕

食禮，顧名思義是禮的範疇之一，常與食禮一起提及的是飲禮（飲酒禮）、饗禮與燕禮。食禮常伴隨飲禮舉行，燕禮重飲，食禮重飯，而饗禮兼有之。有的學者習慣將食禮與飲禮合稱為「飲食禮」，或與饗禮合稱為「饗食禮」。

食禮於古今禮儀中，均佔有重要的地位，並且含涉在各種禮制之中。以《儀禮》一書而論，除了〈公食大夫禮〉本身即是食禮外，其他各篇〈士昏禮〉、〈鄉飲酒禮〉、〈鄉射禮〉、〈燕禮〉、〈大射儀〉、〈聘禮〉其禮儀進行過程都有食禮的部分；至於喪禮，亦為死者準備食物，故〈士喪禮〉、〈既夕〉、〈士虞禮〉三篇都有相關文字；而祭禮的舉行也有準備食物與進行飲食的儀節，祭祀與飲食密切相關，〈特牲饋食禮〉、〈少牢饋食禮〉、〈有司徹〉均載有相關內容。故古人或認為禮起源於飲食，《禮記‧禮運》云：

> 夫禮之初，始諸飲食，其燔黍捭豚，汙尊而抔飲，蕢桴而土鼓，猶
> 若可以致其敬於鬼神。〔註6〕

覓食是人的本能，由覓食到如何進食，是人類文明發展的必然途徑。食的人文發展特色之一，便是禁忌與儀式，這就是由飲食進化到食禮的濫觴。人類學學者提出如是的說法：

> 飲食是人生一宗大事，自然要糾纏上許多奇怪意思，撥弄不清。對
> 於那些野蠻人來說，我們無可不可的地方，往往正是他們吹毛求疵
> 的地方。在飲食這件事上大概都有很鄭重、尊嚴的規則。這裡面，
> 有很深刻的，說是禮節還不如說是道德。〔註7〕

這些對食物的認知與看法、觀念、習俗，成為禁忌或規範，再進而成為禮儀，而禮儀本身即是道德規範的一環。

食禮在周代的禮制中，因身分、場合、性質、目的、隆殺等因素，又有

〔註5〕同上註，卷五十，頁20（總854）。
〔註6〕同上註，卷二十一，頁9（總416）。
〔註7〕〔美〕羅伯特‧路威著（Robert Heinrich Lowie）、呂祖湘譯：《文明與野蠻（Are We Civilized?－Human Culture in Perspective）》（北京：生活‧讀書‧新知三聯書店，1992年），頁45。

不同的分類，在唐代孔穎達《禮記正義》中將食禮分成兩類：

> 「食」禮者，有飯有殽，雖設酒不飲，其禮以飯爲主，故曰食也。
> 其禮有二種，一是禮食，故〈大行人〉云諸公云〔註8〕食之禮有九
> 舉及公食大夫禮之屬是也。二是燕食者，謂臣下自與賓客旦夕共食
> 是也。〔註9〕

孔氏所說的「禮食」與「燕食」是較大的分類，「禮食」可再細分爲若干類別，燕食也因身分不同而可細分。《禮記・王制》與〈內則〉都有如下的記載：

> 凡養老：有虞氏以燕禮，夏后氏以饗禮，殷人以食禮，周人脩而兼
> 用之。〔註10〕

養老禮可歸爲「禮食」的一個細類。《儀禮・公食大夫禮》所載爲公食異國來聘臣子之禮，文末又有「大夫相食」之法，即是大夫食異國來聘大夫之禮，均屬「禮食」，胡培翬《儀禮正義》於〈公食大夫禮〉解題云：

> 《三禮札記》云：「天子有食諸侯之禮。」〈大行人〉云：「上公食禮
> 九舉，侯伯食禮七舉，子男食禮五舉。」是也。諸侯相朝有相食之
> 禮，〈掌客〉云「上公三食，侯伯再食，子男一食」是也。諸侯於本
> 國之臣，亦有食禮，《左傳》：「魏絳和戎，晉侯與之禮食」是也。天
> 子、諸侯養老，亦用食禮，《禮記》「食三老五更於大學」，又曰「秋
> 食耆老」是也。此篇是主言諸侯食聘賓並及大夫相食之禮，即〈聘
> 禮〉所云「公於賓壹食再饗，大夫於賓壹饗壹食」是也。〔註11〕

據此，則食禮有：天子食諸侯之禮、諸侯相食之禮、諸侯食本國臣之禮、天子諸侯養老食禮、諸侯食聘賓及上介之禮、大夫相食之禮，凡六種〔註12〕「禮食」，至於上文所指《儀禮》各篇之禮食，則因包含在各種禮制中，所以胡培翬沒有特別指出來，以〈士昏禮〉爲例，經文詳細地記錄了將親迎「預陳饌」

〔註 8〕 「云」原作「三」，孫詒讓校云：「『三』，當爲『云』。」據改。（〔清〕孫詒讓：
《十三經注疏校記》（北京：中華書局，2009 年，雪克輯校本），下冊，頁 441。）

〔註 9〕 〔東漢〕鄭玄注、〔唐〕孔穎達正義：《禮記注疏》，卷十三，頁 16～17（總
263～264）。

〔註10〕 同上註，〈王制〉在卷十三，頁 15（總 263）；〈內則〉在卷二十八，頁 5（總 531）。

〔註11〕 〔清〕胡培翬：《儀禮正義》（南京：江蘇古籍出版社，段熙仲點校本），冊二，
卷十九，頁 1184～1185。

〔註12〕 此算法乃將天子與諸侯養老食禮視爲一種。又諸侯食聘賓及上介亦可分爲「諸
侯食聘賓之禮」與「諸侯食聘上介之禮」兩種，大夫相食之禮若再細分，亦
可分成多種，故此統計只是就其大概而說，非精確數字。

之事：

> 陳三鼎于寢門外，東方，北面，北上。其實特豚，合升，去蹄。舉
> 肺、脊二，祭肺二，魚十有四，腊一肫，髀不升。皆飪。設扃鼏。
> 設洗于阼階東南。饌于房中，醯醬二豆，菹醢四豆，兼巾之。黍稷
> 四敦，皆蓋。大羹湆在爨。尊于室中北墉下，有禁。玄酒在西。絺
> 幂。加勺，皆南枋。尊于房户之東，無玄酒。篚在南，實四爵合卺。
> 〔註13〕

又有「婦至成禮」一儀節，夫妻對食之設饌與祭、食：

> 贊者徹尊幂。舉者盥，出，除鼏，舉鼎入，陳于阼階南，西面，北
> 上。七俎從設。北面載，執而俟。七者逆退，復位于門東，北面，
> 西上。贊者設醬于席前，菹醢在其北。俎入，設于豆東，魚次。腊
> 特于俎北。贊設黍于醬東，稷在其東，設湆于醬南。設對醬于東，
> 菹醢在其南，北上。設黍于腊北，其西稷。設湆于醬北。御布對席。
> 贊啓會，卻于敦南，對敦于北。贊告具。揖婦，即對筵，皆坐，皆
> 祭。祭薦、黍、稷、肺。贊爾黍，授肺、脊。皆食以湆、醬，皆祭
> 舉、食舉也。三飯，卒食。贊洗爵，酌酳主人，主人拜受。贊戶內，
> 北面，答拜。酳婦亦如之。皆祭。贊以肝從，皆振祭，嚌肝，皆實
> 于菹豆。卒爵，皆拜。贊答拜，受爵。再酳如初，無從。三酳用卺，
> 亦如之。贊洗爵，酌于戶外尊。入戶，西北面，奠爵，拜。皆答拜。
> 坐祭，卒爵，拜。皆答拜。〔註14〕

上面兩段引文即〈士昏禮〉之「食禮」。由此可知，「禮食」之適用甚廣，固
不限於天子、諸侯、大夫階層，亦不只用於賓禮之朝聘也。至於燕食，孔穎
達所指的是「臣下自與賓客旦夕共食」〔註15〕則為一般生活中的食禮，是稱
不上「禮之正」的「小小燕食之禮」。〔註16〕

〔註13〕 〔東漢〕鄭玄注、〔唐〕賈公彥疏：《儀禮注疏》（臺北：藝文印書館，清嘉慶
二十年阮元南昌府學重刊宋本），卷四，頁8～10（總42～43）。

〔註14〕 同上註，卷五，頁5～7（總51～52）。

〔註15〕 〔東漢〕鄭玄注、〔唐〕孔穎達正義：《禮記注疏》，卷十三，頁16～17（總
263～264）。

〔註16〕 《公食大夫禮》「三揖。至于階，三讓。公升二等，賓升。」賈公彥《儀禮疏》
云：「按〈曲禮〉云：『客若降等，則就主人之階。主人固辭，然後客復就西
階。』此亦降等，初即就西階者，此君與客食禮，禮之正，彼謂大夫士以小
小燕食之禮，故與此不同也。」（卷二十五，頁4（總300））是燕食不若正式

在歷代禮學家的著作中，對於食禮分的最細的是姜兆錫的《儀禮經傳內編》，此書將食禮細分成二十種，若由性質來看，可分為五個類別：族食、聘食、膳食、相食、其他（指在前四類以外者）〔註17〕，可用下面的排列方式來呈現：

（族食禮）　士族食禮、大夫族食禮、諸侯族食禮、王族食禮

（聘食）　　大夫食聘大夫禮、王大夫食聘大夫禮、諸侯食聘大夫禮、諸侯食王聘大夫禮、公食聘大夫禮、王食聘大夫禮

（膳食禮）　諸侯膳食禮、王膳食禮

（相食禮）　本國大夫相食禮、諸侯相食禮

（其他食禮）王大夫食諸侯禮、諸侯食大夫禮、王食諸侯禮、王食牧伯禮、王食國賓禮、王食大夫禮〔註18〕

由此可見周代食禮已涵蓋在各個階層，適用於各類場合。

古人對於食禮的細節規定甚多，除了《儀禮》各篇經文中所述之外，在《禮記》也有不少記載，古籍中如《左傳》、《國語》亦不乏各種實例與禮論，下面舉三段《禮記》的記錄為參考：

〈曲禮上〉：「凡進食之禮，左殽右胾，食居人之左，羹居人之右。膾炙處外，醯醬處內，葱渫處末，酒漿處右。以脯脩置者，左朐右末。客若降等，執食興辭，主人興，辭於客，然後客坐。主人延客祭：祭食，祭所先進。殽之序，徧祭之。三飯，主人延客食胾，然後辯殽。主人未辯，客不虛口。」〔註19〕

〈少儀〉：「凡膳、告於君子，主人展之，以授使者于阼階之南，南面，再拜稽首送；反命，主人又再拜稽首。其禮：大牢則以牛左肩、臂、臑折九箇，少牢則以羊左肩七箇，犆豕則以豕左肩五箇。」〔註20〕

食禮（禮食）之慎重。又〈曲禮〉此文不適用於〈公食大夫禮〉，但卻是食禮的正式規範，可以視為「禮例」，若只視為「小小燕食之禮」則把〈曲禮〉這條經文的適用範圍說小了。又，黃以周認為「燕食」是〈玉藻〉所云諸禮食是也。」（〔清〕黃以周：《禮書通故》（北京：中華書局，2007年，王文錦點校本），卷22，頁1006）。

〔註17〕此分類為本書作者所分，非原書之分類與次序。

〔註18〕〔清〕姜兆錫：《儀禮經傳內編》（《續修四庫全書》景印清乾隆元年寅清樓刻本），卷五，頁1～21。

〔註19〕〔東漢〕鄭玄注、〔唐〕孔穎達正義：《禮記注疏》，卷二，頁17～18（總39）。

〔註20〕同上註，卷三十五，頁25（總638）。

〈坊記〉：「子云：『敬則用祭器。故君子不以菲廢禮，不以美沒禮。』故食禮：主人親饋，則客祭；主人不親饋，則客不祭。故君子苟無禮，雖美不食焉。」〔註21〕

民以食爲天，古人對食禮之重視自是不難理解，《尚書・洪範》爲先人所熟知的國政治民原則，其列爲首者便是「食」〔註22〕，《禮記・王制》提出的「八政」，也以「飲食」爲首〔註23〕，食爲人事之本，國政之始，其重要性如此。食之禮儀是一個民族文化深度的呈現，食禮是飲食文化的核心，古代如此，現代亦然。周文郁郁，其於食禮必然有相當的儀節規範。因爲重要，所以食禮由習俗禁忌，提昇爲政治的要項，是治理國家不可忽視的部分，食禮的功能與儒家提倡以德治國的理想是相通的。其功能約而言之，可由以下數端：

首先是「治政安君」，禮制以差別等級穩定政治，規範每個人依其身分（階級、爵位、親疏等）適用的配套禮儀，要求每個人都依禮而行，如此可達到家庭鄉里和睦，國家社會安定，所以治政安君是禮的重要功能，而食禮也同樣具有這樣的功能。周禮重視身分等差，所以列鼎列簋，因身分而不同，故公食大夫之禮，聘賓爲卿則九鼎八簋，聘賓爲（下）大夫則七鼎六簋，其庶羞之豆亦有二十與十六之別。不同的身分有不同的飲食等級，飲食是每日進行的，把規範身分差等的制度內化爲生活常規，對於維繫封建禮制起了很大的作用。

食禮的另一個與治國相通的功能是「仁愛相親」，這個功能有助於人與人之間、國與國之間的情誼，聯絡群我，增強關係，對於不同身分階級，也起了連繫情感的作用。《周禮・春官・大宗伯》云：「以飲食之禮親宗族兄弟」、「以饗燕之禮親四方之賓客」〔註24〕，食禮能親宗族、親姻友、親國人，在飲食中，自然而然的將人與人的關係拉近，與宗族饗食，則宗族相親，以食

〔註21〕同上註，卷五十一，頁18（總868）。

〔註22〕《尚書・洪範》曰：「三、八政：一曰『食』、二曰『貨』、三曰『祀』、四曰『司空』、五曰『司徒』、六曰『司寇』、七曰『賓』、八曰『師』。」舊題〔西漢〕孔安國傳、〔唐〕孔穎達等正義：《尚書注疏》（臺北：藝文印書館，清嘉慶二十年阮元南昌府學重刊宋本），卷十二，頁9（總171）。

〔註23〕〔東漢〕鄭玄注、〔唐〕孔穎達正義：《禮記注疏》，卷十三，頁28（總269）。「八政」爲「飲食、衣服、事爲、異別、度、量、數、制」。

〔註24〕〔東漢〕鄭玄注、〔唐〕賈公彥疏：《周禮注疏》（臺北：藝文印書館，清嘉慶二十年阮元南昌府學重刊宋本），卷十八，頁15～16（總277）。

禮待賓客，而主賓相親，養老食禮更示民以仁愛關懷，〈仲尼燕居〉云：「食饗之禮，所以仁賓客也。」〔註25〕食禮除了分享食物之外，還有侑幣之贈，這些都是對賓客的厚意。因聘而食的食禮，可以使兩國相親，達到鞏固邦誼的效果；國君對於有功大臣以食禮款待，能得到親愛臣子，嘉勉有功的效果。諸如此類，展現的正是仁愛相親的功能。

食禮的又一個功能是「謙敬重本」。食禮強調謙敬，故在進行過程中，升降堂階、賓主拜答、先祭後食等，都表現出謙敬的精神。如食前必祭，是重本精神的展現，有助於涵養品格。〈士昏禮〉：「賓即筵坐，左執觶，祭脯醢，以柶祭醴三」，鄭玄《注》云：「凡祭，於脯醢之豆閒。必所爲祭者，謙敬，示有所先也。」〔註26〕食前先祭，所以謙敬重本，這是對先人的感恩化爲實際的行動，雖然這只是進食前的小動作，卻能陶冶民德。

上面所舉的食禮的功能，事實上也是食禮的精神，飲食之事爲每日所需，飲食禮儀的規範既成，則爲每日之禮儀，其精神在準備食物與飲食進行間，一再重覆的實踐，這些精神成爲習慣與準則，而準則又成爲人我共同的價值觀，這些價值觀的影響力便成爲食禮的功能與精神。

傳世關於周代食禮的文獻，最完整的是《儀禮‧公食大夫禮》。因此，想要確實掌握兩千多年前的食禮，自當以此篇爲最首要文獻，並輔以各類古籍及注解，吸收前人研究的廣大成果，在經文詮釋、儀節的畫分到禮圖的繪製三個方面仔細探究，相信對於周代食禮的研究必能有所推進。

〔註25〕〔東漢〕鄭玄注、〔唐〕孔穎達正義：《禮記注疏》，卷五十，頁 17（總 853）。

〔註26〕〔東漢〕鄭玄注、〔唐〕賈公彥疏：《儀禮注疏》，卷四，頁 6（總 41）。

第一章 〈公食大夫禮〉之性質及其與〈聘禮〉之關係

　　〈聘禮〉與〈公食大夫禮〉是《儀禮》的兩篇文獻。在漢代的三種〔註1〕排列順序上，兩篇皆相連〔註2〕，歷代禮學家的說法也都認爲兩篇內容與性質相關。

　　周代聘禮包含「諸侯間遣使交聘」及「天子與諸侯間的遣使往來」，是維繫交誼（如：繼好、結信、謀事、補闕等）所設計的禮制。〈聘禮〉依鄭玄《三禮目錄》云：「大問曰聘。諸侯相於久無事，使卿相問之禮，小聘使大夫。《周禮》曰『凡諸侯之邦，交歲相問〔註3〕，殷相聘也，世相朝也』〔註4〕於五禮

〔註1〕目前可知關於《儀禮》十七篇的篇序，漢代有四種排次，據鄭玄《三禮目錄》與賈公彥《儀禮疏》所載有「大戴本」、「小戴本」與「劉向《別錄》本」三種，第四種爲一九五九年甘肅武威縣出土的漢簡本，世稱「武威《儀禮》簡」，此簡本不全，僅有〈士相見禮〉、〈喪服・傳〉、〈特牲饋食禮〉、〈少牢饋食禮〉、〈有司徹〉、〈燕禮〉、〈泰射〉（此排次依簡本之序）。本文就〈聘禮〉與〈公食大夫禮〉爲討論對象，武威《儀禮》簡未保留兩篇之內容，故本文僅言漢代三種。

〔註2〕〈聘禮〉與〈公食大夫禮〉兩篇篇次，「大戴本」各爲第十四與第十五，「小戴本」各爲第十五與第十六，「劉向《別錄》本」各爲第八與第九。

〔註3〕按〔清〕阮元《十三經校勘記》云：「毛本、《通解》有也字」，阮氏《校勘記》附於其刊刻之《十三經注疏》各卷末，此處引自：〔東漢〕鄭玄注、〔唐〕賈公彥疏：《儀禮注疏》（臺北：藝文印書館，清嘉慶二十年阮元南昌府學重刊宋本），卷十九校勘記，頁1（總234）。

〔註4〕此處《周禮》之文，乃爲〈大行人〉之文句，前人斷句爲「凡諸侯之邦交，歲相問也」，而《大戴禮記・朝事》云「使諸侯世相朝，交歲相問，殷相聘」，故李无未先生主張斷句爲「凡諸侯之邦，交歲相問也」，將「交」字屬下讀（李

屬賓禮。」〔註5〕從經文內容來看，以卿爲使、「公升二等，賓升」〔註6〕、「飪一牢，鼎九」〔註7〕、「堂上八豆」〔註8〕等，皆可證此篇所記在於「諸侯間遣使交聘」也就是《禮記・曲禮下》所云「諸侯使大夫問於諸侯曰聘」。〔註9〕〈聘禮〉是記載「諸侯間遣使交聘」最完備的文獻，《禮記》中有〈聘義〉以說明禮義。

〈公食大夫禮〉依鄭玄《三禮目錄》云：「主國君以禮食小聘大夫之禮，於五禮屬嘉禮。」〔註10〕關於「小聘大夫之禮」賈公彥《儀禮疏》云：「鄭知是『小聘大夫』者，案下文云：『宰夫自東方薦豆六於醬東』〔註11〕、『設黍稷六簋』，又設庶羞十六豆，此等皆是下大夫小聘之禮。下乃別云：『上大夫八豆、八簋』又云：『上大夫庶羞十六〔註12〕豆』，是食上大夫之法，故知此篇據小聘大夫也。」〔註13〕由〈公食大夫禮〉中記載的禮器數量所呈現的等級，可以證實這篇的賓是大夫而非卿（即上大夫）。關於〈公食大夫禮〉賓的身分爲下大夫，鄭、賈之說已甚清楚可信。食禮涵蓋的範圍甚大，鄭玄已於《三禮目錄》中言明「因聘而食」，胡培翬《儀禮正義》云：

> 鄭云主國君以禮食小聘大夫之禮也者，案經云「賓朝服，即位于大門外，如聘」，明先聘後食，此所食之賓即聘賓也。必知爲小聘大夫者，小聘使大夫爲賓也。……此篇主言食子男小聘大夫，而侯伯大聘使卿爲賓，使大夫爲上介，亦有食可知。敖氏謂「與前

无末：〈《周禮》「諸侯之邦交」之斷句正誤〉，《文獻》1998 年 4 期，頁 253～256。）茲從之。

〔註 5〕 〔東漢〕鄭玄注、〔唐〕賈公彥疏：《儀禮注疏》（清嘉慶二十年阮元南昌府學重刊宋本），卷十九，頁 1（總 226）。賈《疏》引鄭玄《三禮目錄》文。

〔註 6〕 同上註，卷二十，頁 13（總 244）。

〔註 7〕 同上註，卷二十一，頁 14（總 255）。

〔註 8〕 同上註，卷二十一，頁 15（總 256）。

〔註 9〕 〔東漢〕鄭玄注、〔唐〕孔穎達正義：《禮記注疏》（臺北：藝文印書館，清嘉慶二十年阮元南昌府學重刊宋本），卷五，頁 7（總 92）。

〔註 10〕 〔東漢〕鄭玄注、〔唐〕賈公彥疏：《儀禮注疏》，卷二十五，頁 1（總 299）。賈《疏》引鄭玄《三禮目錄》文。

〔註 11〕 《儀禮・公食大夫禮》原文作「宰夫自東房薦豆六，設於醬東」（同上註，卷二十五，頁 9（總 303））。

〔註 12〕 上大夫之庶羞爲二十豆，〈公夫大夫禮〉云「上大夫庶羞二十，加於下大夫以雉、兔、鶉、鴽。」（同上註，卷二十六，頁 1（總 312））。

〔註 13〕 同上註，卷二十五，頁 1（總 299）。

篇互見其禮」是也。〔註14〕

另外，由主賓入廟門，至于階三讓〔註15〕，賓升自西階〔註16〕（臣不與己國君爲敵體）；主國君拜至，賓降西階東北面答拜，此時擯者辭曰「寡君從子，雖將拜，興也。」〔註17〕及歸俎于賓館〔註18〕等，既非己國之臣，故乃由他國而來，既以敵體行禮，則必代表其國君而來，由此亦可知〈公食大夫禮〉所載者必爲「因聘而食」。

據上文，〈聘禮〉之使爲卿（上大夫），而〈公食大夫禮〉之使爲（下）大夫，皆與聘問之事有關，〈公食大夫禮〉記下大夫爲聘使，「主國君」以食禮款待的儀節，以此觀點而論，〈公食大夫禮〉的整個內容可視爲是「聘禮」的一部分。關於聘禮中主國君食來使的細節，〈聘禮〉一文並未記載其儀節，僅於「饗食賓介之法」一處提到「公於賓壹食再饗」〔註19〕，〈公食大夫禮〉適足以補足〈聘禮〉的不足，兩篇的互補性是明確的。

前人在研究上，大多以傳統注疏體裁，依經添注，依注作疏，或匯集各家注疏作集解，若牽涉到「作者」的問題，多以全書出於一人之手的概念爲主，較少能在兩篇的關係上做專題探討；對於這兩篇，前代學者的看法均爲出自一人之手，並認爲一篇見兩篇之法。本文認爲〈聘禮〉與〈公食大夫禮〉兩篇的關係除了互補性外，可就以下兩點切入探討，一則是兩篇撰寫先後的問題，另一則是兩篇是否出於一人之手的問題。

第一節　兩篇撰寫先後的問題

〈公食大夫禮〉是否爲補〈聘禮〉的不足而作，是兩篇關係的焦點，在討論兩篇的互補性之前，對其撰寫先後之釐清有其必要。

由〈公食大夫禮〉「賓朝服，即位于大門外，如聘」〔註20〕一句推測，是

〔註14〕〔清〕胡培翬：《儀禮正義》（南京：江蘇古籍出版社，段熙仲點校本），冊二，卷十九，頁1184。
〔註15〕〔東漢〕鄭玄注、〔唐〕賈公彥疏：《儀禮注疏》，卷二十五，頁4（總300）。
〔註16〕同上註，卷二十五，頁5（總301）。
〔註17〕同上註。
〔註18〕同上註，卷二十五，頁17（總307）。
〔註19〕同上註，卷二十二，頁13（總267）。
〔註20〕同上註，卷二十五，頁2（總299）。

篇撰寫之前，應已有關於「聘禮」記錄之相關文獻。〔註21〕《儀禮》一書「如聘」二見，除〈公食大夫禮〉之外，尚見於〈聘禮〉，〈聘禮〉記敘了聘禮的完整儀節後（至「使還奠告」，聘禮的正式流程便已結束）〔註22〕，接著有因應突發情況而產生的「變禮」〔註23〕，其中的「出聘後本國君喪」一則文字如下：

> 聘，君若薨于後，入竟則遂。赴者未至，則哭于巷，衰于館；受禮，不受饗食。赴者至，則衰而出，唯稍受之。歸，執圭復命于殯，升自西階，不升堂。子即位，不哭。辯復命，如聘。子臣皆哭。與介入，北鄉哭。出，袒括髮。入門右，即位踊。〔註24〕

其中的「如聘」，乃因在此之前已知悉聘禮之儀式，而此前亦皆爲記載聘事之

〔註21〕 此處「如聘」最常見的解讀是「如聘時／如聘禮」，即賓著朝服如聘禮一樣即位於次（大門外），鄭玄《注》云「如聘，亦入於次俟」，賈公彥「則賓主設擯介以相待，如聘時」（同上註）。前人如此注解，乃因《儀禮》有〈聘禮〉一篇，故雖言「如聘時／如聘禮」，亦不能排除是指「如〈聘禮〉中所載之儀」。鄭玄在處理「如饗」的部分，即有如此傾向，〈公食大夫禮〉「設洗如饗」、「皆如饗拜」二處，分別注云「饗禮亡」（同上，頁3（總300））、「饗，大夫相饗之禮也，今亡」（同上，卷二十六，頁4（總313）），其意爲饗禮今不可見，亦可理解其意指古有饗禮之文獻（篇章），已亡佚。《儀禮》書中「如聘」、「如饗」各二例，這種「如某禮」之用法，其意主要爲「如某之禮」，然亦不排除有「如某禮記載之儀」。

〔註22〕 「使還奠告」乃是使者回國向國君反命（復命於國君）後，回到自己的家門，釋幣於大門，到禰廟薦獻，出使之事結束。〈聘禮〉載：「釋幣于門。乃至于禰。筵几于室，薦脯醢，觴酒陳。席于阼，薦脯醢，三獻。一人舉爵，獻從者，行酬，乃出。上介至，亦如之。」（同上註，卷二十三，頁9～11（總275～276））。

〔註23〕 此處即爲「似記經文」，《儀禮》各篇附有「記」者，則該篇文字可分成「正經」、「似記經文」、「記」，可參鄭憲仁〈關於《儀禮》儀節研究的探討——以〈公食大夫禮〉爲例〉（《國立臺南大學人文與社會學報》43卷2期），頁15～18。葉國良先生對《儀禮》各篇所附之「記」研究，發表〈論《儀禮》經文與記文的關係〉指出：「《儀禮》十七篇『經』文，除〈喪服〉外，雖有大致相同的修辭風格，卻沒有固定的寫作體例，有些篇作者在文後補述若干內容，有些篇則有累增現象。十二篇『記』文，其性質爲補充和解釋『經』文，少部分和『經』文沒有密切關係，而且也有累增現象。這些都反映出同一篇的『經』、『記』不是一時一人所作。」（收錄於國立臺灣大學中國文學系主編：《孔德成先生學術與薪傳研討會論文集》，臺北：臺灣大學中國文學系，2009年，頁17～34。此處引自頁34）。

〔註24〕 〔東漢〕鄭玄注、〔唐〕賈公彥疏：《儀禮注疏》，卷二十三，頁13～14（總277）。

文字，既明載聘禮之行為流程等儀節，故云如聘，讀者自可由聘禮儀節中擬
之，或由前文知之。

今觀〈聘禮〉經文，使者（賓）到「聘」〔註25〕這個儀節，始見到主國
君（受聘國之國君），至此皆未提及食禮，至主國君「禮（醴）賓」一節時方
提到醴和籩豆，其文云：

> 宰夫實觶以醴，加柶于觶，面枋。公側受醴。賓不降，壹拜，進筵
> 前受醴，復位，公拜送醴。宰夫薦籩豆脯醢。賓升筵。擯者退負東
> 塾。賓祭脯醢，以柶祭醴三。庭實設。降筵，北面，以柶兼諸觶，
> 尚擽，坐啐醴。公用束帛。建柶，北面奠于薦東，擯者進相幣。賓
> 降辭幣，公降一等辭，栗階升，聽命。降拜，公辭，升，再拜稽首。
> 受幣，當東楹，北面。退，東面俟。公壹拜，賓降也，公再拜。賓
> 執左馬以出。上介受賓幣，從者訝受馬。〔註26〕

禮（醴）賓一節，所重在醴，故受醴與脯醢，繼之以致幣之儀，不及食賓之
事。其後有私覿（賓覿、介覿）、禮賓畢出公送賓（公送賓問勞）、卿勞賓等
儀節，及至「歸饔餼於賓介」一節，再提到各種食物和贈禮，亦未見食賓之
事。〔註27〕再繼之為賓問卿面卿、介面卿、賓問下大夫／大夫代受幣〔註28〕、

〔註25〕有的學者把「聘」與「享」合為一個儀節，但以其事為聘禮之重心，聘與享
　　　又各有所重，「聘」之事為賓至主國君廟，致命並授圭於主國君；「享」為獻
　　　也，賓以束帛加璧等幣與皮獻主國君，主國君拜受。因此，「聘」與「享」宜
　　　分為兩個儀節，使聘禮之進行更有層次。關於「聘」一儀節，〈聘禮〉載：「厥
　　　明，訝賓于館。賓皮弁聘。至于朝，賓入于次，乃陳幣。卿為上擯，大夫為
　　　承擯，士為紹擯。擯者出請事。公皮弁，迎賓于大門內。大夫納賓。賓入門
　　　左，公再拜，賓辟，不答拜。公揖入，每門、每曲揖。及廟門，公揖入，立
　　　于中庭。賓立接西塾。几筵既設，擯者出請命。賈人東面坐啟櫝，取圭，垂
　　　繅，不起而授上介。上介不襲，執圭，屈繅，授賓。賓襲，執圭。擯者入告，
　　　出辭玉。納賓，賓入門左。介皆入門左，北面，西上。三揖，至于階，三讓，
　　　公升二等，賓升，西楹西，東面。擯者退中庭。賓致命，公左還，北鄉。擯
　　　者進。公當楣再拜，賓三退，負序。公側襲，受玉于中堂與東楹之閒。擯者
　　　退，負東塾而立。賓降。介逆出，賓出。公側授宰玉。裼，降立。」（同上註，
　　　卷二十，頁5～14（總240～244））。
〔註26〕同上註，卷二十一，頁4～6（總250～251）。
〔註27〕「歸饔餼於賓介」乃主國君遣卿提供賓介在聘期內膳食之資。〈聘禮〉載：「君
　　　使卿韋弁，歸饔餼五牢。上介請事，賓朝服禮辭。有司入陳。饔，飪一牢：
　　　鼎九，設于西階前，陪鼎當內廉，東面，北上，上當碑，南陳。牛、羊、豕、
　　　魚、腊、腸胃同鼎、膚、鮮魚、鮮腊，設扃鼏；鉶、臐、膮，蓋，陪牛、羊、
　　　豕。腥二牢：鼎二七，無鮮魚、鮮腊。設于阼階前，西面，南陳如飪鼎，二

夫人歸禮賓介、大夫饌賓介等儀節，逮「主國君臣饗食賓介之法」〔註29〕一處，才言及賓食之事，其經文如下：

> 公於賓壹食再饗。燕與羞，俶獻，無常數。賓介皆明日拜于朝。上介壹食壹饗。若不親食，使大夫各以其爵，朝服致之以侑幣，如致饗，無儐。致饗以酬幣，亦如之。大夫於賓壹饗壹食，上介若食、若饗。若不親饗，則公作大夫致之以酬幣，致食以侑幣。〔註30〕

這段由「公於賓壹食再饗」到「上介壹食壹饗」是敘饗食賓介之通則，「若不親食」以下到「亦如之」是權變說明，「大夫於賓」至「上介若食若饗」為大夫饗食賓及上介之通則，「若不親饗」是大夫饗食賓及上介之權變說明。此段經文實未提及「饗」與「食」儀節之進退動作，僅是簡單陳述，其詳則只能由〈公食大夫禮〉中參看。

　　再者，經文云「壹食再饗」、「壹食壹饗」、「壹饗壹食」、「若食若饗」，食與饗之順序於陳述時，未有一致。關於饗與食之先後，由於〈公食大夫禮〉

列。堂上八豆，設于戶西，西陳，皆二以並，東上。韭菹，其南醓醢，屈。八籩繼之，黍，其南稷，錯。六鉶繼之，牛以西羊、豕，豕南牛，以東羊、豕。兩簠繼之，粱在北。八壺設於西序，北上，二以並，南陳。……薪芻倍禾。賓皮弁迎大夫于外門外，再拜。大夫不答拜。揖入，及廟門，賓揖入。大夫奉束帛，入，三揖，皆行。至于階，讓，大夫先升一等。賓從，升堂，北面聽命。大夫東面致命。賓降，階西再拜稽首。拜饎亦如之。大夫辭，升成拜。受幣堂中西，北面。大夫降出。賓降，授老幣，出迎大夫。大夫禮辭，許。入，揖讓如初。賓升一等，大夫從，升堂。庭實設，馬乘。賓降堂受老束錦。大夫止。……明日，賓拜於朝。拜饗與饎，皆再拜稽首。」（同上註，卷二十一頁13～17（總255～257）至卷二十二頁1～5（總261～263））。

〔註28〕　以上可以合稱為「賓介問卿大夫」。又賓問下大夫一事，聘禮儀程未必皆有，經云「下大夫嘗使至者，幣及之」，鄭《注》云：「嘗使至己國，則以幣問之也。君子不忘舊。」賈《疏》云：「言君子不忘舊者，此大夫嘗與彼國君相接，即是故舊也。今以幣及之，故云君子不忘故舊也。」（同上註，卷二十二，頁10（總265））以視下大夫嘗使至己國之有無而行之，一般而言，兩國有相聘之禮，故大多有此儀節，若不克問下大夫，則有「大夫代受幣」之權變，經云「大夫若不見，君使大夫各以其爵為之受」，鄭《注》云：「有故也。」（同上，頁10～11（總265～266））是「問下大夫」與「大夫代受幣」二者行其一。

〔註29〕　〔清〕張爾岐《儀禮鄭註句讀》如此稱（〔清〕張爾岐：《儀禮鄭註句讀》（臺北：學海出版社），卷八，頁24（總386）），由其文意可知其舉行則宜在「聘」、「享」、「私覿」、「問卿面卿」、「問下大夫」等之後，賓已見過主國君，主國君便以饗禮、食禮待之，此處僅做原則性說明饗食賓介之事，不交代進退拜受之細節。

〔註30〕　〔東漢〕鄭玄注、〔唐〕賈公彥疏：《儀禮注疏》，卷二十二，頁13～14（總267）。

兩言「如饗」〔註31〕，因此前人乃有先饗後食之說。在〈公食大夫禮〉「陳具」
一節之「設洗如饗」鄭《注》云：「必如饗者，先饗後食，如其近者也。」賈
《疏》云：「鄭據此文行食禮而云如饗，明先饗，設洗訖，乃後食，故鄉前如
之，是先饗後食也」既疏解鄭《注》，又引〈聘禮〉「公於賓壹食再饗」云「則
食在饗前矣」〔註32〕。〈聘禮〉該處鄭《注》云：「〈公食大夫禮〉曰『設洗如
饗』，則饗與食互相先後也。」〔註33〕敖繼公云：「《注》云互相先後，謂食居
二饗之間也。」〔註34〕我們由此兩云「如饗」知食禮之前，已有饗禮。若一
饗一食，則先饗後食，蓋以饗高於食，至於禮書陳述時，或先言饗後言食，
或先言食後言饗。若一食再饗，則先饗後食，食後又饗，此鄭氏所謂「互相
先後」，敖氏所云「食居二饗之間」是也。

　　既然行聘禮必然有饗禮與食禮，則禮書記錄時，自當就聘禮依程序書寫，
即「大夫餼賓介」後，便有「主君饗賓」，另日有「主君食賓」，再另日有「主
君第二次饗賓」，〈聘禮〉一文對此中饗食之儀節，僅以略敘原則代過，其後
理應有「饗禮」與「食禮」之禮文，前者既未見，後者有〈公食大夫禮〉可
相擬〔註35〕。可以對兩篇之先後如此推論：先有〈聘禮〉，才有〈公食大夫禮〉
之作。

第二節　是否出於一人之手的問題

　　前人對《儀禮》一書的作者有幾種推測與說法，尤其就〈士喪禮〉和〈喪
服〉兩篇討論較多。這些推測和討論大多是以《儀禮》全書出於某人之手，
如周公所作、孔子所作、周公作而孔子所訂，也有認為是漢儒（一位或多位

〔註31〕　〈公食大夫禮〉兩處如饗為陳具儀節的「設洗如饗」（同上註，卷二十五，頁
　　　　3（總300））與大夫相食禮的「皆如饗拜」（卷二十六，頁4（總313））。
〔註32〕　此處「則食在饗前矣」，雖可理解為「〈聘禮〉在陳述上食字書寫在饗字前」，
　　　　但由文意判斷，賈公彥之意較宜理解為「依〈聘禮〉之載，則食禮舉行在饗
　　　　禮之前」（當然，如此陳述上自然是先食後饗）。
〔註33〕　〔東漢〕鄭玄注、〔唐〕賈公彥疏：《儀禮注疏》，卷二十二，頁13（總267）。
〔註34〕　〔元〕敖繼公：《儀禮集說》（《文淵閣四庫全書》本），卷八下，頁29。又胡
　　　　培翬《儀禮正義》云：「《周禮》〈大行人〉、〈掌客〉皆先言饗，後言食，敖說
　　　　或得鄭意歟？」（《儀禮正義》（段中熙點校本），卷十七，頁1089。）則以敖
　　　　說可詮釋鄭《注》。
〔註35〕　之所以說「可相擬」乃因〈公食大夫禮〉非與〈聘禮〉銜接，一以大夫為身
　　　　分，一以卿為身分，若欲銜接當皆以卿為身分書寫禮文。

漢儒）所作或綴輯，也有以爲是孔門弟子與再傳弟子之作，民國以後有學者
提出荀子學派所作的說法。〔註36〕

　　上揭各種說法（有些其實是推測），在清代朱彝尊《經義考》及各類「經學
史」、「經學概論」、「經學通論」或「禮學概論」、「《儀禮》概論」等書籍或論文
中，都有整理。周公所作、孔子所作的說法曾經是禮學界主流的意見〔註37〕，

〔註36〕傳統的主流說法之一是「周公作」，以禮著稱的學者如崔靈恩、孔穎達、賈公
　　　　彥、朱熹、胡培翬等。其中孔、賈二人是唐代禮學的代表性學者，朱熹是宋
　　　　代的經學大師，胡培翬是清代《儀禮》注解中集大成者。另一種主流說法是
　　　　「孔子作或孔子定」，司馬遷、班固看法同。這一說主要由《禮記・雜記下》
　　　　「恤由之喪，哀公使孺悲之孔子學士喪禮，〈士喪禮〉於是乎書。」（《禮記注
　　　　疏》，卷四十三，頁7（總751））爲論點，清代到民初學者亦有持此說者，如
　　　　邵懿辰、梁啓超。除了上述兩種說法外，尚有三種說法，亦有一定的支持者：
　　　　第三種說法是「荀卿學派作」，這是民國初年流行的說法，錢玄同、洪業主此
　　　　說。第四種說法爲「漢儒作或漢儒編」，有徐積、顧棟高主此說。第五種說法
　　　　是「東周儒者陸續修成」。大約可歸納有以上五種意見。

〔註37〕周公作之說起源甚早，唐代時，兩位重要的禮學家孔穎達與賈公彥都認爲《儀
　　　　禮》爲周公作，孔穎達《禮記正義・序》云：「武王沒後，成王幼弱，周公代
　　　　之，攝政六年，致大平，述文武之德而制禮也。……《禮記・明堂位》云周
　　　　公攝政六年，制禮作樂，頒度量於天下，但所制之禮，則《周官》、《儀禮》
　　　　也。」（《禮記注疏》，卷一〈序〉，頁9（總7））、賈公彥《儀禮疏・序》云：
　　　　「至於《周禮》、《儀禮》發源是一，理有終始，分爲二部，並是周公攝政太
　　　　平之書。」（《儀禮注疏》，卷一〈序〉，頁1（總2））周公作之說流傳甚久，
　　　　例如清代胡培翬《儀禮正義》云：「三禮，惟《儀禮》最古，亦惟《儀禮》最
　　　　醇矣。《儀禮》有經、有記、有傳；記、傳乃孔門七十子之徒所爲，而經非周
　　　　公莫能作。其閒器物陳設之多，行禮節次之密，升降揖讓裼襲之繁，讀之無
　　　　不條理秩然。」（《儀禮正義》（段中熙點校本），卷一，頁5。）胡氏爲清代禮
　　　　學重要學者，其說法有一定代表性。

　　　　　「孔子所定」的意見最早出自司馬遷《史記》：「孔子之時，周室微，而禮
　　　　樂廢，《詩》、《書》缺。追迹三代之禮，序《書傳》，上紀唐虞之際，下至秦
　　　　繆，編次其事。曰：『夏禮，吾能言之，杞不足徵也；殷禮，吾能言之，宋不
　　　　足徵也；足則吾能徵之矣。』觀殷夏所損益，曰：『百世可知也』。以一文一
　　　　質，『周監二代，郁郁乎文哉！吾從周。』故《書傳》、《禮記》自孔氏。」（〔西
　　　　漢〕司馬遷著、〔日〕瀧川龜太郎考證：《史記會注考證》（高雄：復文圖書出
　　　　版社，1991年），卷四十七，頁68～69（總741～742））引文中所謂《禮記》
　　　　乃指今之《儀禮》，以其有「經」有「記」也。又如邵懿辰《禮經通論》云：
　　　　「孔子所定十七篇，雖斷自聖心，傳爲世則。而大意疑亦本之鄉官以教萬民，
　　　　保氏以教國子者，舉要以例其餘，損文而存其實，亦周公之志也。」（〔清〕
　　　　邵懿辰：《禮經通論》，《皇清經解續編》本，頁10）梁啓超亦有相同看法「但
　　　　《儀禮》的一部分，許是西周已有；因爲禮是由社會習慣積成的，不是平空
　　　　由聖人想出來。西周習慣的禮，寫成文字，成爲固定的儀節，許是比較的很

民國以來學者多辨其非，尤以周公所作之說於學界已少有人信從〔註38〕，目前較流行的意見不外乎二類：其一，西周時代流傳（並不排除與周公制禮作樂的關係），經孔子編定與補充，孔門弟子流傳與修改；其二，孔子與孔門後儒先後編寫（春秋晚期到戰國中期）。茲舉列近世幾家較有影響力的看法：〔註39〕

1. 屈萬里先生：「是書於樂歌〈周南〉、〈召南〉，而二南之詩，皆成於周宣王以後；於器物則言敦及洗，似皆戰國以來情狀。則所謂周公作者，非也。《禮記・雜記》云：『恤由之喪，哀公使孺悲學士喪禮於孔子，士喪禮於是乎書。』則士喪禮蓋孺悲所記。〈喪服〉舊題子夏傳；是否真出子夏手，亦難遽定。要之，十七篇經文，早者或及春秋末年，遲者曰當戰國之世。其記與傳，或可能有遲至漢初者。」〔註40〕屈先生的意見，受到多數學者的重視，甚具影響力。

2. 段熙仲先生：「竊以為即《禮經》言之，其成書決不及西周之盛，而為東周衰世所傳，聖人發憤於諸侯上僭天子，大夫專命，公族式微而有作也。何以言之？厥有四證。其一：經於侯國之君，不別周公五等之

晚：今十七篇許是出於孔子之手。相傳孔子刪《詩》、《書》，定《禮》、樂；我不信孔子曾刪《詩》、《書》，而倒有點相信孔子曾定《禮》、樂。」（梁啟超：《古書真偽及其年代》（臺北：臺灣中華書局，1956年），頁105），其於《中國近三百年學術史》（臺北：華正書局，1979年）云「相傳為周公作，亦後人臆推，大抵應為西周末春秋初之作。」（頁287）有不同看法。

〔註38〕葉國良先生查對歷來說法，指出宋人樂史為最早質疑公作《儀禮》者：「儀禮一書，先儒皆以為周公作，宋代始有疑其非者，樂史首肇其端。」（葉國良：《宋人疑經改經考》（臺北：國立臺灣大學出版委員會，1980年），頁107）、「（宋）樂史曰：『《儀禮》有可疑者五：漢儒傳授《曲臺雜記》，後馬融、鄭眾始傳《周官》，而《儀禮》未嘗以教授，一疑也。《周禮》缺〈冬官〉，求之千金不可得，使有《儀禮》全書，諸儒寧不獻之朝乎？班固「九流」（葉國良按：原誤作「七略」）、劉歆「七略」（葉國良按：原誤作「九種」）並不著《儀禮》，魏、晉、梁、陳之間，是書始行，二疑也。〈聘禮〉篇所記賓行饗餼之物，禾米芻薪之數，籩豆簠簋之實，鉶壺鼎甒之列，考之《周官・掌客》之說不同，三疑也。其中一篇〈喪服〉，蓋講師設問難以相解釋之辭，非周公之書，四疑也。《周官》所載，自王以下，至公侯伯子男，皆（葉國良按：原誤作「乎」）有其禮，而《儀禮》所謂〈公食大夫禮〉與〈燕禮〉，皆公與卿大夫之事，不及于王；其他篇所言，曰主人、曰賓而已，似侯國之書；使公當太平之世，豈不設天子之禮？五疑也。（章如愚《群書考索》前集卷九「儀禮」引）」（頁108）

〔註39〕至目前為止，關於歷代儒者的說法，現代學者多有論述與整理，本文不再重複引用以充版面（事實上，再做長篇累文的引述，學術意義也不大）。

〔註40〕屈萬里：《古籍導讀》（臺北：臺灣開明書局，1990年），頁75。

封，而一以「公」稱也。……屬詞既同乎《春秋》，則成書亦當相去不遠矣。其二：《小戴記》於〈士喪禮〉之書，有明文也。……其三：孟荀墨子生於戰國，其書中已徵引及之，則知《禮經》之成書，不晚於春秋之末也。……其四：《史記》、《漢書》俱以《禮經》出於孔子也。……據此四證，知《禮經》爲孔子垂教而書，非姬公之遺文明矣。（《禮經》之書，猶今世之因不成文法而制法典耳。）」〔註41〕段先生力主《儀禮》爲孔子所作，非周公舊典。

3. 沈文倬先生：「《儀禮》書本殘存十七篇以及已佚若干篇的撰作時代，其上限是魯哀公末年魯悼公初年，即周元王、定王之際；其下限是魯共公十年前後，即周烈王、顯王之際。它是在公元前五世紀中期到四世紀中期這一百多年中，由孔子的弟子、後學陸續撰作的。」〔註42〕沈先生的意見，受到學術界的重視，彭林先生〔註43〕、王輝先生〔註44〕、葉國良

〔註41〕段熙仲：《禮經十論》原文發表於《文史》第一輯（北京：中華書局，1962年）亦收入於陳其泰、郭偉川、周少川編：《二十世紀中國禮學研究論集》（北京：學苑出版社 1998 年），此處引自後者，頁 238～240。

〔註42〕沈文倬：〈略論禮典的實行和《儀禮》書本的撰作〉，《宗周禮樂文明考論》（杭州：杭州大學出版社，1999 年），頁 54。原文發表於《文史》第十五輯及第十六輯（1982 年）。除了上揭引文外，重要論述文句如：「從分析《論語》述禮之文以證實孔子熟習各種禮典而其時《儀禮》還沒有撰寫成書本，而《禮記‧雜記下》裡有一則記載，時間正相銜接，事實恰好合榫。其文云『恤由之喪，哀公使孺悲之孔子學士喪禮，〈士喪禮〉於是乎書。』……〈雜記〉是喪禮的傳記，相繼述作，既然他能闡發喪儀蘊義，當然也應知道〈士喪禮〉等篇爲何人所作，不過類似篇章中惟有〈雜記〉作者有此記述而已。喪禮內涵喪、葬、祭三個部分。〈士喪禮〉上篇不僅與記述葬禮部分的下篇〈既夕〉相連成文，不可分割；而且還必須包括記述葬後三虞、卒哭……等喪、吉諸祭的〈士虞禮〉，方能成爲完整的三年之喪。而〈喪服〉一篇本是密切配合這三篇的……四篇寫成書本當在哀公末年到悼公初年，即周元王、定王之際，公元前五世紀中期。」（頁 23～24）、「〈士喪禮〉四篇是《儀禮》殘存十七篇以及已佚若干篇中最早寫成書本，上文考定它撰成于周元王、定王之際，就是《儀禮》撰作時代的上限。」（頁 25）、「二戴所輯《禮記》現存八十五篇，除了可以確定爲秦漢人所作以外，政類、學類並〈樂記〉等三十多篇撰作較早，約在魯穆公時；禮類三十九篇撰作較晚，約在魯康公、景公之際。禮類諸篇引有《儀禮》原文，可證《儀禮》撰作時代的下限應在魯共公之世，即周烈王、顯王之際，公元前四世紀中期。」（頁 53～54）。

〔註43〕彭林譯注：《儀禮全譯》（貴陽：貴州人民出版社，1997 年），〈前言〉，頁 5。以沈文倬先生之説「較公允」。

〔註44〕王輝：〈從古考與古文字的角度看《儀禮》的成書年代〉，《傳統文化與現代》，1991 年第 1 期，頁 54～60。

先生〔註45〕等學者從之。

4. 劉德漢先生：「古文家認為是周公所作的，今文家以為是孔子作的，其實兩者都不可靠，大概西周之初，周公曾制定禮儀的準則，頒布施行，並且包含甚廣，《儀禮》十七篇，應是其中一部分而已。到了孔子的時候，各種『禮』的儀制已大為破壞或淪亡，於是孔子斟酌當時實際的情形，加以修訂和編定，也是很可能的」。〔註46〕

5. 楊伯峻先生：「《儀禮》一書形諸文字是在東周時期，而其中所記錄的禮儀活動，在成書以前早就有了。這些繁縟的登降之禮，趨詳之節，不是孔子憑空編造的，而是他採輯周魯各國即將失傳的禮儀而加以整理記錄的。」〔註47〕

6. 楊天宇先生：「孔子所編定的用作教材的《禮》，就是《儀禮》的初本。至於當初孔子究竟選定了哪些來用作教材，今天已不可得詳。但可以肯定，它必包括今本《儀禮》而又遠不止今本《儀禮》的十七篇。……孔子最後編定《禮》，應當是在返魯之後、去世之前的這段時間裡。據《左傳》記載，孔子返魯是在魯哀公十一年（前484），而去世是在哀公十六年（前479）。這個時候，正當春秋末期。」〔註48〕楊先生肯定孔子編定《儀禮》的初本，並引容庚先生對「篹」與「敦」的考察為

〔註45〕葉國良：〈論《儀禮》經文與記文的關係〉（收錄於國立臺灣大學中國文學系主編：《孔德成先生學術與薪傳研討會論文集》，臺北：臺灣大學中國文學系，2009年），頁17～34。葉先生其他意見參後文引用學者意見編號9。

〔註46〕劉德漢：〈三禮概述〉（收於李曰剛等著：《三禮研究論集》，臺北：黎明文化事業有限公司，1982年），頁29。

〔註47〕楊伯峻：《經書淺談》（臺北：國文天地雜誌社，1990年），頁58~59。

〔註48〕楊天宇：《儀禮譯注》（上海：上海古籍出版社，1994年），〈《儀禮》簡述〉，頁8。除了上揭引文外，重要論述文句如：「由孔子編定的《禮》，經其弟子和後學者遞相傳授，經戰國、秦，至漢，已非其原貌。這是因為：一、如前所說，孔子所傳授的《禮》，弟子們是憑記憶整理紀錄下來的，這種整理紀錄的工作有可能當時就做，也可能時隔很久才做，又由於各自記憶力的差異，他們所整理紀錄的《禮》，在文字和儀節上，就必然會出現差異，所以雖得於同一孔子之傳，經弟子記錄下來卻可能不一樣，這樣就可能有不同本子的《禮》流傳下來。二、孔子的弟子和後學者，也可能對孔子所傳的《禮》又不斷有所修訂和變動。……孔子所傳授的《禮》在戰國時期演變出了許多不同的本子，但許多本子都因未能逃脫秦火而滅絕了，流傳到漢代而立於學官的，只是高堂生所傳本。其二是篇目的減少，即僥倖流傳下來的本子，也因秦火而致殘缺不全了，所以在漢代立於學官的《禮》，就只有十七篇。關於這一點，《逸禮》的發現就是明證。」（頁10～11）。

佐證，分析《儀禮》一書簋與敦不分的情況：「簋的出現較早，主要盛行於西周，到春秋中晚期已經不大行用了，到戰國時期，已基本退出了青銅禮器的系列。而敦的出現較晚，主要盛行於春秋晚期到戰國時期。簋和敦都是食器，用以盛黍稷等。春秋末期，正是這兩種器物興衰交替的時期：簋已基本不見行用，而敦卻正盛行。如前所說，孔子訂禮，是要用它來救世的，是要人們去實行的，所以行禮中所用器物，所謂禮器，必須是當時盛行之物。……西周時期盛行的簋在當時既已不甚行用，而敦正盛行，那麼孔子在修訂禮時，把原來禮儀中規定用簋的地方改換成敦，就是很自然的事情。器物雖改了，而器物名稱的用字則可能改之未盡（《儀禮》中的「敦」字凡 23 見，而「簋」字 8 見），也可能當時人對這兩種器物名就是混用而不分，即都用以指敦。然而這種改之未盡，或「敦」、「簋」不分的情況，卻正好留下了《儀禮》最初編定成書的時代痕跡。」。〔註 49〕

7. 錢玄先生：「孔子及其弟子撰作《儀禮》即在大小戴《禮記》中的一些篇目及《墨子》之前，約在戰國初期。至於孔子及其弟子所撰《儀禮》有多少篇，是否即《禮古經》五十六篇之數，則已不可考。當時仍是散篇，尚未輯成定本。今傳十七篇之簡本，成書亦當在戰國後期。」〔註 50〕錢先生認為孔子及弟子撰寫《儀禮》是可能的，但未必為今本《儀禮》，今本《儀禮》成書於戰國後期，而孔子與弟子於春秋晚期至戰國初期所編撰之《儀禮》則可視為今本之初源。

8. 周何先生：「既屬可讀可學，且已相當通行於先秦、孔子之時，則謂孔子所定，自為可能。甚至若謂周公取殷禮以整理增飾而成，亦未必不可也。」〔註 51〕

9. 葉國良先生：「《儀禮》是先秦古書。它各篇的寫作風格頗有一致性，但吾人無法證明它們出於同一個人之手。至於寫作時代，約當孔子前後，不過無法肯定其確實年代。」〔註 52〕

〔註 49〕楊天宇：〈《儀禮》的來源、編纂及其在漢代的流傳〉（收於氏著《經學探研錄》，上海：上海古籍出版社，2004 年），頁 237~238。

〔註 50〕錢玄：《三禮通論》（南京：南京大學出版社，1996 年），頁 14～15。

〔註 51〕周何：《禮學概論》（臺北：三民書局，1998 年），頁 76。

〔註 52〕葉國良、夏長樸、李隆獻合著：《經學通論》（臺北：大安出版社，2005 年），頁 188。按：此書〈儀禮概說〉由葉國良先生執筆。

　　在討論《儀禮》成書時代時，傳統常用的方法是傳世文獻的比較分析，近代的方法則重視考古材料的參照比對，王輝先生由考古與古文字的角度，以「擇墓與卜葬」、「墓坑形制」、「喪禮器物組合」、「賵書」、「棺用衽束」等喪葬制度與「嗇夫」、「介」、「私」等職官家臣，與「車」、「會」、「櫝」等器物，及「讓」、「訝」、「廉」、「頭」、「吾子」、「庿廟」、「後后」、「槃」等詞語與用字現象，證成《儀禮》應成書于春秋以後，戰國中期以前，同意沈文倬先生的意見。這樣的研究有其學術之價值與特色，但仍不能排除《儀禮》有大量前代的資料，且未能觀照到《儀禮》各篇之時代與編纂時代的各別情形。

　　大抵在「《儀禮》成書的作者與時代」之課題上，應可區別爲幾個層次來看：

1. 今本《儀禮》中有保留西周時代之文獻材料，亦即有西周時代禮制之記錄。

2. 周公制禮爲周人之共同認知，周人及後世之人習慣將周代禮制「推溯」爲周公所傳。〔註53〕

3. 今本《儀禮》在傳抄過程，用字方面（含字體）後人稍有更改，其儀節內容亦有可能增飾與補充（亦包含有些「記」誤入正文的情況）。

4. 今本《儀禮》之流傳與孔子及孔門後人（儒家）有關，《禮記》中已見引用之文句可證。

5. 今本《儀禮》各篇初成年代或有不同，各篇年代與編纂年代應分開看待。

　　上文提及的各家對於《儀禮》作者的看法中，大多認爲《儀禮》一書之編著和孔子或其弟子有關，有的學者以此書爲一人所作，但大多數傾向成於多人之手的看法。認爲《儀禮》全書出於一人之手者，自然認爲〈聘禮〉與〈公食大夫禮〉兩篇作者相同，這樣的意見其實並沒有提出什麼證據。

　　關於〈聘禮〉與〈公食大夫禮〉的關係，前人甚少討論，或許他們未特

〔註53〕如《禮記》中以夫婦合葬自周公始，〈檀弓上〉載：「季武子成寢，杜氏之葬在西階之下，請合葬焉，許之。入宮而不敢哭。武子曰：『合葬非古也，自周公以來，未之有改也。吾許其大而不許其細，何居？』命之哭。」（《禮記注疏》，卷六，頁4（總110））又「舜葬於蒼梧之野，蓋三妃未之從也。季武子曰：『周公蓋祔』。」（卷七，頁2（總125））都在論及禮制時引周公爲證。考古所見早在新石器時代即有夫婦合葬之例，商代及先周亦有其例，固非始自周公，而周人素習認定爲周公制禮。

別質疑過。目前可見較早的是唐代賈公彥的說法：

賈公彥《儀禮疏》云：「〈聘禮〉據大聘，因見小聘。此〈公食〉先見小聘，後言大聘者，欲見大聘、小聘，或先或後，不常之義。」〔註54〕又云：「若然，〈聘禮〉據侯伯之大聘，此篇據小聘大夫者，周公設經，互見爲義。」〔註55〕賈公彥認爲《儀禮》是周公所作〔註56〕，由其說法推論，〈聘禮〉與〈公食大夫禮〉自是出於周公，而且他以爲二篇之作者（周公）有意兼及大小聘。對於此兩篇之關聯的看法如何，翻檢各家說法，大都不出賈公彥之說，如敖繼公云：「此篇主言食小國小聘之賓，蓋與前篇互見其禮也。」〔註57〕便持互見的看法。清代姚際恒云：

鄭氏謂此爲諸侯「食小聘大夫之禮」。蓋以篇內六豆、六簋及庶羞十六，又別云「上大夫八豆、八簋」、「庶羞二十」，以此知之，是固然矣。但此等器數，篇內既已明之，則其餘進、反、揖、讓諸禮，上下大夫自同可知，不得盡執以爲「食小聘大夫之禮」也。

敍食小聘下大夫禮，便見食大聘上大夫禮，亦是一篇見兩篇法。

〔註58〕

姚際恒之「不得盡執以爲食小聘大夫之禮也」一語，乃指〈聘禮〉中未對公食卿的部分詳細記錄，可由〈公食大夫禮〉的內容互見，禮器數量因卿與大夫之身分而不同，但進反揖讓等容儀則是可參照的，故云「一篇見兩篇法」，又於「設正饌」經文後按語云：「與〈聘禮〉歸賓饔餼一節，處處變換，眞爲妙手，而辭更古峭。」〔註59〕亦強調兩篇「互見」、「互補」。

近來提出較新意見的是葉國良先生〈駁《儀禮》爲孔子手定完書說及其延伸論述〉提出〈聘禮〉與〈公食大夫禮〉非出一人之手的論證：

如〈聘禮〉與〈公食大夫禮〉，兩篇都記國與國間的聘禮，由卿擔任使者稱大聘，由大夫擔任使者稱小聘，〈聘禮〉記大聘，〈公食大夫禮〉記小聘，〈聘禮〉詳細記載了命使、授幣、將行告禰與行、受命

〔註54〕《儀禮注疏》，卷二十五，頁1（總299）。
〔註55〕同上註。
〔註56〕賈公彥在《儀禮疏‧序》已明確表示《周禮》與《儀禮》皆周公致太平之書，參《儀禮注疏》，卷一〈序〉，頁1（總2）。
〔註57〕〔元〕敖繼公：《儀禮集說》，卷九，頁1。
〔註58〕〔清〕姚際恒：《儀禮通論》（北京：中國社會科學出版社，1998年），卷9，頁316。
〔註59〕同上註，頁323。

遂行、過他邦假道、豫習威儀、至竟迎入、入竟展幣、郊勞、致館設飧、聘享、主君禮賓、私覿、賓禮畢出公送賓、卿勞賓、歸饔餼於賓介、賓問卿面卿、介面卿、問下大夫、大夫代受幣、夫人歸禮賓介、大夫餼賓介、還玉報享、賓將行君館賓、賓行主國贈送、使者反命、使還奠告……等儀節,詳細描述國君任命、準備禮物、檢視禮物、過境他國、練習禮儀、會見國君夫人大臣、致贈禮物、返國復命等等過程,而〈公食大夫禮〉則記戒賓、陳具、賓入拜至、載鼎食於俎、爲賓設正饌、賓祭正饌、爲賓設加饌、賓祭加饌、賓食饌三飯、公以束帛侑賓、賓卒食、禮終賓退、歸俎於賓、賓拜賜……等,全部的篇幅幾乎都在描寫食禮的細節,比〈聘禮〉中相關的儀節詳細許多倍。從上述,似乎可得出兩篇內容互補的結論。但是,如果這兩篇出於一人之手,這現象便很奇怪了,如果說作者在〈聘禮〉中完整敘述大聘從命賓到使還奠告等儀節,而希望讀者從大聘推小聘,因而〈公食大夫禮〉不需完整敘述,只需詳述食禮的細節,希望讀者從小聘推大聘,則這眞是極不尋常的做法,很難令人相信。何況〈聘禮〉經文之末有「小聘曰問,不享,有獻,不及夫人。主人不筵几,不禮,面不升,不郊勞。其禮,如爲介,三介」之文,明白論及小聘,可見作者並無寫作「小聘之禮」的打算。因此對於這兩篇,最合理的解釋,即先有〈聘禮〉傳世,再有〈公食大夫禮〉的出現。那麼,〈聘禮〉與〈公食大夫禮〉便不是出自一人之手了。〔註60〕

〈聘禮〉「小聘曰問。不享,有獻,不及夫人。主人不筵几,不禮,面不升,不郊勞。其禮,如爲介,三介」〔註61〕這段文字,在記載聘禮最後一個儀節「使還奠告」〔註62〕之後,與「出聘後本國君喪」、「賓聘有私喪」、「出聘賓介死」〔註63〕同爲補充之文字。此段文字,乃就小聘與大聘之不同而舉列數

〔註60〕 葉國良:〈駁《儀禮》爲孔子手定完書說及其延伸論述〉,《屈萬里先生百歲誕辰國際學術研討會論文集》(抽印本)(臺北:國家圖書館、中央研究院歷史語言研究所、國立臺灣大學中國文學系主編,2006 年),頁 450～451。

〔註61〕 《儀禮注疏》,卷二十四,頁 2～3(總 282～283)。

〔註62〕 「使還奠告」則使者與介至其禰廟奠告,薦脯醢、三獻、獻從者,此次聘禮至此完整的結束。

〔註63〕 以上三項爲變禮,乃使者出聘後發生的特殊情況,這些內容與《儀禮》各篇正經後的「記」及《禮記》之內容性質有相同處。

事，若與「使還奠告」前面諸經文爲同一人所作，則誠如葉先生之說，作者應無寫小聘之意。〈聘禮〉又早於〈公食大夫禮〉，則〈公食大夫禮〉不以卿爲使，而以下大夫爲使，兩篇似可互補卻不全爲互補而作；有互見之效，卻無證據可定其必爲互見而作。下面就作者寫作之目的與字詞文句之異同兩方面切入：

一、寫作目的之分析

〈聘禮〉之作，乃記載以卿爲使赴他國行聘問之禮，凡聘禮之相關活動與程序，皆詳載之，其文末有對「小聘」之補充。

〈公食大夫禮〉之作，乃記載以（下）大夫爲使赴他國行聘問之禮，而主國君以食禮款待來使的相關程序，其文末有對「大聘食禮（食上大夫禮之加於下大夫者）〔註64〕」之補充，另於「記」有「上大夫蒲筵，加萑席。其純，皆如下大夫純。」〔註65〕、「上大夫庶羞酒飲漿飲庶羞可也。」〔註66〕亦

〔註64〕此用張爾岐《儀禮鄭註句讀》之稱（卷九，頁 10（總 438））。

〔註65〕《儀禮注疏》，卷二十六，頁 7（總 315）。

〔註66〕同上註。這段文字，鄭玄云「於食庶羞，宰夫又設酒漿，以之食庶羞可也。以優賓。」（《儀禮注疏》，卷二十六，頁 7～8（總 315））賈公彥云「案：上經云『上大夫庶羞二十豆』，此記人復記之者，欲見上大夫食加飯之時，得兼食庶羞。又食會飯及庶羞之時，宰夫更設酒飲、漿飲，故鄭云『於食庶羞，宰夫又設酒漿，所以（憲仁案：阮元《校勘記》卷二十六上，頁 3 云：毛本『所以』二字作『以之』。其作『以之』，與鄭《注》合，文理亦較順，此處作『所以』者，應是涉下「所以然者」而誤。）食庶羞可也』。所以然者，優賓故也。」（同上，頁 8（總 315））則賈說增「上大夫食加飯之時，得兼食庶羞」爲「上大夫庶羞」之說解。關於「上大夫庶羞」一句，後人亦有不同看法，敖繼公以爲「此記難強解」（《儀禮集說》（《文淵閣四庫全書》本），卷九，頁 42），高愈云「上大夫庶羞，多言於酒飲漿飲之時，雖食庶羞亦可」（胡培翬《儀禮正義》卷十九引文，段中熙點校本，頁 1258。），江筠云「上大夫食庶羞時，酒飲漿飲，得兼用之，以演安其庶羞之食耳。」（同上），盛世佐《儀禮集編》云「此句疑有脫誤，當闕之。」（《文淵閣四庫全書》本，卷二十，頁 42）亦以爲不可解。孔廣林《儀禮肊測》云「『上大夫庶羞酒飲』絕讀之，『漿飲庶羞可也』自爲句。此經食下大夫，酒漿並設，賓止用漿飲，上大夫則於食正飯用庶羞時，得以酒漿優之也，賓或謙不敢當盛，即以漿飲庶羞亦可，《注》義未融。」（《續修四庫全書》影印清光緒十六年山東書局刻孔叢伯說經五稿本，卷九，頁 4），胡培翬《儀禮正義》同意敖繼公與盛世佐的意見，並云「細繹〈記〉文，難以強解，敖氏已言之矣。《注》說簡質難明。高（愈）、江（筠）說異於《注》，而於〈記〉亦未盡洽，當從盛說爲是。」（胡培翬《儀禮正義》卷十九引文，段中熙點校本，頁 1258。）本文認爲各家說法中江筠

談及聘食上大夫之禮。

記載以卿爲賓之〈聘禮〉的作者，若〔註67〕於文末對「小聘」之異於〈（大）聘禮〉者已特別載明，可推其人無意專爲「小聘」作文。再者，記錄以（下）大夫爲賓之〈公食大夫禮〉之作者，若於文末對「食上大夫禮之加於下大夫者」已特別載明，可推其人與〈聘禮〉應非同一人。

總之，〈聘禮〉的作者寫作〈聘禮〉這一篇，其意乃欲記陳聘禮之禮儀程序，全文以卿爲使，而無意再以下大夫爲使者另寫一篇。〈公食大夫禮〉的作者寫作這一篇，其意乃專記國君以食禮款待來聘之使的禮儀程序，之所以選擇以下大夫爲使來記錄，合理的推測或許有意與〈聘禮〉互見〔註68〕。不過，這也只是一說，沒有明確的證據支持。從另一個角度推想，若〈公食大夫禮〉之作者，有意補〈聘禮〉中未載明主國君食聘使之儀節而寫作是篇，那麼更應該以「卿」爲聘使來陳述才能完備。

二、字詞文句異同之分析

假設〈聘禮〉與〈公食大夫禮〉爲同一人書寫，則於〈公食大夫禮〉應能觀照〈聘禮〉，其字詞文句則應有一貫性，聘禮中食禮之舉行在聘享之後，故〈公食大夫禮〉之舉行宜在已見過主國君之後。臣與他國之君爲禮，於拜答中，固應拜於下，以己國君之代表身分，則先降，而答拜於堂下，後栗階升，受命乃答拜於堂上。今觀〈聘禮〉於主國君「禮賓」一節：

> 擯者進相幣，賓降辭幣。公降一等辭。栗階升，聽命。〔註69〕降拜。

與孔廣林之意見，可備一說。這段文句既出於「記」，而「記」有解釋經的文字之功能，若斷句作「上大夫庶羞：酒飲；漿飲，庶羞可也。」亦無不可，以標明於公食上大夫之禮，其庶羞之不同於公食下大夫之禮者，酒飲與漿飲皆可於庶羞時用之也。

〔註67〕此處之所以加「若」字，乃因這些「似記經文」有可能與前面的「經文」，非同一人所寫。

〔註68〕觀〈聘禮〉與〈公食大夫禮〉二文，前者偏重聘禮的聘事的細節，對於聘禮中包含的饗、食、燕，都是概略的點到，沒有提到真實進行的細節，後者則全寫食禮的細節，若說是「互見」、「互補」，則是可將〈公食大夫禮〉中關於身分之器數進一級（卿比大夫高一級）後，全數參入〈聘禮〉「饗食賓介（之法）」，〈公食大夫禮〉所記幾乎全爲〈聘禮〉所未記，兩篇合之，可以看到聘禮較完整的情況。

〔註69〕「栗階升聽命」之句讀，應作「栗階升，聽命」，或有作「栗階，升聽命」者（如李學勤主編：《儀禮注疏·賓禮（十三經注疏整理本）》（臺北：臺灣古籍

公辭，升，再拜稽首。受幣。〔註70〕

又「私覿」一節：

> 牽馬者自前西，乃出。賓降，階東拜送。君辭，拜也。君降一等辭，
> 擯者曰：「寡君從子，雖將拜，起也。」栗階升，公西鄉，賓階上再
> 拜稽首。〔註71〕

〈公食大夫禮〉「賓入拜至」一節：

> 公當楣，北鄉。至，再拜。賓降也，公再拜。賓西階東，北面，答
> 拜。擯者辭，拜也。公降一等辭。曰：「寡君從子，雖將拜，興也。」
> 賓〔註72〕栗階升，不拜，命之成拜，階上北面再拜稽首。〔註73〕

又在賓食饌三飯後，有公以束帛侑賓之「侑幣」儀節：

> 擯者進相幣，賓降辭幣，升，聽命。降拜。公辭，賓升，再拜稽首，
> 受幣。〔註74〕

由〈聘禮〉「禮賓」與〈公食大夫禮〉「侑幣」比較，前者較爲詳細。由〈聘禮〉「私覿」與〈公食大夫禮〉「賓入拜至」比較，各有詳略。其他相似之儀節動作，於陳述上，亦各有詳略，不似出自一人之手。更可留意者，〈聘禮〉對主國君或稱「君」，而〈公食大夫禮〉則只稱「公」，亦可爲另一佐證。〔註75〕雖非出自一人之手，但兩篇之詳者，適足以使行禮者之應對拜答、進退動作更爲明確清楚。

　　由寫作目的與字詞異同的分析考察，得知《儀禮》〈聘禮〉與〈公食大夫禮〉宜非出自同一人之手；兩文可互見，然此互見亦無有力證據說其作者有意爲之。

出版有限公司，2001 年），頁 462），由《儀禮》全書文句中凡有「栗階」者
五處（〈燕禮〉一處、〈聘禮〉二處、〈公食大夫禮〉二處）文句判斷，升字應
屬上讀。

〔註70〕《儀禮注疏》，卷二十一，頁 5（總 251）。

〔註71〕同上註，頁 8（總 252）。

〔註72〕此賓字，唐石經無之。阮元《十三經校勘記》云「唐石經無『賓』字，《集釋》
校云：『此承上「賓西階東，北面，答拜」，不必更言「賓」，當從石經去之。』
按：上有公降一等，擯者釋辭，則此『賓』字不宜刪。〈燕禮〉『公有命』節《疏》
引亦有賓字，石經非也。」（《儀禮注疏》，卷二十五校勘記，頁 2（總 308））。

〔註73〕《儀禮注疏》，卷二十五，頁 5～6（總 301）。

〔註74〕同上註，頁 16（總 306）。

〔註75〕〈聘禮〉一文，對主國君或稱君，或稱公，比例相當；〈公食大夫禮〉對主國
君只稱公，其唯一用君字者，爲「寡君」一辭，乃擯者釋辭時用之。

第二章　由經文的研讀到儀節圖的繪製

陳澧《東塾讀書記》云：

> 《儀禮》難讀，昔人讀之之法，略有數端：一曰分節，二曰繪圖，
> 三曰釋例。今人生古人後，得其法以讀之，通此經不難矣。〔註1〕

上揭三法中，分節部分或可溯及較早的義疏之學，但今日可見最早提及分節的是賈公彥《儀禮疏》，賈《疏》事實上是受到鄭玄《儀禮注》啓發，其後朱熹於《儀節經傳通解》開始以儀節離析經文，並於各分節後題云「右某事」，以儀節、分節爲編排方式成爲宋以後《儀禮》注疏類著作常見的格式。〔註2〕

繪圖的部分，前人曾有古人以地畫宮室習禮之說，當時或許已有禮圖，但目前傳世的禮圖爲北宋所作，去古亦遠，故宮室之制，後代禮學家論辯至今猶未有解，器物之樣貌則因出土文物既多，有可修正前人之誤者，如爵、簋、敦、簠、戟等。除了名物圖外，儀節圖也是禮圖重要的支系。

釋例的部分，《儀禮》各篇的〈記〉與《禮記》都有關於禮的個別條例，這是最早的禮例。東漢鄭玄注《三禮》有發凡之例，後代禮學家亦於注解時，考察經文與鄭《注》，歸納條例，做發凡之論，到了清代，凌廷堪著《禮經釋例》，成就最受矚目，清朝晚年曹元弼有《禮經學》、廖平《禮經凡例》對於

〔註1〕 〔清〕陳澧：《東塾讀書記》，（香港：三聯書店有限公司，1998 年，楊志剛編校本），頁 138。另皮錫瑞也有相關的說法：「讀《儀禮》有三法，一曰分節，二曰釋例，三曰繪圖，得此三法，則不復苦其難。」（皮錫瑞：《經學通論》（臺北：河洛圖書出版社，1974 年 12 月），卷三，頁 32。）應是受陳澧之說啓發。

〔註2〕 關於《儀禮》分「儀節」的相關發展，可參鄭憲仁：《關於《儀禮》儀節研究的探討——以〈公食大夫禮〉爲例》，《國立臺南大學「人文與社會研究學報》第 43 卷第 2 期，頁 2～9。

禮例也有匯整。釋例對於研究禮經，起了以簡馭繁，通貫各篇的功能。

第一節　禮圖及其研究回顧

　　周何先生認爲研究禮學有六個方向：禮文、禮制、禮義、禮器、禮圖、禮容。〔註3〕對於禮圖的重要性，周先生做如下的說明：

> 有人曾說過《儀禮》最難讀，因爲《儀禮》所載是各種進行的儀式節目，前進後退，升階下堂，起坐揖讓等動作的進行，既乏味而且方位容易弄錯，還有很多服飾器物現在都看不到了，所以難讀，於是以前就有人畫成各種禮圖，以便讀者左圖右書對照來看，就目前所知約尚有一百多種圖可以尋見，所存最早者爲宋聶崇義的《三禮圖》，見於《通志堂經解》。〔註4〕

周聰俊先生以「經緯」譬喻「經文與圖」的關係，云：

> 凡書所不能言者，非圖無以彰其形，圖所不能畫者，亦非書無以盡其意，尤以煩碎之儀文，更不可以無圖，無則進退、升降、周旋，迷其方矣。是書之與圖，譬諸經緯，不可偏廢也。〔註5〕

　　禮圖起源於何時，已不可知，但可推論於禮書撰寫同時，或已有圖以相對。依前人目錄記載最早的是東漢鄭玄、阮諶二家的《三禮圖》。《隋書・經籍志》云「《三禮圖》九卷，鄭玄及後漢侍中阮諶等撰」〔註6〕，似以二家之圖合爲九卷，然《經義考》卷一六三引張昭之說「阮諶受禮學于綦母君，取其說爲圖三卷，多不按禮文而引漢事，與鄭君之文違錯。」〔註7〕這兩家禮圖，應該不是首創，當是前有所承才是。鄭、阮兩家禮圖皆佚，阮諶另有《周室王城明堂宗廟圖》，也已亡佚。東漢以後，迄於唐代，迭有禮圖見諸目錄，惜均不傳，目前傳世禮圖，以北宋聶崇義著《三禮圖集注》二十卷爲最早，其後的禮圖在此書的基礎上，有進一步的發展。《三禮圖集注》是聶崇義在參考前代舊圖並加上自身的創見而完成的作品，就學術史來看，稱得上是劃時代

〔註3〕周何：《禮學概論》（臺北：三民書局，1998年），頁7。

〔註4〕同上註，頁8。

〔註5〕周聰俊：「儀禮儀節圖研究」（國科會計畫成果報告書），計畫編號 NSC91-2411-H-231-002，頁1。

〔註6〕〔唐〕魏徵等：《隋書》（《文淵閣四庫全書》本），卷三十三，頁23。

〔註7〕〔清〕朱彝尊：《經義考》（臺灣：中央研究院中國文哲研究所，1997年，汪嘉玲、張惠淑、張廣慶、黃智信點校本），頁383。

的著作。

一、歷代禮圖概說

　　雖然宋代以前的禮圖已不傳了，且北宋與三禮成書的時代相距甚遠，但是《三禮圖集注》的問世與流傳，對於禮學的研究有很深遠的意義，後人讀三禮，可以明確擺脫純文字的階段，進入有禮圖輔助的時代。

　　北宋另一本重要的禮圖是陳祥道所著的《禮書》一百五十卷，這本書的撰寫有補正《三禮圖集注》的意味。

　　南宋楊甲的《六經圖》、林希逸的《鬳齋考工記解》（或稱為《考工記圖解》，此書現僅存二卷）、朱熹的〈深衣制度〉（并圖）、楊復的《儀禮圖》及《儀禮旁通圖》一卷，都是現存較早的禮圖。

　　元明亦有數種禮圖傳世，到了清代，禮學得到極大的重視，因此清儒所撰寫禮學的著作超過任何一個朝代，成就更是歷來所罕有的。清代的禮書很多，而且專題性的禮圖也有極佳的成果，以「考工記」為例：自戴震著《考工記圖》始，清儒在〈考工記〉的考釋及圖釋方面，都有很快的進展，程瑤田的《考工創物小記》、阮元的《考工記車制圖解》、鄭珍的《輪輿私箋》與《鳧氏為鐘圖說》是這方面具有代表性的研究著作。又如「明堂圖」的課題，歷代禮學家非常重視明堂的考校及其建置格局，清代就有不少著作針對這個課題，董以寧的〈明堂圖制辨〉、汪中〈明堂五室二圖〉、孫星衍《明堂考》（下卷為〈明堂圖考〉）、阮元〈明堂圖說〉、陳澧〈明堂圖說〉、孫馮翼《明堂考》（〈明堂圖〉）、鄒伯奇〈明堂會通圖說〉等，都以圖象來說明「明堂」，並有注釋與探究的文字。

　　下面是作者查考禮學相關目錄，擇出民國以前與禮圖有關的書籍或篇目的清單，大略分成四類：「周禮類」、「儀禮類」、「禮記類」、「三禮綜合及通禮類」，需要說明的，則加註說明。由此清單可以對歷代禮圖有個概括性的了解。

（一）周禮類

　　1. 《周官郊祀圖》二卷，一名《郊祀圖》，〔南朝梁〕作者不詳，《經義考》卷一二九據阮孝緒《七錄》載之，並云佚。〔註8〕

〔註8〕〔清〕朱彝尊：《經義考》（汪嘉玲、張惠淑、張廣慶、黃智信點校本），頁562～563。凡此書目中引用《經義考》皆出自此版本，故僅於該條引用資料後以括號加註頁碼。

2. 《周官禮圖》十四卷，一名《周禮圖》，《隋書‧經籍志》載之，而作者不詳，姚振宗《隋書經籍志考證》云：「唐章彥遠《歷代名畫記》曰，古之祕畫珍圖則有《周禮圖》十四卷。」〔註9〕，《經義考》卷一二一云佚（頁377）。

3. 《周禮禮器圖》，〔北宋〕王洙著，至和元年（西元1054年）上呈朝廷，《經義考》卷一二二云佚（頁387）。

4. 《周禮纂圖》，〔北宋〕陳祥道著，《文淵閣書目》云有一部三冊〔註10〕，而《經義考》卷一二二云佚（頁387）。或與其所著之《禮書》內容可相參。

5. 《周禮圖》十卷，〔北宋〕龔原著，《宋史‧藝文志》載之，《經義考》卷一二二云未見（頁392）。

6. 《周禮本制圖論》，〔北宋〕吳沆著，《經義考》卷一二三云佚（頁405）。

7. 《周禮丘乘圖說》一卷，〔南宋〕項安世著，《直齋書錄解題》卷二作《周禮丘乘圖說》一卷。〔註11〕《經義考》卷一二九云未見（頁565）。

8. 《周禮井田圖說》，〔南宋〕魏了翁著，《經義考》卷一二九云佚（頁565）。

9. 《鬳齋考工記解》二卷，〔南宋〕林希逸著，傳世善本中有宋刻本及明刻本數種，《通志堂經解》、《四庫全書本》收錄。據倪燦《宋史藝文志補》其書名又稱《考工記圖解》有四卷〔註12〕，今只見二卷。

10. 《周禮圖說》二卷，作者不詳，《經義考》卷一二五引王與之之言：「《圖說》未詳誰氏所編，得自閩中，大概用《三禮圖》、《禮象圖》，或立新說，考證最明。」並云未見（頁455）。

11. 《周禮十五圖》一卷，〔南宋〕王與之著，焦竑《國史經籍志》載之〔註13〕，今未見。

〔註9〕 〔清〕姚振宗：《隋書經籍志考證》（《續修四庫全書》景印開明書店鉛印師石山房叢書本），卷四，頁57。

〔註10〕 〔明〕楊士奇：《文淵閣書目》（《文淵閣四庫全書》本），卷一，頁26。

〔註11〕 〔南宋〕陳振孫：《直齋書錄解題》（《文淵閣四庫全書》本），卷二，頁25。

〔註12〕 〔清〕倪燦：《宋史藝文志補》（《續修四庫全書》景印清光緒刻廣雅書局叢書本），頁4。

〔註13〕 〔明〕焦竑：《國史經籍志》（《續修四庫全書》景印明徐象櫄刻本），卷二，頁3十一。

12. 《周禮開方圖說》一卷，〔南宋〕鄭景炎著，《經義考》卷一二九云未見（頁565～566）。

13. 《周官禮圖》十四卷，〔元〕俞言著，《文淵閣書目》載一冊〔註14〕，《經義考》卷一二五云未見（頁464）。

14. 《讀禮疑圖》六卷，〔明〕季本著，國家圖書館有明嘉靖刻本，《四庫全書存目叢書》〔註15〕收錄。

15. 《周禮圖說》二卷，〔明〕王應電著，《四庫全書》收錄。

16. 《考工記述注》一卷《圖》一卷，〔明〕林兆珂著，圖附於書末。

17. 《考工記評》一卷，〔明〕周夢暘輯注並評點，或有著錄為《批點考工記圖說》，今有明萬曆本傳世。

18. 《考工記補圖》二卷，〔明〕張鼎思補南宋林希逸圖，或有著錄為《考工記圖解》。《經義考》卷一二九云未見（頁554～555）。

19. 《周禮文物大全圖》，陳氏（時代不詳），〔明〕吳繼仕校。《經義考》卷一二八云未見（頁518）。

20. 《周官圖》四卷，〔清〕王文清、吳廷華著，未見。

21. 《考工記圖釋》二卷，〔清〕汪宜耀著，未見。

22. 《欽定周官義疏》四十八卷，清乾隆敕撰，自卷四十五起為禮圖，《四庫全書》收錄。

23. 《考工記圖》二卷，〔清〕戴震著，考據詳細，圖五十四幅，常有新意，如爵、觚（觶）已依出土文物為圖，禮學界甚推崇，《續修四庫全書》收錄。

24. 《考工創物小記》八卷，〔清〕程瑤田著，全書相關古器物圖甚多，如卷三「顏氏銅戈」、「敔之造戟」、「右軍戈」等，皆為出文土物之摹刻圖；卷四〈戈體已倨已句長內短內四病圖說〉有「已倨圖」、「已句圖」、「長內圖」、「短內圖」等，皆依出土戈戟為依據；卷五有「吳季子之子逞劍」、〈凫氏為鍾圖說〉有「周公華鍾」〔註16〕、「虢叔鍾」、卷七「子孫角」等，皆吸收古器物學之長，用於禮學研究。

〔註14〕 〔明〕楊士奇：《文淵閣書目》（《文淵閣四庫全書》本），卷一，頁27。

〔註15〕 四庫全書存目叢書編纂委員會：《四庫全書存目叢書》，臺南：莊嚴文化出版社，1997年。《讀禮疑圖》收於此叢書之經部冊八十一（景印明嘉靖刻本），頁586～782。

〔註16〕 依其所錄銘文應稱為「邿公華鍾」。

此書所載禮圖，大多能以出土銅器爲立論根據，信而有徵。程氏善於古器物之圖考，於清儒中足稱大家。《皇清經解》、《續修四庫全書》收錄。

25. 《溝洫疆理小記》一卷，〔清〕程瑤田著，《皇清經解》、《續修四庫全書》收錄。

26. 《周禮學》一卷，〔清〕沈夢蘭著，附圖二十，《續修四庫全書》收錄。

27. 《考工記車制圖解》二卷，〔清〕阮元著，禮學界甚推崇，《皇清經解》、《續修四庫全書》收錄。

28. 《周官圖說》六卷，〔清〕李錫書著，未見。

29. 《考工記考辨》八卷，〔清〕王宗涑著，附圖三十一，《續修四庫全書》收錄。

30. 《周禮井田圖考》，〔清〕胡匡衷著，未見。

31. 《周官義疏及井田宮室圖制》，〔清〕徐宣著，未見。

32. 《井田圖解》，〔清〕徐興霖著，未見。

33. 《輪輿私箋》二卷附〈圖〉一卷，〔清〕鄭珍著，《續修四庫全書》收錄。

34. 《鳧氏爲鐘圖說》一卷，〔清〕鄭珍著，《續修四庫全書》收錄。

35. 《考工記考》一卷〈附圖〉一卷，〔清〕呂調陽著，附圖三十，《續修四庫全書》收錄。

36. 《井田圖考》二卷，〔清〕朱克己著，未見。

37. 《周禮圖說》六卷，〔清〕齊世南著，未見。

38. 《大禮圖說》，〔清〕史大壯著，未見。

39. 《周禮圖說》，〔清〕范勳著，未見。

40. 《改定井田溝洫圖說》一卷，〔清〕楊燾著，未見。

（二）儀禮部分

1. 《冠圖注》，〔漢〕術氏著，顧懷三《補後漢書藝文志》收錄〔註17〕，已佚。

2. 《喪服圖》，〔三國蜀〕譙周著，顧懷三《補後漢書藝文志》作《喪

〔註17〕〔清〕顧懷三：《補後漢書藝文志》（收錄於《二十五史補編》，北京：中華書局，1955年），第二冊，頁2215。

服集圖》一卷〔註18〕，已佚。

3. 《喪服變除圖》五卷，〔三國吳〕射慈著，《經義考》卷一三六云佚（頁694）。王謨《漢魏遺書鈔》、黃奭《漢學堂叢書》、馬國翰《玉函山房輯佚書》等有輯佚本。

4. 《喪服天子諸侯圖》一卷，〔三國吳〕射慈著，《經義考》卷一三六云佚（頁695）。

5. 《喪服圖》一卷，〔晉〕崔遊（一作崔游）著，《經義考》卷一三六云佚（頁696）。

6. 《喪服圖》一卷，〔晉〕蔡謨著，《經義考》卷一三六云佚（頁698）。

7. 《喪服圖》一卷，〔南朝齊〕王儉著，《經義考》卷一三六云佚（頁703）。

8. 《喪服圖》一卷，〔北魏〕崔逸著，《經義考》卷一三六云佚（頁706）。

9. 《喪服圖》一卷，賀游著（朝代不明），《隋書·經籍志》載之，《經義考》卷一三六云佚（頁706），清姚振宗以爲賀遊乃崔遊之誤：「賀遊始末未詳，按此似晉崔遊書也」。〔註19〕

10. 《戴氏喪服五家要記圖譜》五卷，作者不詳，《隋書·經籍志》載之，《經義考》卷一三七云佚（頁716）。

11. 《喪服君臣圖儀》一卷，作者不詳，《隋書·經籍志》載之，《經義考》卷一三七云佚（頁717）。

12. 《五服圖》一卷，作者不詳，《隋書·經籍志》載之，《經義考》卷一三七云佚（頁718）。

13. 《五服圖儀》一卷，作者不詳，《隋書·經籍志》載之，《經義考》卷一三七云佚（頁718）。

14. 《喪服禮圖》一卷，作者不詳，《隋書·經籍志》載之，已佚。

15. 《五服圖》，〔唐〕張薦著，《經義考》卷一三七云佚（頁714）。

16. 《五服圖》十卷，〔唐〕仲子陵著，《經義考》卷一三七云佚（頁714）。

17. 《儀禮圖》，〔南宋〕朱熹著，《明書經籍志》載〔註20〕，未見。

18. 《士冠士昏饋食禮圖》，〔南宋〕趙彥肅著，已佚。

〔註18〕 同上註，頁2147。

〔註19〕 〔清〕姚振宗：《隋書經籍志考證》，卷四，頁66。

〔註20〕 〔明〕楊士奇、〔清〕傅維鱗：《明書經籍志》，臺北：成文出版社，1978年，頁157。

19. 《喪服圖》二冊，〔南宋〕黃榦著，已佚。

20. 《儀禮釋宮》一篇，〔南宋〕李如圭著〔註21〕，《四庫全書》收錄。

21. 《儀禮圖》十七卷附《儀禮旁通圖》一卷，〔南宋〕楊復著，爲目前傳世兩宋最重要之儀節圖著作，《通志堂經解》、《四庫全書》收錄。

22. 《冠婚喪祭圖》，〔南宋〕楊明復著，已佚。

23. 《冕弁冠服圖》，〔元〕張頤著，已佚。

24. 《五服圖解》，〔元〕龔端禮著，非專爲《儀禮·喪服》而作，然可視爲流裔。《經義考》卷一三七云未見（頁730），《續修四庫全書》收錄。

25. 《鄉射禮集要圖說》一卷，〔明〕傅鼎著。

26. 《昏禮圖》一卷，〔明〕王廷相著，《明史·藝文志》載之，《經義考》卷一三五云存（頁670），今未見。

27. 《鄉射圖解》一卷，〔明〕聞人詮著，《經義考》卷一三五云存（頁679～680），今未見。

28. 《鄉射禮圖》一卷，〔明〕王廷相著，《明史·藝文志》載之，《經義考》卷一三五云存（頁681～682），今未見。

29. 《鄉飲序次圖說》一卷，〔明〕駱問禮著，《經義考》卷一三五云未見（頁679）。

30. 《鄉飲圖說》一卷，〔明〕馮應京著，《經義考》卷一三五云未見（頁678）。

31. 《鄉飲圖考》一卷，〔明〕何棟如著，《經義考》卷一三五云未見（頁678）。

32. 《儀禮會通圖》二卷，〔明〕陳林著，《經義考》卷一三四云未見（頁

〔註21〕 此書或疑爲朱熹所作，而《四庫全書總目》云：「考《朱子大全集》亦載其文與此大略相同，惟無序，引宋〈中興藝文志〉稱朱子嘗與之校定禮書，疑朱子固嘗錄如圭是篇，而集朱子之文者，遂疑爲朱子所撰，取以入集，猶蘇軾書劉禹錫語〈題姜秀才課冊〉，遂誤編入軾集耳。觀朱子《儀禮經傳通解》於〈鄉飲酒禮〉薦出自左房、〈聘禮〉負右房，皆但存賈《疏》，與是篇所言不同，是亦不出朱子之一證也。……宋陳汶嘗序《集釋》，刻之桂林郡學舍，兼刻是篇，今刻本不傳，惟《永樂大典》內全錄其文，別爲一卷，題云『李如圭《儀禮釋宮》』蓋其所據猶爲宋本，今據以錄出，仍與《集釋》相輔，其間字與朱子本稍有異同，似彼爲初稿，此爲定本，今悉從《永樂大典》所載，以復如圭之舊焉。」（〔清〕永瑢、紀昀等著：《四庫全書總目》（《文淵閣四庫全書》本），卷二十，頁6～7）今從此說，以《儀禮釋宮》爲李如圭所撰。

663）。

33. 《禮經圖》一卷，〔明〕胡賓著，《經義考》卷一三四云未見（頁663）。

34. 《射禮圖注易覽》一卷，〔明〕林文奎著，《經義考》卷一三五云未見（頁687）。

35. 《喪服圖》，〔清〕陳天佑著，未見。

36. 《儀禮圖》，〔清〕王紹蘭著。

37. 《古宮室圖》一卷附《古冠服圖》一卷，〔清〕呂宣曾著，未見。

38. 《宮室考》二卷，〔清〕任啓運著，《四庫全書》收錄，又《皇清經解續編》作《朝廟宮室考並圖》一卷。

39. 《欽定儀禮義疏》四十八卷，清乾隆敕撰，自卷四十一起爲禮圖，《四庫全書》收錄。

40. 《儀禮圖說》十七卷，〔清〕張校均著，未見。

41. 《儀禮喪服經傳分釋圖表》二卷，〔清〕莊有可著，未見。

42. 《儀禮圖》六卷，〔清〕張惠言著，《皇清經解續編》、《續修四庫全書》收錄。

43. 《儀禮宮室圖》一卷《附說》一卷，〔清〕張惠言著。

44. 《弁冕冠服圖》一卷，〔清〕張惠言著，一名《弁冕服圖》。

45. 《禮經宮室答問》二卷，〔清〕洪頤煊著，有附圖，《續修四庫全書》收錄。

46. 《儀禮先易》八卷《圖考》一卷，〔清〕曾家模著，未見。

47. 《士昏禮對席圖》一卷，〔清〕俞樾著，《皇清經解續編》收錄。

48. 《儀禮集解》十八卷附《儀節圖》一卷，〔清〕劉發書著，未見。

49. 《儀禮圖解》，〔清〕欽楫著，未見。

50. 《壽櫟廬儀禮奭固禮器圖》十七卷，〔清〕吳之英著，《壽櫟廬叢書》之二，《續修四庫全書》收錄。

51. 《壽櫟廬儀禮奭固禮事圖》十七卷，〔清〕吳之英著，《壽櫟廬叢書》之三，《續修四庫全書》收錄。

52. 《禮經學》七卷，〔清〕曹元弼著，卷三〈圖表〉主要引張惠言之圖，間有校改，《續修四庫全書》收錄。

53. 《儀禮圖說》，〔清〕夏逢芝著，未見。

54. 《儀禮圖補》八卷，〔清〕王翬周著，未見。

（三）禮記類

1. 《周室王城明堂宗廟圖》一卷，〔東漢〕阮諶著，《隋書・經籍志》載爲祁諶，據姚振宗《隋書經籍志考證》改。〔註22〕已佚。

2. 《明堂圖說》二卷，〔北魏〕封偉博著，張鵬一《隋書經籍志補》收於「大戴禮記類」〔註23〕，因與《禮記》相關，故亦收入。

3. 《明堂圖議》二卷，〔隋〕宇文愷著，張鵬一《隋書經籍志補》收於「大戴禮記類」〔註24〕，因與《禮記》相關，故亦收入。

4. 《梁月令圖》一卷，作者不詳，《七錄》載之，《經義考》卷一四九云佚（頁95～96）。

5. 《月令圖》一卷，作者不詳，《隋書・經籍志》載之。已佚。

6. 《月令圖》一卷，〔唐〕王涯著，《通志・藝文略》載之，《經義考》卷一四九云佚（頁106）。

7. 《明堂定制圖》一卷，〔北宋〕李覯著，《經義考》卷一四七云圖佚（頁59）。

8. 《王制井田圖》一卷，〔北宋〕阮逸著，《經義考》卷一四八云佚（頁87～88）。

9. 《井田王制圖》一卷，〔北宋〕余希文著，《宋史・藝文志》載之，書名如此〔註25〕，《經義考》卷一四八稱《王制井田圖》並云佚（頁88）。

10. 〈深衣制度〉（并圖）一篇，〔南宋〕朱熹著，收於《晦庵集》卷六十八。

11. 《投壺圖》一卷，〔南宋〕方承鬘著，《經義考》卷一四七云姓氏「或作張」，並云佚（頁70）。

12. 《月令圖》一卷，〔南宋〕劉先之（一作劉玄之）著，《經義考》卷一四九云佚（頁107）。

13. 《深衣圖說》一卷，〔南宋〕舒岳祥著，《經義考》卷一五〇云佚（頁

〔註22〕〔清〕姚振宗：《隋書經籍志考證》，卷四，頁82。

〔註23〕〔清〕張鵬一：《隋書經籍志補》（《四部文明・隋唐文明卷》，據開明書店二十五史補編本拼版景印，西安：陝西人民出版社，2007年），頁498。

〔註24〕同上註。

〔註25〕〔元〕托克托等著：《宋史・藝文志》（《文淵閣四庫全書》本），卷二〇二，頁15。

124～125）。

14. 《禮記舉要圖》一卷，作者不詳，國家圖書館藏善本書，有微卷。

15. 《禮記纂圖註義》十三卷，〔元〕彭廉夫著，四庫館臣（戴震）由《永樂大典》輯出。

16. 《深衣圖辨》一卷，〔元〕王幼孫著，《經義考》卷一五〇云佚（頁125～126）。

17. 《深衣圖考》三卷，〔元〕汪汝懋著，《經義考》卷一五〇云佚（頁129），錢大昕《補元史藝文志》載之〔註26〕，今未見。

18. 《禮記纂圖》，作者不詳，《經義考》卷一四三云未見（頁864）。

19. 《深衣圖說》一卷，〔明〕鄭瓛著，《經義考》卷一五〇云未見（頁133）。

20. 《深衣圖論》一卷，〔明〕王廷相著，《千頃堂書目》作《深衣考》，《經義考》卷一五〇云存（頁133），今未見。

21. 《深衣圖說》一卷，〔明〕吳顯著，《經義考》卷一五〇云未見（頁136）。

22. 〈明堂圖制辨〉一篇，〔清〕董以寧著，收於《文友文選》卷三。

23. 《匯圖禮記節本》十卷，〔清〕汪基著。

24. 《欽定禮記義疏》八十二卷，清乾隆敕修，自七十八卷起為禮圖，《四庫全書》收錄。

25. 《月令氣候圖說》一卷，〔清〕李調元著，今未見。

26. 〈明堂五室二圖〉一篇，〔清〕汪中著，收於《述學內篇》卷一。

27. 《明堂考》三卷，〔清〕孫星衍著，下卷為〈明堂圖考〉。

28. 〈明堂圖說〉一篇，〔清〕阮元著，收於《揅經室續一集》卷一。

29. 〈明堂圖說〉二篇，〔清〕陳澧者，收於《東塾集》卷一。

30. 《明堂考》三卷，〔清〕孫馮翼著，下卷為〈明堂圖〉。《續修四庫全書》收錄。

31. 〈明堂會通圖說〉一篇，〔清〕鄒伯奇著，收於《學計一得》卷下。

32. 《禮記制度示掌圖》，〔清〕王皓著。

33. 《明堂圖說》一卷〈附錄〉一卷，〔清〕熊羅宿著，今未見。

〔註26〕〔清〕錢大昕：《補元史藝文志》（《百部叢書初編》收廣雅書局本），卷二，頁9。

34. 《深衣圖說》一卷，〔清〕許克勤著，今未見。

（四）三禮綜合及通禮類

1. 《三禮圖》，依前人目錄記載有東漢鄭玄、阮諶二家，《隋書‧經籍志》云「《三禮圖》九卷，鄭玄及後漢侍中阮諶等撰」〔註27〕，則似爲二家之圖合爲九卷，然《經義考》卷一六三引張昭之說「阮諶受禮學于綦母君，取其說爲圖三卷，多不按禮文而引漢事，與鄭君之文違錯。」（頁383）則阮諶《三禮圖》三卷，而鄭玄《三禮圖》或爲六卷乎？二家禮圖皆佚，然聶崇義《三禮圖集注》多參考前代舊圖，並有引用，鄭玄與阮諶之禮圖或部分保留於聶氏《三禮圖集注》中〔註28〕，另清人有輯佚，王謨《漢魏遺書鈔》載「漢‧阮諶《三禮圖》」一卷，凡十八頁（不含敘跋）〔註29〕、馬國翰《玉函山房輯佚書》載「《三禮圖》三卷」云「後漢‧鄭玄、阮諶」撰（玄字因避諱作元）〔註30〕、黃奭《黃氏逸書考》載「阮諶《三禮圖》」一卷〔註31〕等。

2. 《五宗圖》一卷，《通典》卷七十三載薛綜引此書而稱鄭玄《五宗圖》〔註32〕，然侯康《補三國藝文志》以爲薛綜撰。〔註33〕已佚。

3. 《三禮圖》十二卷，〔隋〕夏侯伏朗著，《經義考》卷一六三云佚（頁387）。

4. 《三禮圖》九卷，梁正著（朝代不詳），然依竇儼〈聶氏三禮圖序〉所稱〔註34〕，知梁正在張鎰前，阮諶後，故列於此），《經義考》卷一六三云佚（頁389）。原書依《崇文總目》載有九卷，清馬國翰《玉函山房輯佚書》輯有一卷。

〔註27〕 〔唐〕魏徵等：《隋書》，卷三十二，頁23。
〔註28〕 聶崇義於前代禮圖亦有駁議，故與聶氏《三禮圖集注》亦應有一定差別。
〔註29〕 〔清〕王謨：《漢魏遺書鈔》，《叢書集成續編》，臺北：藝文印書館，1970年。
〔註30〕 〔清〕馬國翰：《玉函山房輯佚書》（京都：中文出版社，1979年），冊二，頁1102～1116。
〔註31〕 〔清〕黃奭，《黃氏逸書考》（京都：中文出版社，1986年，景印民國14年王鑒據懷荃室藏板修補本），頁658～666。
〔註32〕 〔唐〕杜佑：《通典》（《文淵閣四庫全書》本），卷七十三，頁2。
〔註33〕 〔清〕侯康：《補三國藝文志》（《叢書集成新編》本，臺灣：新文豐出版公司，1985年），卷一，頁13。
〔註34〕 〔北宋〕聶崇義：《三禮圖集注》（《文淵閣四庫全書》本），〈序〉，頁1。

5. 《祭服圖》三冊，〔唐〕劉孝孫著，已佚。

6. 《三禮圖》九卷，〔唐〕張鎰著，《經義考》卷一六三云佚（頁 389），〔清〕馬國翰《玉函山房輯佚書》輯有一卷。

7. 《三禮圖集注》二十卷，〔北宋〕聶崇義著，爲目前傳世禮圖最早者，今存有宋版善本。《通志堂經解》、《四庫全書》收錄。

8. 《禮象》十五卷，〔北宋〕陸佃著，已佚。

9. 《禮書》一百五十卷，〔北宋〕陳祥道著，存世元明刻本多種，《四庫全書》收錄。

10. 《紹熙州縣釋奠儀圖》一卷，〔南宋〕朱熹著，今傳本已經後人增附，《四庫全書》收錄。

11. 《六經圖》十卷，〔南宋〕楊甲著、毛邦翰補，《四庫全書》收錄。

12. 《補正三禮圖》三十八卷，〔南宋〕楊杰著，《經義考》卷一六三云未見（頁 399）。

13. 《三禮圖》十二卷，〔南宋〕鄭氏著，《宋史・藝文志》載之，《經義考》卷一六五云佚（頁 436）。

14. 《三禮圖駁議》二十卷，作者不詳，《宋史・藝文志》載之，《經義考》卷一六五云佚（頁 436）。

15. 《祭器圖》二十卷，〔元〕趙孟頫著，今未見。

16. 《韓氏三禮圖說》二卷，〔元〕韓信同著。

17. 《昭穆圖》一卷，〔元〕戚崇僧著，今未見。

18. 《禮圖》，〔元〕許判著，《經義考》卷一六六云未見（頁 460～461）。

19. 《三禮圖》四卷，〔明〕劉績著，其禮圖受元代韓信同《韓氏三禮圖說》的影響，尤其宮室圖大抵雷同。

20. 《四禮圖考》一卷，〔明〕衷貞吉著，此書爲《四禮彙編》之一。

21. 《昭穆圖》，〔明〕劉閔著，今未見。

22. 《四禮圖》一卷，〔明〕張鯤著，今未見。

23. 《五禮古圖》一卷，〔明〕作者不詳，今未見。

24. 《廟制圖考》四卷，〔清〕萬斯同著，《四庫全書》收錄。

25. 《歷代宗廟圖考》二卷，〔清〕王原著，今未見。

26. 《統宗圖》，〔清〕梅鈁著，今未見。

27. 《儀禮節略》十七卷《圖》三卷，〔清〕朱軾著。其旨以朱文公《家禮》爲要，《四庫全書總目》列爲《存目》而書名爲《儀禮節要》。〔註35〕

28. 《禮書綱目》，〔清〕江永著，〈附錄〉卷下〈深衣考誤〉附有數圖。《四庫全書》收錄。

29. 《三禮圖》五卷，〔清〕王文清著，今未見。

30. 《六禮或問》十二卷，〔清〕汪紱著。每篇之末繪有圖。

31. 《澹解齋說裸圖》一卷，〔清〕龔景瀚著。

32. 《五宗圖說》一卷，〔清〕萬光泰著。

33. 《群經宮室圖》二卷，〔清〕焦循著，《皇清經解續編》、《續修四庫全書》收錄。

34. 《群經冠服圖考》三卷，〔清〕黃世發著。

35. 《三禮圖》三卷，〔清〕孫星衍、嚴可均著，未見。

36. 《三禮圖考》，〔清〕龔麗正著，未見。

37. 《三禮圖》三卷，〔清〕孫馮翼著。

38. 《宮室圖說》四卷，〔清〕何濟川著。

39. 《三禮圖說》，〔清〕杜長炘著，未見。

40. 《三禮通釋》二百八十卷，〔清〕林昌彝著，先釋後圖，圖凡五十卷，或有著錄爲《三禮圖》五十卷，《四庫未收書輯刊》第二輯〔註36〕收錄。

41. 《禮圖》，〔清〕馬徵麐著，未見。

42. 《三禮圖全譜》，作者不詳，咸豐元年刻本。

43. 《禮書通故》，〔清〕黃以周著，自卷四十八起爲禮圖，《續修四庫全書》收錄。

44. 《周政三圖》三卷，〔清〕吳之英撰。

45. 《三禮儀式圖解》三卷，〔清〕鄒向魯著，未見。

46. 《群經宮室圖簡明說》，〔清〕寇鈁著，未見。

〔註35〕〔清〕永瑢、紀昀等著：《四庫全書總目》，卷二十五，頁27。

〔註36〕四庫未收書輯刊編纂委員會編：《四庫未收書輯刊》（北京：北京出版社，2000年）第二輯，卷二四六～二七〇，頁553～759。

47. 《三禮圖表》，〔清〕郭啓悊著，未見。

這些禮圖所載的各種內容，大多依據經文與注解，加上禮學家自己的見解而來，雖然其中一部分是承襲較早的禮圖資料，但也有作者自行改易的。宋代是古器物學受到重視的時代，尤其出土的銅器數量不少，呂大臨的《考古圖》、王黼的《宣和博古圖》都有不少銅器的器形圖象，以《考古圖》為例，其爵（圖一）〔註37〕已非《三禮圖集注》之形，《三禮圖集注》的爵是禮學家依據古代注解想像而來的（圖二）〔註38〕，《考古圖》的爵則有出土的實物為依據。

圖一　呂大臨《考古圖》之爵

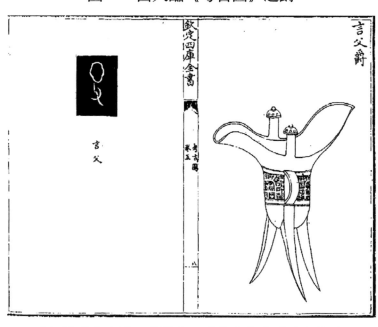

（右頁「言父爵」為器名，實應更名為「亞父爵」）

〔註37〕〔北宋〕呂大臨：《考古圖》（《文淵閣四庫全書》本），卷五，頁8。
〔註38〕〔北宋〕聶崇義：《三禮圖集注》，卷十二，頁21。

圖二：聶崇義《三禮圖集注》之爵

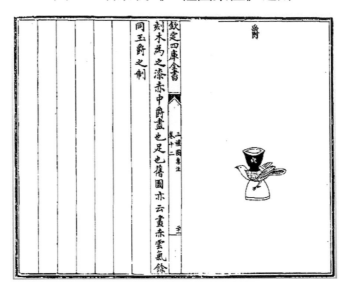

聶崇義的時代所見之禮圖於爵有梁正與阮諶兩家的圖象，然聶崇義不從
兩家之爵形，其於爵之圖云：

> 刻木爲之，漆赤中。爵，盡也，足也。舊圖亦云「畫赤雲氣」餘同
> 玉爵之制。〔註39〕

既云同玉爵之制，乃查玉爵，其形與此爵形相似，而玉爵之圖象旁有文字云：

> 〈太宰職〉云：「享先王，贊玉爵」，後鄭云：「宗廟獻用玉爵，受一
> 升」。今以黍寸之尺校之，口徑四寸，底徑二寸，上下徑二寸二分，
> 圓足。案：梁正、阮氏《圖》云：「爵尾長六寸，博二寸，傅翼，方
> 足，漆赤中，畫赤雲氣。」此非宗廟獻尸之爵也，今見祭器內有刻
> 木爲雀形，腹下別以鐵作腳距，立在方板，一同雞彝、鳥彝之狀，
> 亦失之矣。臣崇義案：《漢書‧律歷志》說斛之制，口足皆圓，有兩
> 耳，而云其狀似爵，又案〈士虞禮〉云：「賓長洗繶爵，三獻尸。」
> 鄭云：「繶爵，口足之間有篆飾」，今取〈律歷志〉嘉量之說，原康
> 成解繶爵之言，圖此爵形，近得其實，而況前代垂範觀象以制器服，
> 義非一揆，或假名全畫其物，或取類半刻其形，則雞、鳥已下六彝，
> 襌、裯青素二質，是全畫其物著於服器者也；玉爵、柄尺之類，龍

〔註39〕同上註。

勺、蒲勺之倫，是半刻其形，飾於器皿以類取名〔註40〕者也，以此而言，犧、象二尊，自然畫飾。至於夏之九鼎，鑄以象物，取其名義，亦斯類也。〔註41〕

聶崇義認為梁正、阮氏（阮諶）圖的爵形不可從，乃依《漢書‧律曆志》之說，以為爵如斝形，器圓而有兩耳，但其圖卻不作斝形，自相矛盾。由〈律曆志〉云斝形與爵形相似，又皆有兩耳，可知東漢時已失爵之原形，故梁正、阮諶、聶崇義不知爵之原形，亦無可苟責，或許後來之爵形已為圓器如杯，而有兩耳（西周晚期出土的杯即是圓器有兩耳）。爵字因為前人訓詁皆與「雀」相連繫，為推因之法。禮學家之爵圖，乃受此影響。

既然北宋的呂大臨已能知爵形，則後人之禮圖應可從之。《欽定儀禮義疏》之爵形有二（圖三）〔註42〕，第一形杯狀，其第二形則與《考古圖》相同，皆圓體、有流、三足、二柱〔註43〕、有鋬之形，並云：

圖三 《欽定儀禮義疏》之爵

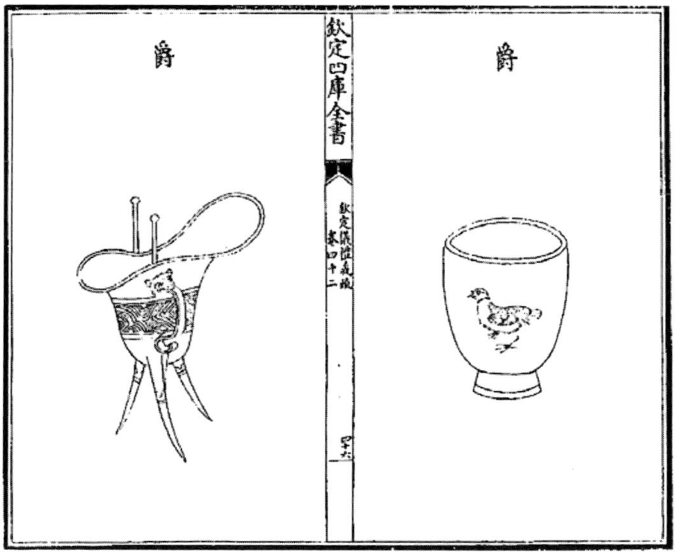

第一形（右面）與第二形（左面）

〔註40〕 一本作「呼」，意無不同。參〔北宋〕聶崇義：《三禮圖》（《通志堂經解》本），卷十四，頁6。

〔註41〕 〔北宋〕聶崇義：《三禮圖集注》，卷十四，頁24～25。

〔註42〕 清乾隆敕撰：《欽定儀禮義疏》，卷四十二，頁46。

〔註43〕 考古出土的爵大多二柱，少數只有一柱，少數無柱。

廢爵無足而已，故不圖足，爵有足而無篆，繶爵止篆口足之間，以
虞禮未純吉也，然則吉禮之爵其全篆歟？至爵之身則當圓其體，而
或刻爵于其間，或設兩柱及流於其上，聶氏崇義謂「《漢書‧律曆志》
説斛之制口足皆圓，有兩耳，而其狀似爵」，「今見祭器內有刻木爲
雀形，腹下別以鐵作腳距，立在方板者，失之。」是聶氏亦主圓其
體也，乃聶氏圖仍作爵形鐵距立方板上者，不亦自背其説乎？今特
正之。〔註44〕

據其言，則第一圖（右圖）爲廢爵，以廢爵無足。〔註45〕第二圖（左圖）是
繶爵，並以爲虞禮之爵只篆口足之間（即器腹一道紋飾）。《欽定儀禮義疏》
認爲《儀禮》常用的爵是口有流，二柱、三足之形〔註46〕，這一點與《考古
圖》是相合的。清末以禮學著稱的黃以周於其《禮書通故》則認爲爵之口有
兩耳，其說云：

聶氏據《漢志》爵形如斛而圖仍舊訛，是何也？〈明堂位〉云：「爵，
夏后氏以琖，殷以斝，周以爵。」《説文》「斝，从門，象形，與爵
同意。」斝有兩耳，則爵亦有兩耳矣。廢爵無足，與著尊同。有足
之爵，其足亦與彝尊同。凡酒器之足，無用三足如鼎者。爵有兩耳，
下又圓足，故《漢志》云斛狀如爵。斛之足深如斗。斗，〈考工記〉
謂之臀。〈祭統〉云：「尸酢夫人執柄，夫人受尸執足。」柄即耳，
足即其臀，此爵之形製也。其飾則畫以雀。〔註47〕

爵之口有兩耳，其下有足，亦如斝狀，與《漢志》所言正合，此爵
之形製也。〔註48〕

〔註44〕 同上註，卷四十二，頁 47。
〔註45〕 事實上，第一圖（右圖）之器有今日器物學界所稱之圈足。或許《欽定儀禮
義疏》以爲三尖足才是爵之足，而不將圈足視爲足。
〔註46〕 事實上，《儀禮》的內容代表哪個時代，至今學術界仍有不同意見（參本書第
一章第二節），若以孔子所在的春秋晚期而言，在日常生活中應該已不用這種
二柱三足的爵。西周中期以後的遺址或墓葬，都未再出土這類器物，那時飲
用的小形盛酒器爲杯或器形較小的飲壺，西周晚期出土的「白（伯）公父爵」
是自名器，但其形無柱，亦無三足，僅有圈足，與二柱、三足的器形亦不相
同，更可證明這種二柱三足爵在西周中期後，已退出歷史舞台。
〔註47〕 〔清〕黃以周：《禮書通故》（北京：中華書局，2007 年，王文錦點校本），卷
四十七，頁 1949。
〔註48〕 同上註，卷四十九，頁 2450。

這樣的意見明確受到《漢書‧律曆志》的影響，以為爵形如斛形，並將〈祭統〉所云之爵柄，理解為爵耳，這實在是一種曲解。自從北宋金石學興盛後，不少器物的認知已跳出北宋初期聶崇義《三禮圖集注》的局限，爵這類器，在清代的禮書中，已有作二柱三足的器形，《西清古鑑》及《欽定儀禮義疏》等書都是如此認知，清乾嘉以後，古器物學及文字學更為進展，不少器物的名稱被確認出來，清末的黃以周卻以為爵形與斛形相似，並反對二柱三足的形制，由他質疑程瑤田以二柱三足之器為爵的意見中，可以了解他的主張：

> 程瑤田云：「爵之形如雀，前有流，喙也。腦與項也，胡也。後有柄，尾也。容酒之量，其口左右侈出者，翅也。近前二柱，聳翅舒翼，將飛貌也。其量，腹也。腹下卓然鼎立者，其足也。〈梓人〉：『凡試梓，飲器鄉衡而實不盡，梓師罪之。』先鄭注云：『衡謂麋衡也。』麋衡即眉。……經立之容，固頤正視，不能昂其首。今試舉是爵飲之，爵之兩柱適至于眉，首不昂而實自盡。兩柱鄉眉，謂之鄉衡。後鄭則曰『平也，平爵鄉口，酒不盡則罪』。是衡而鄉之，非鄉衡矣。」以周案：程氏之說形制，本《博古圖》。但《博古圖》多贗器。兩柱經傳無見文，可疑一。凡酒器無用三足者，可疑二。爵其制，其口鄉衡而實自盡，亦何待兩柱以為準，可疑三。爵制于梓人，以木為之。後人所傳銅器，本不署其名目，考古者題曰商爵、曰周爵，任臆定之，可疑四。〔註49〕

　　二柱三足之爵，為自名器〔註50〕，清末阮元、徐同柏、吳式芬等，均已著錄，並知其器類名為爵，然黃以周仍疑之。事實上，程瑤田之說，亦有可議者，爵之二柱乃因鑄造技術而產生，與眉無關，二里頭文化之爵，其流甚長，柱之產生應與固定流與器身有關，其後，鑄造技術進步，商末至西周之爵柱或有紋飾，而位置亦漸有離開流與器身交接處者，前人或說兩柱以節飲，

〔註49〕同上註，卷四十七，頁 1950。

〔註50〕查銅爵之銘文，爵字用為器銘爵者，有三器：「魯侯爵」（《殷周金文集成》器號 9096）與兩件「伯公父勺」（《殷周金文集成》器號 9935、9936，兩件形制相同，二器連銘，爵字出於 9935 號，其器形為勺，或以為瓚）。三器中魯侯爵已見載於阮元《積古齋鐘鼎彝器款識》與諸多清末金石學著銘中，伯公父勺於 1976 年陝西省扶風縣黃堆鄉雲塘村窖藏出土。另有象形「爵」字者，為族徽文字（如《殷周金文集成》器號 8822、8823、8840），亦見於其他器類，故可知非指為器類名。

或以爲便於將爵由溫酒之炭火上以二木棍提取，或以爲可分開髭鬚以便於飲酒，皆臆說耳。《禮書通故》於爵附四圖（附圖四）〔註51〕，對於二柱三足之器則有幾種推測：

> 近之考古者，又取侈口兩柱三足之銅器當之。或以此爲古之觶，觶爵亦曰單爵，古文單作**單**，即其形。或以爲即殷之斝。其實古酒器制于梓人，皆以木爲之。其用銅者，皆後世好事者所作，非古也。
>
> 〔註52〕

其圖雖有四器，但據黃以周之言，知其意以第二器（右頁下）最符合爵之形制。

圖四　《禮書通故》爵圖

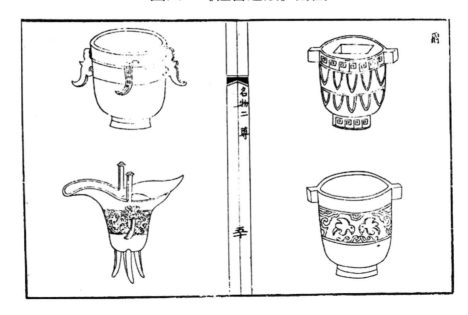

器物圖因出土文物而可以糾正前人之失，故於近代有豐富的研究成果，也是目前禮圖研究最具實證的部分。稱二柱三足者爲爵，可由古文字以證實，西周金文有族氏文字（或稱族徽）作**爵**，象以手持爵之形；殷商甲骨文作**爵**（後 2.7.7），象爵有柱有流有鋬及三足之形；西周伯公父爵（或稱爲勺）作**爵**，象以手持爵，柱旁加飾筆（後世爵形上部因此而訛變），器已不從三足，器身有紋飾（故後來字形乃訛从凶）；秦《睡虎地簡》作**爵**（30.38），字形上部訛

〔註51〕 此圖出自《續修四庫全書》景清光緒十九年刻黃氏試館本。
〔註52〕 同上註，卷四十九，頁 2450。

成木形，手作寸形，器身已訛从毌；《說文解字》小篆作，視出土之爵（附圖五）可以知其變化，今以小篆字形說明其各部分形構：

圖五　西周中期父辛爵

小篆爵

象柱之形，
因加飾筆而變爲此形。

上象有流之形，
下爲器身與足，毌乃器身
和足之訛變。

手之形，以手持之。

圖片出處：《中國青銅器全集》（北京：文物出版社，1996 年）
第五卷，西周一，編號圖八八。

　　名物圖中所載的各類器形有些與實物相距甚遠，除了上文所舉的「爵」外，可引以爲討論者不在少數，下文再舉「戈」爲例來說明。

　　「戈」是一種長兵器，使用的時間很長，主要流行的時代在先秦，漢代的戈仍有出土，因此東漢學者對於戈應不陌生，由於唐以前的禮圖皆已不傳，我們只能以北宋的《三禮圖集注》及《禮書》作爲早期禮圖的考察對象。《三禮圖集注》之戈形如矛而有歧出者（圖六），於戈之形制云：

圖六　《三禮圖集注》之戈圖

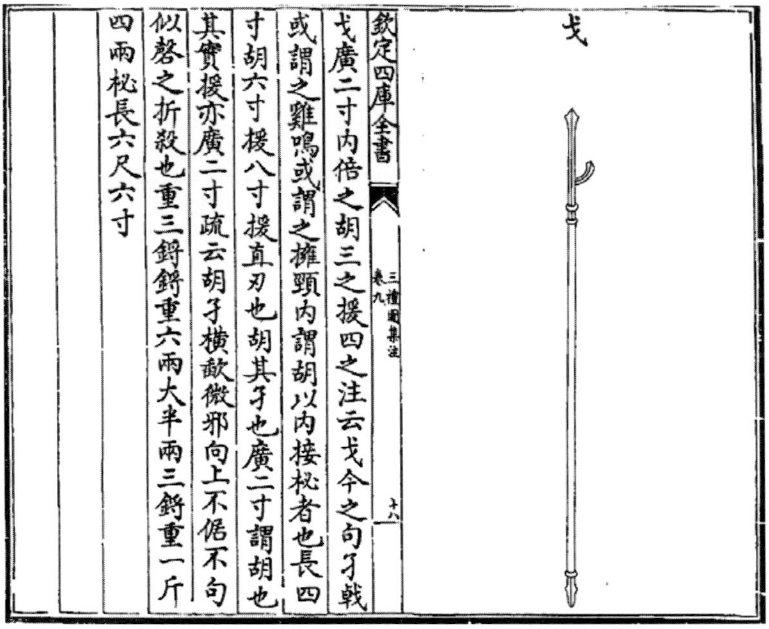
欽定四庫全書　　三禮圖集注　卷九　　十六

戈

戈廣二寸内倍之胡三之援四之注云戈今之句孑戟或謂之雞鳴或謂之擁頸内謂胡以内接柲者也長四寸胡六寸援八寸援直刃也胡其孑也廣二寸謂胡也其實援亦廣二寸疏云胡孑横猷微邪向上不倨不句似磬之折殺也重三鋝鋝重六兩大半兩三鋝重一斤四兩柲長六尺六寸

「戈，廣二寸，內倍之，胡三之，援四之。」《注》云：「戈，今之句孑戟，或謂之雞鳴，或謂之擁頸。內謂胡，以內接柲者也。長四寸，胡六寸，援八寸」、「援，直刃也。胡，其孑也。」廣二寸，謂胡也，其實援亦廣二寸。《疏》云：「胡孑，橫猷，微邪向上，不倨不句，似磬之折殺也。」「重三鋝」，鋝「重六兩大半兩」，「三鋝重一斤四兩」，「柲長六尺六寸」。〔註 53〕

查對〈考工記〉及鄭玄《注》、賈公彥《疏》，可知「戈，廣二寸，內倍之，胡三之，援四之」、「重三鋝」爲〈考工記〉原文〔註 54〕、「柲長六尺六寸」則意引〈考工記〉〔註 55〕；「戈，今之句孑戟，或謂之雞鳴，或謂之擁頸。內謂胡，以內接柲者也。長四寸，胡六寸，援八寸」、「援，直刃也。胡，其孑也。」、「重六兩大半兩」、「三鋝重一斤四兩」爲《注》文，鄭玄以東萊之

〔註 53〕〔北宋〕聶崇義：《三禮圖集注》，卷九，頁 16。

〔註 54〕〔東漢〕鄭玄注、〔唐〕賈公彥疏：《周禮注疏》（臺北：藝文印書館，清嘉慶二十年阮元南昌府學重刊宋本），卷四十，頁 10（總 615）、頁 12（總 616）。

〔註 55〕〈考工記〉原文爲「戈柲六尺有六寸」（同上註，卷三十九，頁 9（總 597）；卷四十一「廬人」，頁 20（總 640）。）

環重六兩大半兩，環與鋒似同〔註56〕，故聶崇義引之。「胡子，橫歂，微邪
向上，不倨不句，似磬之折殺也。」為《疏》文。〔註57〕由以上比對可知，
聶崇義皆據經文及《注》《疏》而定戈之形制，經由自己的理解後繪成圖象，
故《三禮圖集注》之戈圖，雖不合於古器物之實際形貌，但亦非聶氏妄造。
況且，在未有出土實物之前，欲繪名物圖必以經注為依據，故無從苛責也。

　　陳祥道作《禮書》本有修正《三禮圖集注》之目的，其所載戈圖（圖七）
與《三禮圖集注》不同，最明顯的在胡的部分，《禮書》中所載的戈器形為柲
的一邊有胡，胡作尖牙狀且向下，他的意見為：

　　　〈考工記〉「四分其金而錫居一，謂之戈戟之齊」、「戈柲六尺有六寸」
　　　車戟常，「戈，廣二寸，內倍之，胡三之，援四之。已倨則不及，已
　　　勾則不決，長內則折前，短內則不疾，是故倨勾外博。重三鋒」，又
　　　曰「勾兵，欲無彈」，又曰「勾兵椑」。《記》曰「進戈者前其鐏」。
　　　蓋胡則曲而下垂者也，援則直而上達者也，內則戈柲所以受胡者也。
　　　鋒則六兩三分兩之二也。倍之四寸，三之六寸，四之八寸，則其長
　　　也；已倨、已勾、長內、短內，則其病也。明乎倨勾外博，然後可
　　　以為戈；明乎稗而無彈，而後可以為戈柲〔註58〕。《書》曰「執戈上
　　　刃」，則戈之刃與胡同嚮矣。然「戈，勾兵也」，「或謂之雞鳴，或謂
　　　之擁頸」，皆指其胡名之也。〔註59〕

　　與陳祥道《禮書》同時〔註60〕的《考古圖》也收了戈的摹圖（圖八）
〔註61〕，此為具有實物證據的戈圖，這是目前傳世古籍中，最早肯定戈的正
確圖象，呂大臨以後的古器物學者（前人習慣稱此門學術為金石學、名物學）
皆能辨識。但禮學家卻不見得與時並進，此實與文字學及禮學的研究路徑有
關。黃以周的《禮書通故》向為學界所推崇，研究禮學的學者幾乎無人不用

〔註56〕同上註，卷四十，頁 10～12（總 615～616）。文字有若干出入，但不影響《注》
　　　意，「今之句子戟」原《注》無之字；「援，直刃也，胡其子也。」乃鄭玄引
　　　鄭司農之語，原《注》引無也字。
〔註57〕同上註，卷四十，頁 11（總 616）。「橫歂」，《疏》原文作「橫捷」。
〔註58〕字或有誤為「柲」者，不可從。
〔註59〕〔北宋〕陳祥道：《禮書》（《文淵閣四庫全書》本），卷一百十五，頁 9～10。
〔註60〕陳祥道於元祐七年進《禮圖》，又據《考古圖・記》署年「元祐七年二月」則
　　　皆北宋哲宗元祐七年事（西元 1092 年）。參〔北宋〕呂大臨：《考古圖》，〈記〉，
　　　頁 2：〔清〕四庫館臣：〈禮書提要〉，《四庫全書總目》，頁 1。
〔註61〕〔北宋〕呂大臨：《考古圖》，卷六，頁 16。

其書，《禮書通故》可謂體大思精之作，奠定黃以周在禮學與經學領域的地位。以這樣一位晚清大學者，又身處乾嘉以後古器物學興盛的時代，他雖讀過相關資料，卻仍依循禮學路徑——宗經宗注的傳統，因此《禮書通故・名物四》的戈圖（圖九）便與實物相差甚多，其云：

圖七：《禮書》之戈圖　　　　　圖八：《考古圖》之戈圖

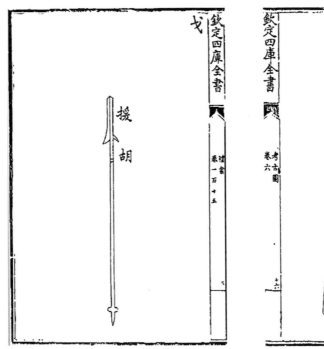 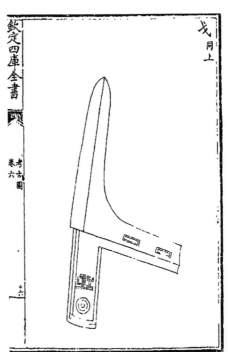

冶氏爲「戈，廣二寸，内倍之，胡三之，援四之。」鄭《注》云：「内謂胡以内接柲者也，長四寸。胡六寸，援八寸。司農云：『援，直刃也。胡，其子。』」戴氏云：「内連於援，爲一直刃。〈記〉分胡以内爲内，胡以外爲援，卻明置胡前卻（卻）之度。胡廣二寸，橫刃長六寸，援之廣寸有半寸與。」〔註62〕

戈爲自名器，今以周代銅戈（圖十）爲證，可知黃以周所繪的戈圖與實物不符。禮學家之禮圖，有其傳承，黃以周的戈圖在考辨上，參考了各家禮圖與說法，擇其認爲善者而從之，說法有誤者則駁正之。其於〈名物通故五〉云：

〔註62〕黃以周：《禮書通故》，頁2638，圖頁在2636。部分文字依《續修四庫全書》景清光緒十九年刻黃氏試館本校補。

圖九　黃以周《禮書通故》之戈圖，與戴震《考工記圖》相同

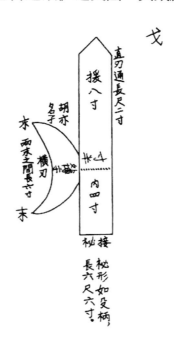

戈

直刃通長尺二寸

援八寸

胡冒子名

末　兩末之間長六寸

橫刃

內四寸

秘接

秘形如殳柄，長六尺六寸

圖十　太保戈，河南洛陽北窰村西周墓出土。

圖片出處：《中國青銅器全集》，第五卷，
西周一，編號圖二〇二。

惠士奇云：「《廣雅》『雄戟』，胡中有衚者。橫捷曰衚，亦曰內，謂胡以內橫，捷于戟者也。旁出爲枝，是爲胡。著秘直前爲援，援上爲刺，胡下爲句，胡中爲內。……《禮圖》畫戟兩旁有枝，胡中無衚，三鋒向上而下無鉤，此聶氏之臆造也。賈《疏》謂援七寸半，亦以三寸爲橫，四寸半向上爲磬折。如其說，則援亦曲矣，與胡何別乎？且安得有著秘直前之刺也。以此知賈說非也。」以周案：聶圖非，

貫《疏》不誤。〈急救篇〉有「鑲句」,《注》云:「鑲者,其刃卻偃
而外利。」此以戈胡言。若戟胡朝向下,雖有鋒,而內與外俱不利
也。惠氏多牽說。戈戟之制,以江、戴二說爲詳明。〔註63〕

查對各家禮圖,及黃以周的考辨意見,其戈全依戴震《考工記圖》。

　　金石學是北宋後期的顯學,也是清朝乾嘉以後興盛的學術,宋代的金石
學者已能辨識戈之器形,這些成果在後代應有一定的流傳。清乾隆時出版了
《西清古鑑》等金石學之圖集,然而戴震的《考工圖記》仍然依禮經文字與
鄭玄的注文繪製了與出土實物不同的戈。早於黃以周的清代學者程瑤田在其
《考工創物小記》已就出土的戈形做過說明,其書先就鄭玄的的說法繪製了
戈圖(圖十一)〔註64〕,此圖較接近出土實物,其書並收錄考古出土實物之
摹本(圖十二)〔註65〕。事實上,程瑤田據鄭玄說所繪之戈圖能勝於戴震與
黃以周,實得力於他見過並相信出土實物的形制。黃以周的時代在晚清,是
時金石學已出版了不少圖錄,而《禮書通故》卻沒有採納這些成果,甚爲可
惜。

圖十一　程瑤田《考工創物小記》依鄭玄注所擬繪之戈圖

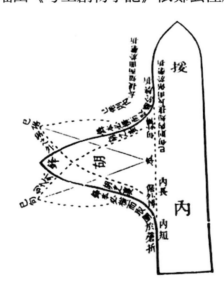

〔註63〕同上註,頁 1998～1999。
〔註64〕〔清〕程瑤田:《考工創物小記》(《續修四庫全書》景清嘉慶刻通藝錄本),
　　　　卷三,頁治氏十一。
〔註65〕同上註,卷三,頁治氏十五～十六。

圖十二　《考工創物小記》出土實物戈之摹本

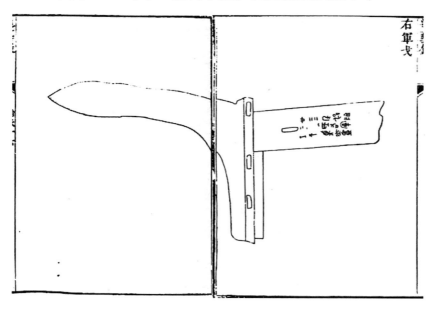

　　由爵與戈的兩個例子，我們也可以想見，禮學家對於經文和注疏的重視甚於金石學所依據的出土實物，禮學考釋自成一體系，以致於學界稱譽為清末禮學大家的黃以周，卻仍然無法改正流傳禮圖之誤。這一點也提醒從事禮學研究的學者，在「禮圖」的使用與「器物」的詮釋上，應該更為謹慎。

二、《儀禮》儀節圖回顧

　　上揭清末以前的禮圖清單中，與《儀禮》儀節圖相關的，實不限於「儀禮類」，屬於三禮綜合及通禮類的禮圖也是應該參考的資料，如聶崇義《三禮圖集注》、陳祥道《禮書》、韓信同《韓氏三禮圖說》、劉績《三禮圖》、林昌彝《三禮通釋》的五十卷禮圖、黃以周《禮書通故》中的禮圖等。又如宮室方面，萬斯同《廟制圖考》與焦循《群經宮室圖》也是享譽禮學界的重要著作。

　　「儀禮類」的禮圖，大致可以分「儀節圖」與「名物圖」兩個大類，名物圖又可再細分為若干類，若依《禮書通故》的分法，可為九類：一曰宮室，二曰衣服，三曰玉瑞符，四曰尊彝鼎俎諸名物，五曰樂器，六曰射器，七曰兵器，八曰車制，九曰喪服喪器。〔註66〕

〔註66〕黃以周：《禮書通故》，卷四十九，頁 2257。

「儀節圖」在紙上展現人物進退行禮之方位、距離、相對位置，是一種以圖表示禮儀進行的方式；「名物圖」則繪出器物之樣貌，有的也將尺寸、紋飾標示在圖中。這兩類看似各自獨立的禮圖，事實上仍有密切的關係，以「儀節圖」而言，屬於名物圖的「宮室圖」成了最重要的場景依據，不能先處理好宮室的問題，對於「儀節圖」而言，是具有決定性的遺憾。吳之英的《壽櫟廬儀禮奭固禮事圖》就在人物的行進圖示中，沒有畫出宮室來（圖十三）〔註67〕，造成了閱讀的不便。另外，器物的大小長短，也影響到儀節圖在備饌、設器時，是否能清楚表現出合適的相對位置與佈局。

圖十三　《壽櫟廬儀禮奭固禮事圖》舉例

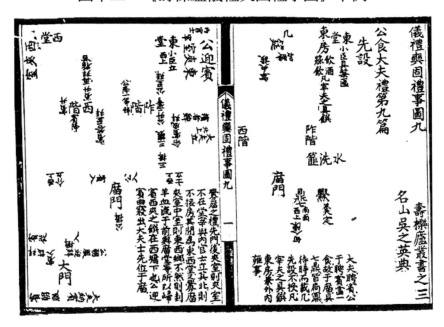

周聰俊先生執行「《儀禮》儀節圖研究」等計畫，指出儀節圖的重要性：

> 蓋以《禮經》儀文煩碎，治之者不可無圖，此亦儀節圖之所以作也。
> 〔註68〕

並舉〈聘禮〉歸饗餼一節，堂上八豆之實與設法為例，觀鄭玄、賈公彥、敖

〔註67〕〔清〕吳之英：《壽櫟廬儀禮奭固禮事圖》（《續修四庫全書》景民國九年吳氏刻壽櫟廬叢書本），卷九，頁1。

〔註68〕周聰俊：「儀禮儀節圖研究」（國科會計畫成果報告書），計畫編號NSC91-2411-H-231-002，頁1。

繼公、胡培翬、黃以周各有不同，於是論云：

> 此經文解說不同，據以爲圖，遂有歧異。是作圖之不易，而說《禮》
> 之不可無圖亦愈明矣。〔註69〕

對於「儀節圖」的發展，周先生云：

> 考禮節有圖，蓋昉於宋趙彥肅之〈特牲〉、〈少牢〉二圖，惜其圖未
> 傳。楊復繼起，題其書曰《儀禮圖》，專以治《禮經》，遂爲圖行禮
> 儀節者不祧之祖。黃以周稱其圖「堂階粗具，矩矱全非」，蓋草創維
> 艱，勢所難免也。清儒紹述，精確過於前人。鄂爾泰等奉敕撰之《欽
> 定儀禮義疏‧禮節圖》、張惠言之《儀禮圖》、王紹蘭之《儀禮圖》、
> 黃以周之《禮書通故‧禮節圖》及吳之英之《儀禮奭固禮事圖》皆
> 其著者也。〔註70〕

「儀節圖」的部分，今可檢得者有：

1. 楊復《儀禮圖》，此書之儀節圖影響時代甚長，至清初仍有禮書引用。
   〔註71〕
2. 清乾隆敕撰《欽定儀禮義疏》，具有清代官修性質，亦有影響力。〔註72〕
3. 張惠言《儀禮圖》，成一家之學。
4. 黃以周《禮書通故》，成一家之學。
   張惠言與黃以周兩家儀節圖爲民國以後禮學家所依從，對後世禮學影
   響最大。
5. 吳之英《壽櫟廬儀禮奭固禮事圖》，儀節圖數量最多，唯圖只以文字及
   行進路線表示，未結合宮室圖。

以上六種《儀禮圖》中，關於〈公食大夫禮〉的部分，楊復《儀禮圖》
有五圖：「陳器饌及迎賓即位圖」、「拜至鼎入載俎圖」、「公設醯醬大羹飯梁
食賓圖」、「公以束帛侑賓及賓卒食圖」、「大夫相食禮圖」。〔註73〕《欽定儀
禮義疏》有六圖：「陳器圖」、「迎賓即位之圖」、「鼎入載俎圖」、「食賓之圖」、

〔註69〕同上註，頁3。
〔註70〕同上註，頁1。
〔註71〕周聰俊先生云：「至若明吳繼仕《七經圖》、徐乾學《讀禮通考》、朱軾《儀禮
　　　　節略》所附儀節圖，一以楊氏圖爲本。」（周聰俊：「儀禮儀節圖研究」，頁3）。
〔註72〕周聰俊先生云：「楊魁植《九經圖》所附，乃本《儀禮義疏》禮節圖。」（同
　　　　上註）
〔註73〕〔南宋〕楊復：《儀禮圖》（《文淵閣四庫全書》本），卷九，頁1～18。

「侑賓及卒食圖」、「大夫相食圖」。〔註74〕張惠言《儀禮圖》有十二圖：「戒」、「迎賓」、「拜至」、「入鼎設醬」、「設正饌」、「祭饌設粱」、「設加豆」、「賓三飯」、「侑」、「賓入卒食」、「賓出」、「致食」。〔註75〕黃以周《禮書通故》有四圖：「正饌」、「加饌」、「賓三飯」、「侑」，並附燕食二圖〔註76〕，他禮之禮圖亦可參考。吳之英《壽櫟廬儀禮奭固禮事圖》有七圖：「先設」、「公迎賓」、「陳鼎杝載」、「設賓饌」、「賓卒食」、「致食陳饌」、「大夫相食」。〔註77〕

　　本文在這些前人的成果上，下一節將各家注疏考證之說匯整討論後，依〈公食大夫禮〉各儀節之內容，以儀節圖的方式呈現，期望達到以圖輔文之效。

第二節　〈公食大夫禮〉的注解討論與儀節圖新製

　　在本章第一節已對歷代禮圖做了整理與說明，禮圖的兩個大類是「名物圖」與「儀節圖」。與《儀禮・公食大夫禮》一篇有關的禮圖中，最具參考價值的是「儀節圖」，這並不是說「名物圖」就不具參考價值。事實上，宮室圖與服飾圖在今日研讀古禮，仍有極其重要的參考意義，至於器物圖方面，則稍不及之。自宋代以來迭有文物出土，古器物學受到重視，但迄於清朝乾嘉時，不少禮圖仍未吸收出土文物的研究成果，因此在「器物圖」方面，今人可糾正之處較多，上一節已舉爵與戈兩例為說明。

　　本節以前人「儀節圖」為參考，對〈公食大夫禮〉進行禮圖的新製。繪製的方式與前人最大的不同在於，本節採用一儀節多圖的方式，也就是分圖更細，這樣的目的在於能更清楚表現出禮儀行進之方位、方式、前後相關位置。這方面的呈現，在目前所見，以葉國良先生的彩色3D動畫《儀禮・士昏禮》〔註78〕有最好的成果，在此之前，孔德成先生帶領一批學生從事〈士昏

〔註74〕〔清〕乾隆敕撰：《欽定儀禮義疏》（《文淵閣四庫全書》本），卷四十六，頁71～82。

〔註75〕〔清〕張惠言：《儀禮圖》（《續修四庫全書》景印清嘉慶十年刻本），卷四，頁公食大夫禮一～公食大夫禮十二。

〔註76〕〔清〕黃以周：《禮書通故》（《續修四庫全書》景清光緒十九年刻黃氏試館本），〈儀禮圖二〉，卷四十八，頁23～28。

〔註77〕〔清〕吳之英：《壽櫟廬儀禮奭固禮事圖》（《續修四庫全書》景印民國九年吳氏刻壽櫟廬叢書本），卷九，頁1～4。

〔註78〕此為1999年國科會計畫「儀禮士婚禮彩色3D動畫CD」（編號NSC

禮〉的影片拍攝〔註 79〕，以真人實物具體的演出方式來呈現二千多年前的士昏禮，惜其膠卷於今不全，若要重拍亦有其困難；葉先生以動畫呈現，配合解說，甚有助於動態呈現〈士昏禮〉之進行樣態，這是古禮研究與現代科技一次成功的結合。本書雖無法結合現代科技呈現〈公食大夫禮〉的動態樣貌，但相信將禮圖依行進動作，先析分為多圖，將來若能得到數位科技人員之合作與經費配合，或有呈現〈公食大夫禮〉動畫版的可能。

　　在新繪儀節圖前，應說明的有三點：宗廟圖的選定、經文的分節、符號的說明。

　　「宗廟圖的選定」：本文於行禮場景的選圖以合乎考古情境的宮室格局為考量。既然本研究期望能新繪儀節圖，因此對於宮室圖便不得不先說明，選擇適合的宮室圖，才能將禮儀行動的過程更真切的呈現。在宮室的傳世資料方面，漢至唐只存文字（經文及注疏），而無圖可為參考，漢代最接近先秦，文獻記載最早之禮圖——鄭玄的《三禮圖》，早已亡佚，鄭玄以後有阮諶、夏侯伏朗、張鎰等幾家禮圖，亦無傳世，北宋聶崇義的《三禮圖集注》中的宮室圖甚為簡略，後人乃依據三禮經文及注疏、《爾雅・釋宮》等先秦古籍所載資料，加以推測，自宋代陳祥道《禮書》、李如圭《儀禮釋宮》至清末吳之英《壽櫟廬儀禮奭固禮器圖》，相關著作甚多，各家於宮室格局的看法亦有分歧。

　　〈公食大夫禮〉既屬於因「聘」而食，其行禮的地點自然與〈聘禮〉有關。〈公食大夫禮〉舉行的地點為主國君（諸侯）之廟與賓館（賓為大夫，則館於士之廟寢〔註 80〕）。諸侯宗廟之制，其格局有東西房，歷來意見較為一致，

88-2411-H-002-023）及 2000 年國科會計畫「儀禮士昏禮採色 3D 動畫研發後續計畫」（編號 NSC 89-2411-H-002-102）成果。

〔註 79〕民國五十四年（1965）東亞學術計畫委員會獎助國立臺灣大學中國文學研究所與考古人類學研究所，成立「儀禮復原小組」，從事《儀禮》的研究，李濟先生倡導用「復原實驗」的方法，由臺靜農先生召集，孔德成先生指導，分儀節、服飾、器物、宮室、車馬、民俗等六個專題，先寫成專題報告，各印成書，以為拍攝影片之參考，民國五十八年（1969），拍成〈士昏禮〉黑白影片。

〔註 80〕依〈聘禮・記〉云：「卿館於大夫，大夫館于士，士館於工商。」鄭《注》云：「館者必於廟，不館於敵者之廟，為大尊也。自官師以上，有廟有寢，工商則寢而已。」（卷二十四，頁 7）士以上者，有廟有寢，此寢則為正寢與燕寢也。於士，正寢則稱為適室，燕寢則稱為下室，而廟中亦有寢，稱為廟寢，所館於廟者，館於廟寢也。

而士之廟寢則存在「有無西房」之爭議。胡培翬《燕寢考》對於「廟寢」亦有論及，其要者如下：

> 自天子至士，皆有廟有寢，廟在前，寢在後。廟所以象生人之有正寢也，寢所以象生人之有燕寢也。廟之制與正寢同，則寢之制宜與燕寢同。〔註81〕

> 廟寢無東西廂，則燕寢之制，自諸侯以下，亦無東西廂可知。〔註82〕

依禮學家之說，古人之宮室有「寢」與「廟」，「寢」又分為「正寢」與「燕寢」〔註83〕，而「廟」除了「廟」的主體建築外，其後有「廟寢」。〈公食大夫禮〉賓館指的便是士的廟寢。士的廟寢與其燕寢（下室）同，即無東西箱〔註84〕，亦無西房，其制則「東房西室」，前堂後房室。其建築格局可以參考鄭良樹先生的《儀禮宮室考》〔註85〕所繪之宮室圖，此書就《儀禮》經文中與宮室有關者，一併考量，並參考漢代壁畫與歷代經注，信而有徵，故本文以此書的圖為士之廟寢的依據。

諸侯宗廟的格局，各家禮圖大致相近，但仍有各別的分歧，尤其兩夾的位置最為明顯，在本人〈周代「諸侯大夫宗廟圖」研究〉〔註86〕一文已有論及，並依考古遺址：陝西岐山鳳雛村甲組遺址〔註87〕、扶風召陳西周建築遺址（F3、F5、F8）〔註88〕、扶風雲塘（F1、F8）與齊鎮（F4、F9）西周建築

〔註81〕〔清〕胡培翬：《燕寢考》（《續修四庫全書》景印清道光二十五年錢氏刻指海本），卷下，頁19。

〔註82〕同上註，頁20。

〔註83〕胡培翬云：「古者寢室之制，有正寢、有燕寢，自天子至士皆然」（同上註，序目）。適寢與燕寢有各種異稱：「正寢，天子、諸侯謂之路寢，亦曰大寢。大夫謂之適寢，士或謂之適室。燕寢，天子、諸侯謂之小寢；諸侯又謂之少寢，又謂之外寢，又謂之下室，又謂之側室；大夫、士亦曰下室，曰側室。自其宴息之義謂之寢，指其所居之處謂之室。」（同上註，卷上，頁11）

〔註84〕《爾雅‧釋宮》云：「無東西箱有室曰寢」（〔東晉〕郭璞注、〔北宋〕邢昺疏：《爾雅注疏》（臺北：藝文印書館，清嘉慶二十年阮元南昌府學重刊宋本），卷五，頁7（總75））。

〔註85〕鄭良樹：《儀禮宮室考》，臺北：臺灣中華書局，1971年。

〔註86〕鄭憲仁：〈周代「諸侯大夫宗廟圖」研究〉，《漢學研究》第24卷第2期（2006年），頁1～40。

〔註87〕陝西周原考古隊：〈陝西岐山鳳雛村西周建築基址發掘簡報〉，《文物》1979年第10期，頁27～37。

〔註88〕陝西周原考古隊：〈扶風召陳西周建築群基址發掘簡報〉，《文物》1981年第3期，頁10～22。傅熹年：〈陝西扶風召陳西周建築遺址初探——周原西周建築

遺址〔註89〕、鳳翔馬家莊一號建築遺址〔註90〕等資料爲根據新繪「諸侯大夫宗廟圖」（圖一）及「公之宗廟圖」（圖二）。

<h2 style="text-align:center">圖一　諸侯大夫宗廟圖</h2>

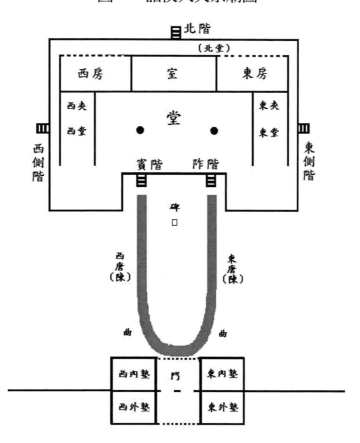

遺址研究之二〉，《文物》1981 年第 3 期，頁 34～45。

〔註89〕 周原考古隊:〈陝西扶風雲塘、齊鎮西周建築基址 1999～2000 年度發掘簡報〉，《考古》2002 年第 9 期，頁 3～26。

〔註90〕 陝西省雍城考古隊:〈鳳翔馬家莊一號建築群遺址發掘簡報〉，《文物》1985 年第 2 期，頁 1～29。陝西省雍城考古隊:〈秦都雍城鑽探試掘簡報〉，《考古與文物》1985 年第 2 期，頁 7～20。

圖二　公之宗廟圖

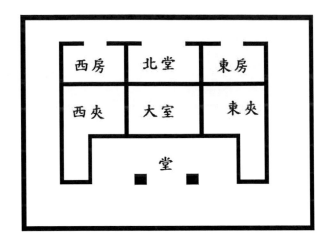

　　本文認爲〈公食大夫禮〉行禮的主要場所主國君之廟可參照「諸侯大夫宗廟圖」，而據扶風雲塘（F1、F8，圖三）與齊鎮（F4、F9，圖四）西周建築遺址所顯示的情況，入門後的兩陳（庭中的路）作「U」形，有別於禮學家傳世宮室圖皆作「凵」形（有的宮室圖未繪出兩陳），前者有考古實蹟的遺址爲依據，時代在西周晚期，可以推論西周晚期以前行公食大夫禮時，主國君宗廟的格局應是如此，但考慮到傳世禮圖的情況，故不排除春秋時已由「U」形演變成「凵」形；另者，考古遺址中，不論西周晚期或是春秋中晚期的鳳翔馬家莊一號建築遺址（圖五），宮廟的主體建築地基呈「倒凹」形，與傳世禮圖作「長方形」亦有差別；歷代禮學家對於「碑」、「北堂」、「側階與北階」等，也有各別不同的看法，這些都在〈周代「諸侯大夫宗廟圖」研究〉已有討論。〔註91〕本文做爲儀節圖的宗廟格局採出土遺址與傳世禮圖折衷的方式，設定〈公食大夫禮〉舉行的主要場所——主國君（諸侯）宗廟如圖六。

〔註91〕鄭憲仁：〈周代「諸侯大夫宗廟圖」研究〉，頁21～25。

圖　三

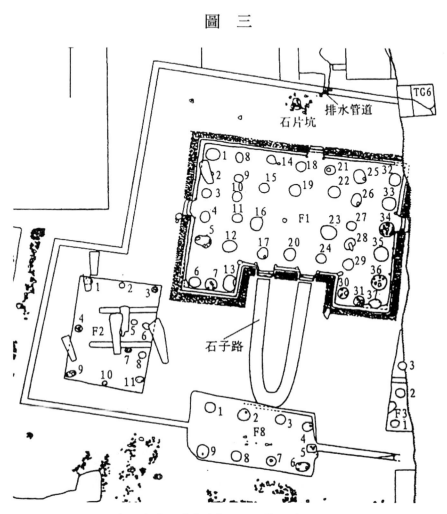

引用出處：《考古》2002 第 9 期頁 5。

圖 四

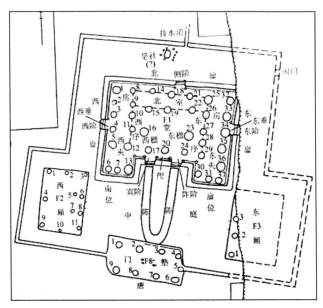

引用出處：《考古》2002 年第 9 期頁 28。

圖 五

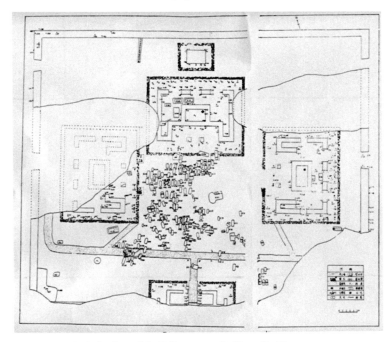

引用出處：《文物》1985 年第 2 期頁 4～5。

圖　六

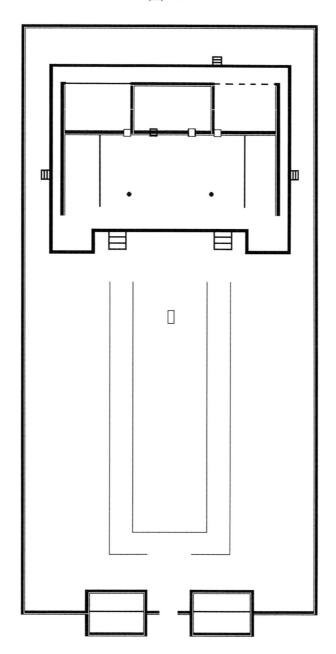

　　在「經文的分節」方面：儀節如禮儀進行之程序、章目、章次，儀節的
畫分爲研讀《儀禮》經文的必要工作，清代禮學家吳廷華云：

　　章次不分，則禮之始終度數與賓尸介紹，冠服玉帛牲牢尊俎之陳，
如滿屋散錢，毫無條貫。〔註92〕

　　作者已進行專題探討，寫成〈關於《儀禮》儀節研究的探討——以〈公
食大夫禮〉爲例〉〔註93〕一文，該文提出儀節的分節原則有四：

1. 完整性：起迄經文能完整表達該儀節的內涵
2. 簡明：儀節名稱宜簡明扼要，使讀者容易掌握
3. 代表性：能精確代表該段經文內容
4. 分層次：能凸顯經文重點、彰顯禮制要目〔註94〕

　　對經文研究後，將〈公食大夫禮〉中的「正經」〔註95〕文字「明日，賓
朝服拜賜于朝，拜食與侑幣，皆再拜稽首。訝聽之。」〔註96〕以前分爲六個
階段：「戒賓陳具」、「賓至鼎入載俎」、「正饌」、「加饌」、「三飯卒食」、「禮終
拜賜」與十四個儀節：「戒賓」、「陳具」、「賓入拜至」、「鼎入載俎」、「設正饌」、
「賓祭正饌」、「設加饌」、「賓祭加饌」、「賓食饌三飯」、「侑幣」、「卒食」、「賓
退」、「歸俎」、「賓拜賜」〔註97〕，以「〈公食大夫禮〉儀節層次表」呈現其層
次與起迄經文。

　　本章依此十四個儀節爲次，繪製〈公食大夫禮〉「儀節圖」，在正經文字
中的似記經文〔註98〕則依其內容分爲「食上大夫禮之加於下大夫者」、「君不
親食使人往致」、「大夫相食之禮」、「大夫不親食君使人代致」等四個小節，
合爲十八個儀節，「記」則分析其內容以補入各儀節。

〔註92〕〔清〕吳廷華：《儀禮章句》（《皇清經解》收錄學海堂本），〈卷首〉其子吳壽
　　　　祺轉述語，頁2。

〔註93〕鄭憲仁：〈關於《儀禮》儀節研究的探討——以〈公食大夫禮〉爲例〉，《國立
　　　　臺南大學「人文與社會研究學報」》第43卷第2期（2009年）頁1～23。

〔註94〕同上註，頁9。

〔註95〕此稱呼爲〔清〕張爾岐：《儀禮鄭注句讀》（臺北：學海出版社，1981年）於
　　　　〈士冠禮〉「逆賓歸俎」注釋中的用語（卷一，頁12），本文沿用之。

〔註96〕〔東漢〕鄭玄注、〔唐〕賈公彥疏：《儀禮注疏》，卷二十六，頁1（總312）。

〔註97〕鄭憲仁：〈關於《儀禮》儀節研究的探討——以〈公食大夫禮〉爲例〉，頁18
　　　　～19。

〔註98〕「似記經文」乃指「正經」文字中有與「記」相似性質的文字，參鄭憲仁：〈關
　　　　於《儀禮》儀節研究的探討——以〈公食大夫禮〉爲例〉，頁15～18。

表：〈公食大夫禮〉儀節層次表

階　　段	儀　　　節		經 文 起 訖
一、戒賓陳具（事前的準備工作）	1、戒賓	2、陳具	1、使大夫戒，各以其爵……賓朝服即位于大門外，如聘。
			2、即位。具。羹定……凡宰夫之具，饌于東房。
二、賓至鼎入載俎（公親設饌前諸事）	3、賓入拜至		公如賓服，迎賓于大門內……階上北面，再拜稽首。
	4、鼎入載俎		士舉鼎，去鼏於外……匕奠于鼎，逆退，復位。
三、正饌	5、設正饌		公降盥，賓降……贊者負東房，南面告具于公。
	6、賓祭正饌		公再拜，揖食……祭飲酒於上豆之間。魚、腊、醬、湆不祭。
四、加饌	7、設加饌		宰夫授公飯梁，公設之于湆西……贊者負東房，告備于公。
	8、賓祭加饌		贊升賓，賓坐席末……賓升，再拜稽首。公荅再拜。〔註99〕
五、三飯卒食	9、賓食饌三飯		賓北面自閒坐，左擁簠梁……賓坐祭，遂飲，奠於豐上。
	10、侑幣		公受宰夫束帛以侑……上介受賓幣，從者訝受皮。
	11、卒食		賓入門左，沒霤……東面再拜稽首，公降，再拜。
六、禮終拜賜（卒食後諸事）	12、賓退		介逆出，賓出。公送于大門內，再拜，賓不顧。
	13、歸俎		有司卷三牲之俎，歸于賓館。魚腊不與。
	14、賓拜賜		明日，賓朝服拜賜于朝。拜食與侑幣，皆再拜稽首。訝聽之。
似記經文	15、食上大夫禮之加於下大夫者		上大夫八豆、八簋、六鉶、九俎……上大夫庶羞二十，加於下大夫以雉、兔、鶉、鴽。
	16、君不親食使人往致		若不親食，使大夫各以其爵、朝服以侑幣致之。……明日，賓朝服以拜賜于朝。訝聽命。
	17、大夫相食之禮		大夫相食，親戒速……其他皆如公食大夫之禮。
	18、大夫不親食君使人代致		若不親食，則公作大夫，朝服以侑幣致之……無儐。

參考鄭憲仁：〈關於《儀禮》儀節研究的探討──以〈公食大夫禮〉爲例〉

〔註99〕關於「賓祭加饌」與「賓食饌三飯」起訖經文有修改。

在說明儀節的畫分之後，關於本節的「儀節圖」的呈現方式，亦宜於此清楚說明。各儀節，先敘經文（若有校勘，則加註說明），凡經文之詮釋全錄鄭玄《儀禮注》，輔以賈公彥以下至近代各家說法，與鄭注有出入的，必然引用以考辨之，有詮釋或補充鄭注的，亦引用以爲繪圖之據。在畫儀節圖前先做集釋，援引各家說法，並以條列的方式呈現，這樣的呈現方式，不免讓讀者有充篇幅的感覺。事實上，學術論文引用他人說法是必要的，而一般做法會以夾敘夾議的方式來進行，作者認爲這只是變換方式，實質上並沒什麼不同，反而條列的方式可以清楚眉目。本文將經文分節，每節再離析爲數則，各則附有編號，先經後注，再依時代排列各家說法，最後加上案語。若無分歧意見，則可不加案語。

在討論完各家注疏說法後，才繪製「儀節圖」。凡複雜的儀節，則依需要，以多張儀節圖表示。

「符號之說明」：儀節圖中人物之行進動作的次序皆以「數字」表示之，並於圖旁或前後加上文字說明；方向有「箭頭」表示；人物以「圓圈內加註身分文字」的方式表示之，字之方向爲人物面朝的方向，主國君以「公」代之，作 ⑳（字首向北表示「面北」），賓、介、儐、贊皆以其字，大夫、士、宰夫、小臣等則視儀節圖之需要於該圖旁加註說明。

關於下文各儀節之集釋所引用的古書出處，先在此敘明，內文僅載卷頁，不再另爲加註。

出自清嘉慶二十年阮元南昌府學重刊宋本的有《周禮注疏》、《儀禮注疏》、《禮記注疏》、《左傳注疏》、《爾雅注疏》等。

出自《通志堂經解》的有：楊復《儀禮圖》、敖繼公《儀禮集說》。

出自《皇清經解》的有：吳廷華《儀禮章句》。

出自《文淵閣四庫全書》的有：李如圭《儀禮集釋》、楊復《儀禮圖》、魏了翁《儀禮要義》、敖繼公《儀禮集說》、萬斯大《儀禮商》、方苞《儀禮析疑》、吳廷華《儀禮章句》、蔡德晉《禮經本義》、《欽定儀禮義疏》、盛世佐《儀禮集編》等。〔註100〕

出自《續修四庫全書》的有：郝敬《儀禮節解》、王士讓《儀禮紃解》、沈彤《儀禮小疏》、焦以恕《儀禮匯說》、褚寅亮《儀禮管見》、韋協夢《儀禮

〔註100〕與《通志堂經解》、《皇清經解》重出的楊復《儀禮圖》、敖繼公《儀禮集說》、吳廷華《儀禮章句》三書，《文淵閣四庫全書》本只作爲校勘之參考。

蠡測》、劉沅《儀禮恆解》、孔廣林《儀禮肊測》、張惠言《讀儀禮記》與《儀禮圖》、鄭珍《儀禮私箋》、曹元弼《儀禮學》、于鬯《讀儀禮日記》等。

上列以外書本，則於首次引用時加註出版項。

一、戒　賓

●**經文 01-01：公食大夫之禮。使大夫戒，各以其爵。**（卷二十五，頁 1）

鄭《注》：戒猶告也。告之必使同班，敵者易以相親敬。（卷二十五，頁 1）

賈《疏》：自此盡「如聘」，論主君使大夫就館，戒聘客使來行食禮之事。
（卷二十五，頁 1）

李如圭《儀禮集釋》：戒者，必以其爵，恭也。已輕則卑之，已重則是以
其貴臨之，言各以其爵，則凡大夫聘賓皆用此禮。（卷十五，頁 1）

憲仁案：此引劉敞〈公食大夫義〉之文。

敖繼公《儀禮集說》：飲食之禮，賓主敵則主人親戒速，所以尊賓也。此
使戒賓而各以其爵，亦其義耳。（卷九，頁 1）

《欽定儀禮義疏》：案大夫不著所服，亦朝服也。戒以其爵，則服亦以其
爵，下文賓朝服，此大夫亦朝服往戒可知，戒賓必有其辭，然燕
主飲，故辭曰「有不腆之酒」，燕君在阼，故辭曰「與寡君須臾」，
此食禮無酒又無阼席，則辭當與彼異，然經記無文，不可考矣。（卷
十九，頁 6）

**憲仁案：此段經文之意為主國君遣使前往賓館戒賓，請賓出席食禮，大
夫著朝服。**

●**經文 01-02：上介出請，入告。三辭。**（卷二十五，頁 1）

鄭《注》：問所以〔註 101〕來事。（三辭）為既先受賜，不敢當。（卷二十

〔註101〕張淳《儀禮識誤》：「《注》曰『問所以來事』，按《釋文》云『以為，于偽反』
今本于以字下脫一為字，從《釋文》。」（〔南宋〕張淳：《儀禮識誤》（《文淵
閣四庫全書》本）卷一，頁 19～20），胡培翬《儀禮正義》云：「據此則張所
見本原無為字，特因《釋文》增入，文句反嫌冗複。黃氏《校錄》云：『單《疏》
述《注》云：「問所以來事」者，釋云：「賓使上介出請大夫所為來之事」，賈
蓋以為字釋以字，據此則賈所見亦無為字。』盧氏《詳校》謂《釋文》是所
為誤作以為，非也。今從嚴本」。（〔清〕胡培翬：《儀禮正義》（南京：江蘇古

五，頁 1）

賈《疏》：據大夫就賓館之門外，賓使上介出請大夫所爲來之事。（三辭）
　　　　既先受賜者，請聘日致饗，受賜大禮，故今辭食，不敢當之。
　　　　但受饗之時，禮辭而已，至於饗食，皆當三辭。（卷二十五，
　　　　頁 1）

敖繼公《儀禮集說》：食必三辭者，重於燕也，燕則再辭而許。（卷九，
　　　　頁 1）

吳廷華《儀禮章句》：上介傳語也，以先既受賜，不敢當。（卷二百七十
　　　　九，頁 1）

《欽定儀禮義疏》：案下經言「設洗如饗」《注》云「如其近者」，此《注》
　　　　所云「先受賜」，蓋亦指饗言之，未必舍近而遙繼饗也。（卷十九，
　　　　頁 7）

　　憲仁案：此段經文之意爲上介出門外，問所以來之原因，大夫告之君將
以食禮款待，上介入告賓，賓三次推辭，上介皆出以傳語。《欽定儀禮義疏》
以鄭《注》「既先受賜」乃指饗而言，可從。〈聘禮〉云「公於賓壹食再饗」（卷
二十二，頁 13）鄭《注》云：「〈公食大夫禮〉曰『設洗如饗』，則饗與食互相
先後也。」（卷二十二，頁 13），敖繼公云：「注云互相先後，謂食居二饗之間
也。」（《儀禮集說》，卷八下，頁 29）〔註 102〕據此，則一食再饗，爲先饗後
食，食後又饗，所謂互相先後，食居二饗之間也。

●經文 01-03：賓出，拜辱，大夫不答拜，將命。賓再拜稽首。（卷二
　　十五，頁 1）

鄭《注》：拜使者屈辱來迎己。不答拜，爲人使也。將猶致也。（賓再拜
　　　　稽首）受命。（卷二十五，頁 1）

敖繼公《儀禮集說》：賓不言朝服，可知也。既對乃北面而拜。（卷九，

籍出版社，段熙仲點校本），冊二，卷十九，頁 1186。後文引用《儀禮正義》
者，皆出自此版本，只說明卷頁（排印本頁數用阿拉數字），不再說明版本及
出版資訊）胡氏所從嚴本乃作「問所以來事」。

〔註 102〕胡培翬《儀禮正義》云：「《周禮》〈大行人〉、〈掌客〉皆先言饗，後言食，敖
說或得鄭意歟？」（卷十七，頁 1089。）則以敖說可詮釋鄭《注》。匯集鄭、
賈、敖、胡之意，饗與食於聘禮中舉行，先有饗，其後有食，再又饗，因賓
爲卿有壹食再饗，若下大夫則壹食壹饗，然先饗後食，蓋以饗重於食，至於
禮書陳述時，或先言饗後言食，或先言食後言饗。

頁1）

方苞《儀禮析疑》：賓拜大夫之辱而大夫不答，以君命未將，明惠出於君而已，不敢與也。（卷九，頁1）

吳廷華《儀禮章句》：三辭許之，乃出外門外，拜君命之辱，亦朝服。（卷二百七十九，頁1）

《欽定儀禮義疏》：拜辱者，拜君命之辱，非拜使者之辱也，故使者不得而答之。受命必稽首者，臣禮也，以〈燕禮〉之辭例之，此賓將出時，宜曰「某固辭，不得命，敢不從」；其既受命亦宜曰「君既寡君多矣，又辱賜於使臣，臣敢拜賜命」，然後再拜稽首。（卷十九，頁7～8）

韋協夢《儀禮蠡測》：（賓出，拜辱，大夫不答拜）此一拜也，兼拜至、拜辱二義，拜辱固所以拜君命之辱，拜使者之辱亦在其中，特拜使者為餘義。（卷九，頁1）

胡培翬《儀禮正義》〔註103〕：此時尚未將命，下賓再拜稽首，乃是拜君命也。拜君命必稽首，此但云拜，則其為拜使者明矣。（卷十九，頁1186）

黃以周《禮書通故》〔註104〕：賓出拜辱，時尚未將命，下「賓再拜稽首」乃是拜君命也。拜君命必稽首，此但云拜，則其為拜使者甚明。〈記〉云「為人使者不答拜」，以其因主君而拜己，不敢承其禮也。大夫不答拜，為人使者通禮宜然。說者以為拜君命，非拜己，吳氏因此遂謂此拜為拜君命之辱，緟貤紕繆。（卷二十二，頁985）

憲仁案：關於經文「拜辱」之禮意，兩派各有支持者，聚訟未決。經文之「將命」，《注》釋將猶致也。猶者，義隔而通之，若不加注，則嫌以大夫當未傳君命而賓已再拜稽首也。賓出拜辱，鄭云「拜使者屈辱來迎己」，吳乃云「拜君命之辱」，《欽定儀禮義疏》承之而云非拜使者之辱，此駁鄭《注》，韋協夢乃調和兩派說法，其云兼拜至、拜辱二義。經文云「拜辱」，文字甚明，所辱之對象為使者，〈聘禮〉使者回國反命有「介皆送至于使者之門，乃退，揖。使者拜其辱。」使者拜介，以其屈辱為己介，介者君命之也，使者拜其

〔註103〕〔清〕胡培翬：《儀禮正義》，南京：江蘇古籍出版社，1993年，段熙仲點校本。

〔註104〕〔清〕黃以周：《禮書通故》，北京：中華書局，2007年，王文錦點校本。

辱豈拜君之辱乎？故知〈公食大夫禮〉此「拜辱」宜從鄭《注》。

此經文之意為賓出大門拜謝大夫屈尊前來，大夫以自己為使，不答拜。大夫傳達君命後，賓再拜稽首受主國君命。

賓與大夫此段行禮之儀節圖「主國大夫戒賓圖」如下：

主國大夫戒賓圖

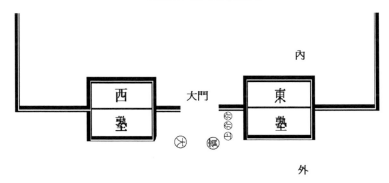

地點：賓館大門外
人物：主國大夫㈡、賓㈑、上介㊤、介二位〔註105〕㊒㊒

●經文 01-04：大夫還，賓不拜送，遂從之。（卷二十五，頁 1）

鄭《注》：復於君。不拜送者，為從之，不終事。（卷二十五，頁 1）

賈《疏》：案〈鄉飲酒〉主人拜送，賓不答拜，云禮有終。此賓不拜送，為從之不終事，故賓不拜送也。若然〈鄉飲酒〉、〈鄉射〉戒賓，遂從之，而云拜辱、拜送者，以其主人先反，不相隨，故得拜辱、拜送。〈覲禮〉使者勞賓於門外，侯氏再拜，遂送之。使者既不先反，猶拜送者，尊天子使故也。（卷二十五，頁 1～2）

敖繼公《儀禮集說》：云不拜送，明有拜送者，先拜送乃從之，國君於王使之禮也。（卷九，頁 2）

郝敬《儀禮節解》：賓不拜送，遂行也。遂從之，急趨命也。（卷九，頁 1）

《欽定儀禮義疏》：「存疑」賈氏公彥曰：〈鄉飲〉、〈鄉射〉戒賓，遂從之，而云拜送者，以其主人先反，不相隨故也。〈覲禮〉使者勞賓，侯

〔註105〕《儀禮‧聘禮》云：「小聘曰問。不享，有獻，不及夫人。主人不筵几，不禮。面不升。不郊勞。其禮，如為介，三介。」（卷二十四，頁 2～3（總 282～283））因〈公食大夫禮〉之賓為大夫，故有三介，除上介外當有介二人。

氏送於門外，再拜，遂從之，使者既不先反，猶拜送者，尊天子使故也。案：〈鄉飲〉〈射〉禮雖從之，猶拜送者，以主人親戒故也；〈聘禮〉之郊勞、歸饗，雖使者猶拜送者，以賓不從之故也。此使者戒而賓又從之，故不拜送；〈覲禮〉之侯氏，雖於使者而己又從之，然猶拜送者，以敬天子之使也。此賓於主君則爲外臣，故異然，則若食己國之大夫，使者既戒而還，其所戒之賓亦必拜送矣。遂從之，非與戒者偕行也，言隨後踵至耳，亦所以明其不易服也。（卷十九，頁 8～9）

憲仁案：此段經文之意爲大夫戒賓後，乃回，賓不拜送，隨其後而往。

● 經文 01-05：**賓朝服即位于大門外，如聘。**（卷二十五，頁 2）

鄭《注》：於是朝服，則初時玄端。如聘，亦入于次俟。（卷二十五，頁 2）

賈《疏》：云「於是朝服，則初時玄端」者，初時，謂賓發館時服玄端。若〈鄉射〉「主人朝服乃速賓」，鄭《注》云：「射，賓輕也。戒時玄端。」以上言之，亦賓在館拜所戒大夫即玄端，賓遂從大夫至君大門外，入次，乃去玄端，著朝服，出次，即位也。云「如聘，亦入於次俟」者，案〈聘禮〉「賓皮弁聘，至于朝，賓入于次。」《注》云：「入于次者，俟辦〔註 106〕。」則此入次，亦俟主人辦也。若然，聘禮重賓，發館即皮弁。此食禮輕，及大門乃朝服。（卷二十五，頁 2）

敖繼公《儀禮集說》：拜命之時，賓固朝服矣。於此乃著之者，明其與聘服異，亦因事而見之。（卷九，頁 2）

郝敬《儀禮節解》：朝服即皮弁服。……按鄭謂初玄端服，入次更朝服。以朝服玄端爲二，非也。（卷九，頁 1）

姚際恒《儀禮通論》〔註 107〕：前拜命時，賓即朝服，文特于此著之耳。

〔註 106〕 賈《疏》文句之「俟辦」、「俟主人辦」，辦字毛本皆作「辨」（《儀禮注疏》，卷二十五，校刊記頁 1（總 308）），查〈聘禮〉聘享一節「賓皮弁聘，至于朝。賓入于次」鄭《注》云「入于次者，俟辨也」（同上，卷二十，頁 6（總 240））。阮云〈校刊記〉云：「張氏曰：『監、杭本作辨』按作辨是也。」（同上，卷二十，校勘記頁 2（總 246））辨字由辡字分化而來（易刀爲力），《說文解字》有辡無辨，其分化或在東漢後，又二字形近易訛。

〔註 107〕 〔清〕姚際恒：《儀禮通論》，北京：中國社會科學出版社（陳祖武點校本），1998 年。後文引用《儀禮通論》者，皆出自此版本，只說明卷頁，不再說明

鄭氏謂「初時服玄端」，豈有服玄端而拜君之命者乎？（卷九，頁
317）

《欽定儀禮義疏》：「存疑」鄭氏康成曰「於是朝服，則初時玄端」賈《疏》
「〈聘禮〉重賓，發館即皮弁，此禮輕，及大門乃朝服」。案聘使
自始迄終惟以皮弁服、朝服為隆殺，無服玄端者，鄭謂初服玄端，
非也。朝服，大夫之正服，大夫與大夫相接，胡為而不朝服乎！
（卷十九，頁9）

褚寅亮《儀禮管見》：行聘大禮，故登車即皮弁，食禮輕，故至次中始易
朝服。如聘，如至大門外入次之儀也。（卷中之三，頁1）

韋協夢《儀禮蠡測》：賓與大夫行禮皆服朝服，大夫退而賓即從之，并
無易服之節，則其先已朝服可知，必著之者，嫌聘時皮弁服，食
禮盛或亦與聘同也，《註》謂初時元（玄）端未確。（卷九，頁1）

孔廣林《儀禮肊測》：戒皆朝服，不言可知，此特言朝服者，嫌下有如聘
之文，或服亦如聘皮弁也。（卷九，頁1）

憲仁案：大夫來館，上介出請，後有三辭，賓乃出館拜辱，此時即大夫
以朝服來，賓宜以朝服對，其於出門拜辱前，已可更玄端為朝服矣。大夫傳
命後，賓遂從之，則以朝服從。又經文云「賓朝服即位于大門外，如聘」，乃
對食禮賓就位言，〈儀禮〉說明何人就何位時，常載其服。

●記：不宿戒。戒，不速。（卷二十六，頁5）

鄭《注》：食禮輕也。此所以不宿戒者，謂前期三日之戒，申戒為宿，謂
前期一日。食賓之朝，夙興戒之，賓則從戒者而來，不復召。
（卷二十六，頁5）

《欽定儀禮義疏》：案鄉飲、射禮雖不宿戒，然既戒，仍有速，故其賓之
從之也，從其速也。此禮又不速，故其賓之從之也，即從其戒也。
食與饗、燕類也，饗重於食，或當戒速，燕輕於食，食不戒速，
則燕可知矣。所以然者，聘享之正禮既成，賓於問卿之日已請歸
矣，則饗、食、燕諸禮相踵為之，若一一申之以宿戒，則為日必
多，恐其以久淹，為賓病也。古者，公不留賓，而亦無廢事，惟
其繁簡適宜故也。（卷二十，頁45～46）

版本及出版資訊。

憲仁案：此〈記〉乃說明〈公食大夫禮〉主國於賓，但使大夫是日戒賓，不前期三日之戒，是日亦不速賓。

●記：賓之乘車在大門外西方，北面立。（卷二十六，頁6）

鄭《注》：賓車不入門，廣敬也。凡賓即朝，中道而往，將至，下行，而後車還立于西方。賓及位而止，北面。卿大夫之位當車前。（卷二十六，頁6）

憲仁案：此〈記〉文字清楚，鄭《注》其禮意與細節。

二、陳　具

●經文02-01：即位。具。羹定。（卷二十五，頁2）

鄭《注》：主人也。擯者俟君於大門外，卿大夫士序，及宰夫具其饌物，皆於廟門之外。肉謂之羹。定猶孰也。著之者，下以爲節。（卷二十五，頁2）

賈《疏》：云「擯者俟君於大門外」者，解即位之事。云「卿大夫士序，及宰夫具其饌物，皆於廟門之外」者，以其君迎賓入，始言卿大夫以下廟內之位，則知此具饌物時，皆在廟門外也。故鄭下文注云：「自卿大夫至此，不先即位從君而入者，則助君饗食，賓自無事，故不在大門內。」是其義也。云「肉謂之羹」者，《爾雅》文。云「著之者，下以爲節」者，羹定與下文「陳鼎」之節爲目也。（卷二十五，頁2）

敖繼公《儀禮集說》：賓即位而主人之有司乃具者節也，具如具官饌之具，謂具其所當陳設之物也。（卷九，頁2）

張爾岐《儀禮鄭註句讀》〔註108〕：即位者，待賓之人；具者，待賓之物。（卷九，頁1）

方苞《儀禮析疑》：謂群臣即外朝之位以待君出也，蓋諸侯三門，外朝在大門之內，故序立以待君出，然後延賓入大門，東轉鄉廟，而卿

〔註108〕〔清〕張爾岐：《儀禮鄭註句讀》，臺北：學海出版社，1981年。出版之封面書名爲《儀禮鄭注句讀》，但版心用「註」字，故引用時皆改之。後文引用《儀禮鄭註句讀》者，皆出自此版本，只說明卷頁（排印本頁數用阿拉數字），不再說明版本及出版資訊。

大夫從君以入也。（卷九，頁 1）

吳廷華《儀禮章句》：擯者即位大門外，卿大夫士及宰夫之屬即位廟門外，以待事也。具，饌具，下陳鼎等是也。（卷二百七十九，頁 1）

《欽定儀禮義疏》：「存疑」鄭氏康成曰「主人也。擯者俟君于大門外……皆於廟門之外」。案主人迎賓之位在大門內，當稍後於賓，則此云即位者，尚非主人也。擯者從君，但在大門內，唯上擯請事，乃出耳。言具，則自甸人陳鼎以下至於宰夫之具皆具也，隨所在而具之，則不專在廟門外也矣。（卷十九，頁 10）

褚寅亮《儀禮管見》：張氏爾岐曰……解《注》意最明，如云「賓即位而有司乃具」則即位上文已言，不必複出矣，《集說》非也。（卷中之三，頁 1）

盛世佐《儀禮集編》：此節句讀當以《註》《疏》為正，如聘者，如其位面及設擯介之法也。即位，謂自公以下也。具，官各饌其所當供之物也。燕禮告具而後即位，此則即位乃具者，食重于燕也。（卷十九，頁 5）

孔廣林《儀禮肊測》：公位有二，有阼階上西面之位，有大門內迎賓之位。……此即位，正阼階上位也。〈燕禮〉、〈大射〉皆告具而公即位，此尊聘賓，故即位而後官具。如敖說，近承賓朝服，即位下其節自見，止云具官饌足矣，何必疊即位文。（卷九，頁 1）

憲仁案：鄭以即位屬主人及待賓之人，敖以即位屬賓，張以即位屬待賓之人，三者異說似以鄭《注》為長，張說亦無不可。主人即位於阼階上，擯者及大夫士諸有司等各就其位。

●經文 02-02：甸人陳鼎七，當門，南面，西上，設扃鼏。鼏若束若編。（卷二十五，頁 2）

鄭《注》：七鼎，一大牢也。甸人，冢宰之屬，兼亨人者。南面西上，以其為賓，統於外也。扃，鼎扛，所以舉之者也。凡鼎鼏，蓋以茅為之……，長則束本，短則編其中央。今文扃作鉉，古文鼏皆作密。（卷二十五，頁 2）

賈《疏》：云「七鼎，一大牢也」者，案〈聘禮〉致飧與饗餼皆九鼎，此亦一大牢而七鼎者，此食禮輕，無鮮魚、鮮腊，與〈聘禮〉「腥

一牢鼎七」同也。……。云「凡鼎鼏，蓋以茅爲之」者，諸文
多言鼎鼏，皆不言所用之物，此經雖言「若束若編」，亦不指
所用之體，故鄭云「蓋」以疑之。然必知用茅者，《詩》曰：「白
茅苞之」、《尚書》孔《傳》云：「苴以白茅」。茅是潔白之物，
故疑用茅也。（卷二十五，頁 2～3）

李如圭《儀禮集釋》：吉時陳鼎，于門外者北面，于阼階下者西面，皆北
上。（卷十五，頁 3）

敖繼公《儀禮集說》：陳鼎於庭少北，而東西則當門，陳鼎當門南面，君
禮也，西上，明爲賓也。設扃鼏在陳鼎之前，於此乃言之者，亦
因而見之也。（卷九，頁 2～3）

郝敬《儀禮節解》：鄭謂鼏若束若編，以茅爲鼏，無据。（卷九，頁 2）

《欽定儀禮義疏》：案〈聘禮〉於上介，其致殯致饔皆鼎七，此小聘之賓，
爵與大聘之上介同，故亦七鼎，〈聘·記〉所謂小聘「其禮，如爲
介」是也。但致殯致饔不羞庶羞，故正鼎之外幷陪鼎而皆陳之，
此禮之庶羞臨食乃取諸門外東方而入，而設之，故惟具之於雍爨，
不實於陪鼎以與正鼎同陳也。（卷十九，頁 11～12）

　　憲仁案：此「七鼎，一大牢也」而〈聘禮〉九鼎，乃賓之身份不同也，
賈說可商。李如圭之說誤也，應作「于門外者南面，于阼階下者北面，皆西
上」。宰夫所準備之饌物，此時仍在廟門外，故經文云「當門，南面，西上」。

七鼎陳設圖

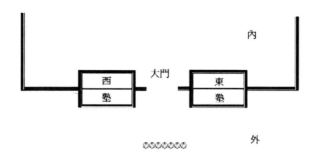

符號說明：鼎雖有方者四足，然大多爲圓鼎三足，以銘文之位置與花
　　　　　紋可爲辨其正面之具，三足中其兩足者爲正面，故面向北
　　　　　方之鼎的符號爲▽）

●經文 02-03：設洗如饗。小臣具槃匜，在東堂下。（卷二十五，頁 3）

鄭《注》：必如饗者，先饗後食，如其近者也。饗禮亡，〈燕禮〉則設洗
於阼階東南。古文饗或作鄉。（小臣具槃匜）爲公盥也。公尊，
不就洗。小臣於小賓客饗食掌正君服位。（卷二十五，頁 3）

賈《疏》：云「必如饗者，先饗後食，如其近者也」，鄭據此文行食禮而
云如饗，明先饗，設洗訖，乃後食，故鄉前如之，是先饗後食
也。案〈聘禮〉云「公於賓，壹食再饗」，則食在饗前矣。不
言如〈燕禮〉者，饗食在廟，燕在寢，則是饗食重，先行之。
故二者自相先後，是以不得用〈燕禮〉決之也。引〈燕禮〉者，
欲見設洗之法，燕與饗食同，故無饗禮，引〈燕禮〉而言也。
知此「爲公盥」者，案〈特牲〉尸尊，不就洗，盥用槃匜，故
知此所設槃匜亦爲公盥，不就洗也。云「小臣於小賓客饗食掌
正君位」者，按〈夏官‧小臣職〉云「小祭祀、賓客、饗食……
如大僕之法」。此諸侯之聘客饗食，故亦小臣掌之也。（卷二十
五，頁 3）

敖繼公《儀禮集說》：爲公設盥也。匜盛盥水，槃盛盥棄水也。凡行禮其
以槃匜盥而不就洗者，尊者一人而已，有敵者則否。不言簞巾，
文略耳，祭禮有槃匜必有簞巾。（卷九，頁 3）

方苞《儀禮析疑》：燕與食存而饗禮則亡，蓋其禮甚嚴，几設而不倚，爵
盈而不飲，故諸侯苦其難行，而去其籍，喪祭惟大夫士之禮存，
亦職此之故耳，《春秋傳》趙孟欲一獻，衰世之人怠於行禮如此。
（卷九，頁 2）

吳廷華《儀禮章句》：此爲公盥設也。槃，盥槃以承洗者棄水之器，匜似
羹魁柄中有道，以沃盥澆手。蓋貯水于罍，以勺挹于匜，而棄水
則在槃也，小臣掌沃公盥故具之。（卷二百七十九，頁 1）

《欽定儀禮義疏》：案設洗亦南北以堂深，東西當東霤。（卷十九，頁 12）

憲仁案：此段經文乃記其設洗與設槃匜之事，鄭《注》已明槃匜專爲公
所設。又諸侯之洗當東霤，《儀禮‧燕禮》「設洗篚于阼階東南，當東霤。罍
水在東」，鄭《注》云：「當東霤者，人君爲殿屋也。亦南北以堂深。」（卷十
四，頁 3）。

●經文 02-04：宰夫設筵，加席、几。（卷二十五，頁3）

鄭《注》：設筵於戶西，南面而左几。公不賓至授几者，親設湆醬，可以
略此。（卷二十五，頁3）

賈《疏》：云「設筵於戶西，南面而左几」者，以其賓在戶牖之間，南
面，又生人左几，異於神右几故也。云「公不賓至授几者，
親設湆醬，可以略此」者，決〈聘禮〉禮賓時，公親設授几
者，以無設湆醬之事故也。故下記云「不授几」，鄭云「異於
醴也」。（卷二十五，頁3）

吳廷華《儀禮章句》：賓戶西南面，公阼階上西面。〈聘禮〉禮賓公親受
几，此先設，則不親授，禮殺也。（卷二百七十九，頁2）

憲仁案：不為公設筵，吳廷華《儀禮章句》於「宰夫設筵」注云「賓戶
西南面，公阼階上西面」，其注〈公食大夫禮〉有可商議者，〈公食大夫·記〉
云「無阼席」，是不設公筵甚明，賓之坐位亦非西南面。〈聘禮〉云小聘「主
人不筵几」、〈公食大夫禮·記〉亦云「不授几」，知卿為聘使，則公親設筵，
並加席、几，小聘使大夫，公不親設之，以宰夫設焉。

●經文 02-05：無尊。飲酒、漿飲，俟于東房。（卷二十五，頁3）

鄭《注》：主於食，不獻酬。飲酒，清酒也。漿飲，酨漿也。其俟奠於豐
上也。飲酒先言飲，明非獻酬之酒也。漿飲先言漿，別於六飲
也。（卷二十五，頁3）

賈《疏》：云：「飲酒，清酒也」者，按《周禮·酒正》《注》先鄭云：「清
酒，祭祀之酒。」後鄭從之。則此賓客用之者，優賓故也。云
「漿飲，酨漿也」者，酨之言載，以其汁滓相載，故云酨。漢
法有此名故也。云「其俟奠於豐上也」者，下云「飲酒實於觶，
加于豐」是也。此云「奠」，即彼「加」也。云「飲酒先言飲，
明非獻酬之酒也」者，以其〈鄉飲酒〉、〈燕禮〉等獻酬之酒皆
不言飲，飲之，可知此擬酳口，故言飲，是異於獻酬酒故也。
是以〈酒人〉云：「共賓客之禮酒、飲酒而奉之。」鄭《注》
云：「禮酒，饗燕之酒」不言飲食之酒，云飲，亦是其義也。
云「漿飲先言漿，別於六飲也」者，按〈漿人〉云：「共王六
飲：水、漿、醴、涼、醫、酏。」彼先云「六飲」，後云「水」、

「漿」，與此先云「漿」不同，故云「先云漿，別於六飲」。必
別於六飲者，彼六飲爲渴而飲，此漿爲酳口，不爲渴，故異之。
（卷二十五，頁 3）

李如圭《儀禮集釋》：此酒漿以酳口耳，異于獻酬之酒與六飲也。（卷十
五，頁 4）

敖繼公《儀禮集說》：（無尊）言此者，嫌酒漿或用尊也。（飲酒、漿飲，
俟于東房）酒言飲者，指其所用名之也；漿云飲者，明其爲六飲
之一者也，漿在六飲而云漿飲，亦猶醴在五齊而云醴齊之類也，
言俟者，見其已在觶，特俟時而設之耳。（卷九，頁 3）

張爾岐《儀禮鄭註句讀》：食禮不獻酬，設清酒以擬酳口，故言飲酒。〈漿
人〉共王六飲：水、漿、醴、涼、醫、酏。此云漿飲，明是漿之
一種，不兼六飲，漿亦以酳口也。（卷九，頁 2）

方苞《儀禮析疑》：無獻酬，故無尊而惟具飲酒；一食之頃，無用六飲，
故惟戴漿。曰俟，蓋酒人、漿人奉之待事至，然後實觶以授宰夫
也，他禮酒尊多設於戶外，嫌或俟於堂東，故特著之。（卷九，頁
2）

吳廷華《儀禮章句》：飲酒，酒正四飲中之清酒，以漱口，非獻酬之酒也。
漿，六飲之一，戴〔註 109〕漿也。（卷二百七十九，頁 1／卷九，
頁 2）

蔡德晉《禮經本義》：酒先言飲，漿後言飲，皆以明酒漿爲飲賓之物也。
（卷七，頁 3）

《欽定儀禮義疏》：「存疑」賈氏公彥曰：清酒，祭祀之酒，此用之者，優
賓也。案〈酒正〉三酒「一曰事酒、二曰昔酒、三曰清酒」《注》
以爲皆祭祀之酒，至四飲則「一曰清、二曰醫、三曰漿、四曰酏」
《注》以清爲醴之已泲者，四飲惟此爲酒，與三酒中之清酒不同，
此注以飲酒爲清酒，蓋指四飲之清，以其爲酒而在四飲之內，故
謂之飲酒，非三酒中之清酒也，《疏》說疑誤。（卷十九，頁 14）

褚寅亮《儀禮管見》：《注》云「飲酒，清酒」，蓋指四飲中之清而言，所
謂醴之已泲者，非指三酒中之清酒也，《疏》誤會鄭意。（卷中之

〔註 109〕原作「戴」，《文淵閣四庫全書》本作「戴」，依相關經文與鄭《注》，作「戴」
（卷頁數前者爲《皇清經解》本，後者爲《文淵閣四庫全書》本）。

三，頁 1）

孔廣林《儀禮肊測》：以記文例之，經中三飲酒，皆當作酒飲，與漿飲同義，傳寫者誤錯耳，必云酒飲者，明為六飲中醴清，別于三酒之清酒也。食不以酒，故備二飲焉，《疏》乃因鄭君注飲酒為清酒，釋云：「清酒，祭祀之酒」，「此用之者，優賓也」，誤矣。注上文清酒二字，疑為醴清之譌，據《周官・漿人》《注》知之。（卷九，頁 1）

黃以周《禮書通故》：此飲酒非三酒之酒。楊信齋因此注言優賓，遂謂酒非以漱口，誤。飲酒從正饌于東，漿飲從加饌于西，設于豆東非示以不舉意。飲酒于祭正饌時祭之，漿飲于食饌時乃祭。（卷二十二，頁 998）

憲仁案：此段文句，爭議甚多，以「飲酒」是否為「三酒之清酒」抑或「四飲之清」，前者為祭祀之酒，賈氏乃有優賓之說，清儒多指其非；後者為四飲中之酒，與〈公食大夫禮〉此處所設飲酒之意較近，說較可從。另一爭議為「漿飲」是否為「六飲中之漿」，敖氏主張漿飲即六飲之一，與鄭說立異，清儒已辯其非。

●經文 02-06：凡宰夫之具，饌于東房。（卷二十五，頁 3）

鄭《注》：凡，非一也。飲食之具，宰夫所掌也。酒漿不在凡中者，雖無尊，猶嫌在堂。（卷二十五，頁 3）

賈《疏》：云「酒漿不在凡中者，雖無尊，猶嫌在堂」者，以其酒漿常在堂，若不特言之，則凡中不含之，言〔註 110〕謂酒漿仍在堂，故上特言之。（卷二十五，頁 3～4）

敖繼公《儀禮集說》：此所饌者，謂豆、簠、簋、鉶也。（卷九，頁 4）

《欽定儀禮義疏》：自羹定至此七事，皆所謂具也，以自外而內為序，鼎具于門外，當門、洗具于阼階東南、槃匜具於東堂下、筵具於堂、酒漿及饌具於房，七者皆備是之謂具，而後乃公迎賓也。（卷十九，頁 15）

憲仁案：觀經下文云「宰夫自東房授醯醬」、「宰夫自東房薦豆六」故知

〔註 110〕阮元校勘引浦鏜云：「『言』疑『嫌』字誤。」（《儀禮注疏》，卷二十五，校勘記頁 1（總 308））

凡宰夫之具所含乃與食事有關者之豆、簋、簠、鉶等，相關陳設之法，如〈特牲饋食禮〉「豆、籩、鉶在東房，南上」（卷四十四，頁 8）、〈有司徹〉「宰夫自東房薦脯、醢，醢在西」（卷五十，頁 1）。

至此，相關陳設皆載明，除了陳於門外之七鼎已於「七鼎陳設圖」呈現外，其他皆以「門內陳設圖」呈現如下：

「門內陳設圖」

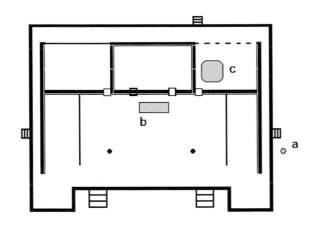

a.槃匜在東堂下
b.筵、席、几，席在筵上，几在左
c.飲酒、漿飲、豆、簋、簠等，依將設饌之次序北上
d.洗當東霤，南北以堂深，水在洗東

●記：不授几。無阼席。（卷二十六，頁 5）

　　鄭《注》：異於醴〔註111〕也。公不坐。（卷二十六，頁 5）

　　賈《疏》：決禮賓時，公親授几也。（卷二十六，頁 5）

●記：享于門外東方。（卷二十六，頁 3）

　　鄭《注》：必於門外者，大夫之事也。東方者，主陽。（卷二十六，頁 3）

〔註111〕「醴」與「禮」字，經注常混，此處鄭《注》於魏了翁《儀禮要義》引用時云「《注》異於禮也」，並參看賈《疏》與楊復《三禮圖》，鄭《注》當非用「醴」字。

賈《疏》：〈燕禮〉注云：「亨於門外，臣所掌也。」言臣亦是大夫事。〈少牢〉廩爨、饔爨皆在門外，亦大夫事。〈特牲〉云「主婦視饎，爨于西堂下」者，以其無廩人主之，故在內。若然，〈鄉飲酒〉雖是大夫之事，以其取祖陽氣之始，故亦於門內。（卷二十六，頁3）

敖繼公《儀禮集說》：門外，廟門外也。門外東方，雍爨在焉。（卷九，頁29）

方苞《儀禮析疑》：翁荃曰「《儀禮》亨或於門內，或於門外，《註》於〈燕禮〉言『臣所掌』，意謂君禮亨於門外，別於〈鄉飲〉、〈鄉射〉臣禮之在內，而無解於〈少牢〉臣禮饔爨亦在門外。此《註》言『大夫之事』，意謂同於〈少牢〉大夫禮之在外，而無解於〈鄉飲〉、〈鄉射〉亦大夫之事而亨於堂下，且燕食皆君禮其臣，而分二義，亦無所處。」國君備官，燕食群臣、國賓，相示以禮，自以亨於門外爲宜，〈鄉飲〉、〈鄉射〉亨狗於東方，以表養賢優老之內心，自以門內堂下爲宜，故諸侯之鄉大夫，國卿也，州長、黨正，大夫士也，而飲射皆亨於堂東，大夫之祭，主婦邊豆簠簋鉶羹之事多，故視爨與饔並使有司共事於門外，士則公有司私臣甚少，故主婦爨於堂西，而有司亨於門外，體事制物，各有所宜故耳。（卷九，頁19～20）

《欽定儀禮義疏》：案〈少牢禮〉饔爨在門東南，北上，此亦饔爨，惟曰門外東方，文略也。〈少牢〉《注》曰「羊豕魚腊皆有竈」其《疏》曰「亦皆有鑊」；彼鼎五而鑊四，腸胃與牲同鑊，膚與豕同鑊，然則此七鼎者，當五鑊，其或食大聘之卿九鼎，則當七鑊也。（卷二十，頁46）

憲仁案：賈《疏》推〈鄉飲酒〉可商。此處鄭《注》云「大夫之事也」，亦難圓說。

●記：**司宮具几，與蒲筵常，緇布純，加萑席尋，玄帛純，皆卷自末。**（卷十六，頁3）

鄭《注》：司宮，大宰之屬，掌宮廟者也。丈六尺曰常，半常曰尋。純，緣也。萑，細葦也。末，經所終，有以識之。必長筵者，以有左右饌也。今文萑皆爲莞。（卷十六，頁3）

敖繼公《儀禮集說》：蒲筵而加莞席，美者在上也。筵常而加席尋，是加
　　　　席之度，必半於其筵，於此見之矣。莞，小蒲也。（卷九，頁 30）

郝敬《儀禮節解》：捲席者自下爲末，舒席者自上爲本。……按鄭解席「卷
　　　　自末」，謂末有識，非也，末在卷舒，不在席。（卷九，頁 40）

盛世佐《儀禮集編》：几，彤几也。萑當從鄭本，敖改作莞，則上下大夫
　　　　何別乎？（卷二十，頁 35）

胡培翬《儀禮正義》：據〈聘禮〉注，所具之几，蓋漆几也。筵與席，散
　　　　文通，對文則近地者爲筵，其上加者爲席，故此蒲稱筵，萑稱席
　　　　也。蒲筵加萑席，蓋筵上、下大夫之法。（卷十九，頁 1249）

憲仁案：胡氏之說甚為清楚，亦無須改萑為莞字。

●記：宰夫筵，出自東房。（卷二十六，頁 6）

鄭《注》：筵本在房，宰夫敷之也。天子諸侯左右房。（卷二十六，頁 6）

三、賓入拜至

●經文 03-01：公如賓服，迎賓于大門內。大夫納賓。（卷二十五，頁 4）

鄭《注》：不出大門，降於國君。大夫，謂上擯也。納賓以公命。（卷二
　　　　十五，頁 4）

賈《疏》：自此盡「階上北面再拜稽首」，論主君迎賓入拜至之事。云「不
　　　　出大門，降於國君」者，按《周禮・司儀》云：「將幣，交擯，
　　　　三辭，車逆，拜辱，賓車進，苔拜。」又云致饔餼、饗食，「皆
　　　　如將幣之儀」。是國君來則出迎也。（卷二十五，頁 4）

李如圭《儀禮集釋》：出門者，待其君之禮也，臣之意欲尊其君，迎賓于
　　　　門內，所以順其尊君之意也。卿爲上擯。（卷十五，頁 5）

憲仁案：此乃引劉敞〈公食大夫義〉之說。

郝敬《儀禮節解》：公如賓服，亦皮弁朝服也。（卷九，頁 3）

王士讓《儀禮紃解》：此庫門也。于內者，降於國君。（卷九，頁 4）

《欽定儀禮義疏》：如賓服，亦朝服也。公出至大門內，而大夫乃出納賓，
　　　　則承擯、紹擯皆不出可知矣。以戒賓而賓來，故不必出請事而即
　　　　納之也。〈春官・司服〉職：王祀先公、饗、射則鷩冕，《疏》云

「食亦鷩冕」。蓋饗在廟，大射禮重，故與祀先公同服，食亦在廟，故鷩冕也。以此推之，諸侯之饗、食宜玄冕，而此乃朝服者，以其所食者大夫也。大夫朝服，故主君如其服以迎之，若兩君相食，意必玄冕與？（卷十九，頁 16）

凌廷堪《禮經釋例・通例上》〔註112〕：凡迎賓，主人敵者于大門外，主人尊者於大門內。（卷一，頁 71）

胡培翬《儀禮正義》：卿為上擯。（卷十九，頁 1191）

憲仁案：公如賓服，賓著朝服，則公亦當朝服，郝敬以為皮弁服，非是。公於大門內迎賓。〈聘禮〉云：「卿為上擯，大夫為承擯，士為紹擯」，鄭《注》云：「主君，公也，則擯者五人；侯伯也，則擯者四人；子男也，則擯者三人。」故知承擯以下，皆以士為之。經文「大夫納賓」，鄭《注》「上擯納賓」，李如圭、胡培翬皆以卿為上擯，此乃據〈記〉云「卿擯由下」可知，則經文之「大夫」乃泛指卿大夫，散文通也，亦可知戒賓之大夫與納賓之大夫不同人矣。因鄭《注》云「上擯納賓」，故《欽定儀禮義疏》以為承擯、紹擯皆不出大門，而張惠言《儀禮圖》以上擯、承擯、紹擯、末擯四人於大門外，又註明上擯納賓，說與《欽定儀禮義疏》不同，然亦合於鄭《注》。蓋鄭只云上擯納賓，並未說明承擯以下是否於門外迎賓，而《欽定儀禮義疏》乃推鄭《注》之意云「承擯、紹擯皆不出可知矣」，或推之太過，〈聘禮〉迎賓，眾擯則於大門外，此亦當同。又張惠言《儀禮圖》「迎賓」圖中四擯，依鄭《注》「公也，則擯者五人；侯伯也，則擯者四人」，知《儀禮圖》以侯伯為主君也，〈公食大夫禮〉之公為諸侯通稱（尊稱），故介之數則五至四人而可。其使於大國，或以卿為之，侯伯之國或卿或大夫，然《禮記・聘義》云：「聘禮，上公七介，侯、伯五介，子、男三介，所以明貴賤也。」（卷六十三，頁 1）與《注》不同，宜依〈聘義〉為是。〈聘禮〉云：「小聘曰問……其禮，如為介，三介。」故知賓有三介。《儀禮圖》擯四人，而〈聘義〉所載無四介者，推張氏之意，則賓及三介至，彼四人於大門外，則上擯等四人迎於大門外也，其他擯則於門內侍主君。

●經文 03-02：賓入門左，公再拜。賓辟，再拜稽首。公揖入，賓從。
（卷二十五，頁 4）

〔註112〕〔清〕凌廷堪：《禮經釋例》，臺北：中央研究院中國文哲研究所（彭林點校本），2002 年。

鄭《注》：左，西方，賓位也。辟，逡遁，不敢當君拜也。揖入，道之。
（卷二十五，頁4）

吳廷華《儀禮章句》：（公再拜）西面拜辱。（賓辟，再拜稽首）賓北面。
（卷二百七十九，頁1）

《欽定儀禮義疏》：案〈聘禮〉於公迎賓再拜之節，賓辟不答拜者，以公
為聘君而拜己，不敢承其禮也，此則為食己而拜，故既辟還復再
拜稽首。（卷十九，頁17）

憲仁案：公拜賓，而賓當辟，不敢當君拜，後乃復位再拜稽首。公揖賓
先入以導之。此至可繪「迎賓納賓圖」一及二：

迎賓納賓圖一

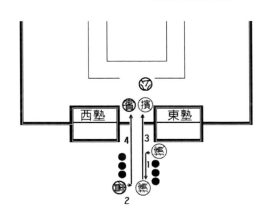

1.上擯納賓
2.賓答
3.上擯引賓入，眾擯
　隨上擯
4.賓入門左，眾介隨
　入。

迎賓納賓圖二

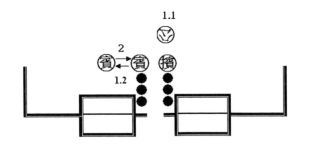

1.1.公再拜
1.2.賓辟
　（公拜時，賓即辟
　之）
2.賓答再拜稽首

說明：紹擯以下人數視主國君之身分而定，圖中上擯以⊕為之，紹擯下以
　　三●表示，取三為多之意；介人數亦三人以●表示）

附張惠言「迎賓圖」（入雉門部分）

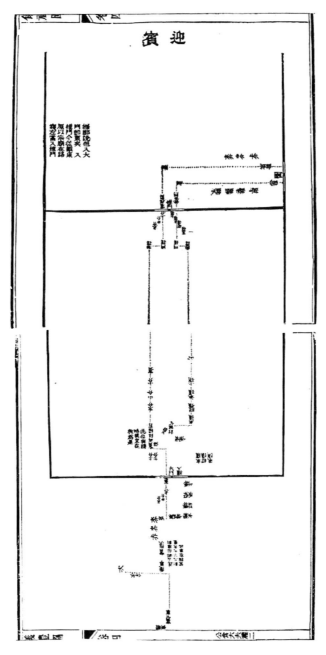

說明：張惠言《儀禮圖》云「據鄭說，但入大門即東矣。入雉門，今從戴東原以
宗廟在路寢左，當入雉門」（卷四，頁公食大夫禮二），今從其圖，故賓答
再拜稽首後，公揖之北行，賓從之，眾擯在公後，眾介在賓後。

●經文 03-03：及廟門，公揖入，賓入。（卷二十五，頁 4）

鄭《注》：廟，禰廟也。（卷二十五，頁 4）

賈《疏》：《儀禮》之內單言廟者，皆據禰廟。是以〈昏禮〉納采云「至
于廟」，〈記〉云「凡行事必用昏昕，受諸禰廟」，以此而言，
則言廟皆禰廟也。若非禰廟，則言廟祧，若〈聘禮〉云「不腆
先君之祧」，問卿云「受于祖廟」之類是也。但受聘在祖廟，
食饗在禰，燕輕於食饗，又在寢，是其差次也。（卷二十五，
頁 4）

吳廷華《儀禮章句》：與受聘同地，亦當在祖廟，《注》以爲禰廟也。（卷
二百七十九，頁 1）

《欽定儀禮義疏》：案〈聘禮〉君與賓至廟門君先揖入者，以聘禮嚴，故
君先入以俟之也，食禮則殺矣，故賓從君而入。（卷十九，頁 17）

孔廣林《儀禮肊測》：食饗在祖在禰，雖無明文，然受聘既於祖，食饗亦
宜然，蓋行事多在祖廟，唯昏以親成，受禮于禰，故〈昏·記〉
特云「受諸禰廟」也。（卷九，頁 1）

胡培翬《儀禮正義》：《儀禮》凡單言廟者，皆是禰廟。（卷十九，頁 1192）

憲仁案：此行禮地點，有禰廟與祖廟之說，鄭《注》以為禰廟，賈《疏》
申明之，清儒或改為祖廟之說，各有其理。鄭《注》特別點明禰廟，應有所
據，若無有力反證，亦不可隨意推翻。

●經文 03-04：三揖。至于階，三讓。公升二等，賓升。（卷二十五，頁 4）

鄭《注》：每曲揖，及當碑揖，相人偶。讓先升。（公升二等）遠下人君。
（卷二十五，頁 4）

賈《疏》：按〈曲禮〉云：「客若降等，則就主人之階。主人固辭，然後
客復就西階。」此亦降等，初即就西階者，此君與客食禮，禮
之正，彼謂大夫士以小小燕食之禮，故與此不同也。言「遠下
人君」者，亦取「君行一，臣行二」之義也。（卷二十五，頁 4）

《欽定儀禮義疏》：「存疑」賈氏公彥曰：「〈曲禮〉客若降等……此即就西
階者，彼謂大夫士小燕食之禮，與此不同」。案〈曲禮〉所言乃指
賓之自來而降等者耳，若此賓雖降等，實銜其君命以來，主君禮
之，所以禮其聘君也。豈得以彼例論哉！（卷十九，頁 18）

凌廷堪《禮經釋例》：凡入門，將右曲，揖；北面曲，揖；當碑，揖；謂
　　　　　之三揖。（卷一，頁80）
　　　　　凡升階皆讓，賓主敵者俱升，不敵者不俱升。（卷一，頁83）

憲仁案：〈曲禮〉依前人說法，為燕食，與禮食不同（參本書緒論），古
籍所載之文或有異時異地之禮，亦不必強合。

● 經文 03-05：大夫立于東夾南，西面，北上。（卷二十五，頁4）

鄭《注》：東夾南，東西節也。取節于夾，明東于堂。（卷二十五，頁4）

賈《疏》：此謂主國卿大夫立位。云「取節於夾，明東堂」者，序已西為
　　　　　正堂，序東有夾室，今大夫立于夾室之南，是東于堂也。（卷
　　　　　二十五，頁4）

敖繼公《儀禮集說》：大夫亦兼上下者言也，下大夫西面，辟擯者及士位而
　　　　　在此耳，東夾南即東堂南，舍阽而取節於夾，見其去堂遠也。羣臣
　　　　　至是方即位於廟，則是顥者公亦不在廟明矣，此其異於臣禮與！〈士
　　　　　冠〉、〈士昏禮〉主人皆先待於廟，乃出迎賓。（卷九，頁4～5）

郝敬《儀禮節解》：東夾，東廂房，向西也。南，謂立東夾西之南。（卷
　　　　　九，頁3）
　　　　　按鄭謂夾室向南，据《尚書‧顧命》西夾席南向，〈聘禮〉東西夾
　　　　　設饗，亦南向，而此大夫與宰堂下之位，當東夾室之南北，則夾
　　　　　室在堂東傍，非南向可知，蓋夾室東西相向，而陳設統于堂也。（卷
　　　　　九，頁4）

張爾岐《儀禮鄭註句讀》：此謂主國卿大夫立位，並下文士、小臣、宰、
　　　　　內官等，皆從公入立于其位也。（卷九，頁2）

方苞《儀禮析疑》：至此始見群臣之位，明公入，然後從而入，公與賓升
　　　　　堂，然後群臣與介各就其位也。知非先立於廟以俟公之入者，饌
　　　　　具者必先有事於廟，群臣則宜從君，介從賓以入，而位次群臣之
　　　　　後，則同時而就位明矣。冠禮主人之兄弟及擯者，就位在未納賓
　　　　　以前，明其先立以俟也。使群臣先立以俟，則其文當在饌具之後，
　　　　　納賓以前，而公與賓升之後，惟著介位可矣。主國群臣至是始從
　　　　　君而入，以是知篇首即位乃卿大夫士即位於外朝，以俟君之出也。
　　　　　（卷九，頁3～4）

《欽定儀禮義疏》：案此大夫位略同〈燕禮〉爾卿，卿西面北上之位，大
夫與卿同位者，以士辟賓而立於燕禮之大夫位，故大夫辟士進而
列於卿也，其大夫之立蓋亦視卿少退與？（卷十九，頁 19）

憲仁案：鄭《注》以士位于門東，乃辟賓也，而敖以下大夫西面，辟擯
者及士位，何以士不辟下大夫，而下大夫反辟之。大夫之人數下文有「大夫
長盥，洗東南，西面，北上，序進盥。退者與進者交于前。卒盥，序進，南
面匕。」因鼎七、俎七，知匕亦七也，則大夫當有七位，亦可見禮學家說諸
侯之大夫五人不足為信。又郝敬云「南謂立東夾西之南」，其所據宮室圖，夾
在兩房之側，故云如此。

● 經文 03-06：士立于門東，北面，西上。（卷二十五，頁 4）

鄭《注》：統於門者，非其正位，辟賓在此。（卷二十五，頁 4）

賈《疏》：案〈燕禮〉、〈大射〉士在西方，東面北上，不統於門。又在門
東北面，宜東統於君。今在門東西上統於門者，以賓在門西，
辟賓，在此非正位故也。（卷二十五，頁 4）

敖繼公《儀禮集說》：立于門東，宜東上而統於君。乃西上者，順其本位
之列，所以見此非正位也，西方北上，門東西上，皆上左也，聘
時大夫士之位亦宜如是。（卷九，頁 5）

張爾岐《儀禮鄭註句讀》：按〈燕禮〉、〈大射〉士在西方東面北上，是其
正位也。（卷九，頁 2）

憲仁案：士之位，正常應統於君，故東上。此則西上，是不統於君，故
各家以為統於門。

● 經文 03-07：小臣，東堂下，南面，西上。宰，東夾北，西面，南
上。（卷二十五，頁 4）

鄭《注》：宰，宰夫之屬也。古文無南上。（卷二十五，頁 4）

賈《疏》：云「宰，東夾北，西面，南上」者，謂在北堂之南，與夾室相
當，故云夾北也。云「宰，宰夫之屬也」者，以經云「南上」，
則非止一人。但宰官之內，有宰夫之等，是以下有宰夫之官，
皆於此立可知，故云「之屬也」。若然，宰尊官，在小臣之下
者，以其小臣位在北堂南，故先見之，非謂尊卑先後為次也。
（卷二十五，頁 4～5）

敖繼公《儀禮集說》：宰，大宰也。東夾北，北堂下之東方也。宰，尊官，
　　於此乃見之者，位定在後耳。宰與羣臣同入，以其位在內，故後
　　於在外者。（卷九，頁5）

　　（正誤：宰，東夾北，西面）鄭本此下有「南上」二字，《注》
　　曰「古文無南上」。繼公案：經文惟言宰而已，是獨立於此也，
　　南上之文無所用之。又以下文證之，益可見矣，蓋傳寫今文者因
　　下文而衍此二字也，鄭氏不察而從之，非是，宜從古文。（卷九，
　　頁33）

郝敬《儀禮節解》：士立門東……小臣立東堂下，南面，西上，皆相君迎
　　賓，賓由西南入也。（卷九，頁3）

方苞《儀禮析疑》：鄭本西面下有南上二字，《註》「古文無之」，敖氏從
　　古文是也。宰獨立於此，南上之文無所用之。《註》以爲宰夫之屬，
　　《疏》因謂非止一人以曲附南上之義，獨不思篇中兩稱宰，大羹
　　湆亦可云宰夫之屬執以授公乎？大夫皆位東夾南，宰獨位其北，
　　何也？賓客之事皆小宰及宰夫所掌，內官之士亦屬內宰，故宰位
　　東夾之北西面，以監視饌具於東房，及內官之士由北堂而即事於
　　東房者，莫尊於宰，而位序在大夫士之後，職是故也。侯國無冢
　　宰，當以司徒兼攝。（卷九，頁4）

吳廷華《儀禮章句》：宰，家（冢）宰。曰南上者，膳夫其屬也。東夾北
　　蓋北階之東。（卷二百七十九，頁2）

蔡德晉《禮經本義》：宰，太宰。東夾北，東夾室也。（卷七，頁4）

《欽定儀禮義疏》：「存疑」鄭氏康成曰：「宰，宰夫之屬也」、賈《疏》以
　　「經云南上，則非止一人」、敖氏繼公曰「宰，大宰也」。案下經
　　授公醬、梁及爲賓設豆、籩、鉶、稻者，皆宰夫也。宰惟授公湆，
　　視宰夫爲尊，則宰非宰夫之屬明矣。大宰則司徒之兼官，三卿之
　　長，不應不立于東夾南而在東夾北也，《注》爲「南上」二字所惑，
　　故以宰夫之屬言之。敖氏以爲大宰則亦未詳於外內之辨也，其下
　　即內官之士，豈其倫乎？（卷十九，頁21）

褚寅亮《儀禮管見》：諸侯之有內宰與否無可考，但以下經內官之士在宰
　　東北之文推之，竊意諸侯即有內宰，亦統在內官之士中，仍當依
　　《注》宰夫之屬爲得，不可以內宰當之，立於此者以近東房之饌

也，敖氏則以爲太宰，蓋緣《疏》尊官二字而誤，宰夫視小臣爲尊，故云尊官，《疏》豈指太宰耶？且東夾北亦非太宰立位也。（卷中之三，頁1～2）

盛世佐《儀禮集編》：敖說近是，凡經單言宰者，皆謂上卿執國枋者也。〈大射儀〉云宰戒百官有事于射者、〈聘禮〉云宰命司馬戒眾介是也。東夾北，於大夫所立之處爲北也，宰爲大夫之長，故立於此，以北爲上也，敖以爲北堂下之東方，則非矣。（卷十九，頁11）

胡承珙《儀禮古今文疏義》〔註113〕：宰，宰夫之屬也……敖說非是，此宰即宰夫也，經單言宰者，舉其長，南上之文則以包其屬，鄭云「宰，宰夫之屬」者，以言宰則其屬俱在也，敖氏以宰爲大宰……考〈大射禮〉有小臣正、小臣師之類，此經但言小臣，當亦統小臣正、小臣師在內，故以南上之文見其不止一人，猶之此節但言宰，即兼宰夫之屬在內，故必以西面南上之文見之也。（卷九，頁1）

胡培翬《儀禮正義》：經於東夾北，不云宰夫而云宰者，以經云南上，則宰夫自在宰之南，而內官之士，又在宰東北，故言宰而位次始明也。（卷十九，頁1195）

憲仁案：諸家於「宰」及「南上」二字聚訟，或引《周禮》爲說，事實上《周禮》與《儀禮》成書未必同時同人，內容亦未必相合，若要牽合二書，當小心審辨。查〈公食大夫禮〉經文「宰」之處尚有「大羹湆不和，實于鐙，宰右執鐙，左執蓋，由門入；升自阼階，盡階不升堂，授公；以蓋降出，入反位。」、「宰夫膳稻于粱西。士羞庶羞，皆有大、蓋，執豆如宰。」兩處，則宰爲一人，而其屬爲宰夫，故「南上」者宰夫以宰爲南上。

●經文03-08：內官之士，在宰東北，西面，南上。（卷二十五，頁5）

鄭《注》：夫人之官，內宰之屬也。自卿大夫至此，不先即位，從君而入者，明助君饗食賓，自無事。（卷二十五，頁5）

敖繼公《儀禮集說》：內官之士，內小臣之屬也。在宰東北少退於宰也，此惟取節於宰，則宰獨立於此明矣。（卷九，頁5）

吳廷華《儀禮章句》：內官，《注》以爲內宰之屬，疑即內小臣也。南上

〔註113〕 〔清〕胡承珙：《儀禮古今文疏義》，《續修四庫全書》清道光五年求是堂刻本。

者，奄士四人。（卷二百七十九，頁 2）

蔡德晉《禮經本義》：內官之士，夫人之官，內小臣之屬也。在宰東北，少退于宰也。皆南上者，以君在南也。（卷七，頁 4）

《欽定儀禮義疏》：案聘時有聘享於夫人之禮，故夫人之官同共其事以助君也，此爲內宰之屬，則位于其上，而少進者，爲內宰明矣。此內官，士也，非奄也。

　　案：羣臣之位亦以自外而內爲序，大夫七鼎、士設俎、設羞，小臣奉槃匜、宰授公淯，內官之士當佐宰夫之饌，蓋莫不各有事焉，而《注》謂自無事者，以凡有事者皆從公爲之，而無事於先入也。（卷十九，頁 23）

憲仁案：此內官之士佐事者，在宰東北，面向西，以南為上，以宰為依據也。

● 經文 03-09：介，門西，北面，西上。（卷二十五，頁 5）

鄭《注》：西上，自統於賓也。然則承擯以下，立於士西，少進東上。（卷二十五，頁 5）

敖繼公《儀禮集說》：介位序於內官之後，見其不從賓而入，變於聘時也。上擯則隨公而入，立于階下，承擯、紹擯亦隨入，立于士東少進，負東塾北面東上。（卷九，頁 5）

郝敬《儀禮節解》：介門西北面者，三介先賓入，及賓升堂，三介仍立門西，以次而東也。（卷九，頁 3）

《欽定儀禮義疏》：案介位於〈燕禮〉爲士旅食之位，但彼東上而此西上者，主賓異也。其位序於內官之後者，先主而後及賓也，下〈記〉云「卿擯由下」故知上擯之擯 [註114] 在阼階下也，下經云「擯者退，負東塾」則上擯之本位，亦與承擯、紹擯同負東塾也，《注》云「士西」、敖氏云「士東」「負東塾」，則遙對東堂，而當在士東矣。（卷十九，頁 23～24）

韋協夢《儀禮蠡測》：承擯已下之位，敖云「士東」，《註》云「士西」，說各不同，按上文云士立于門東北面，西上，承擯是大夫，尊于士，宜在士之上，若立于士東則反在士下矣，今宜從《註》《疏》。

[註114] 依文意，此「擯」字當作「位」。

（卷九，頁2）

孔廣林《儀禮肊測》：經先序公與賓升，而后及諸臣與介立位，立文當如
　　是，非介於此始入也。敖氏說末見其然。（卷九，頁2）

劉沅《儀禮恆解》：先言主國之大夫士等所立之位，而後言從賓之介立于
　　門西，北面，西上。按：主國諸臣之位，宜先立而後公出迎賓，
　　此乃補記之辭。唯介則賓入而始立于門西耳。此群臣及介之位。（卷
　　九，頁2）

憲仁案：此段序各種身分者之位，未必指先後入之序。擯者隨主國君入，
介者隨賓入，敖氏云介「不從賓而入」，誤讀。敖氏立說與鄭《注》異，其云
「介位序於內官之後，見其不從賓而入，變於聘時也。」顯然誤此處經文陳
述為各身分者即位之序，孔廣林、劉沅駁之是也；又「承擯、紹擯亦隨入，
立于士東少進，負東塾北面東上」，與鄭《注》「立于士西」異，《欽定儀禮義
疏》從之，而韋協夢駁之，並敘其理由，故當從鄭《注》。

至此，可繪「揖讓升堂即位圖」。

揖讓升堂即位圖一

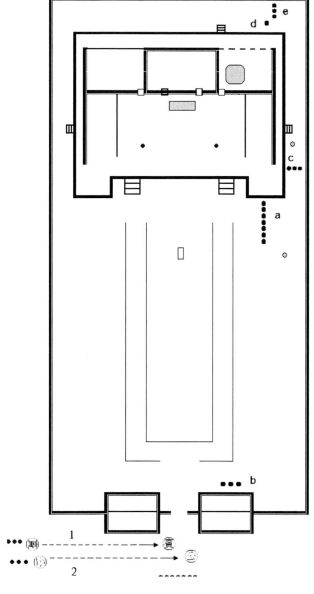

a.大夫
b.士
c.小臣
d.宰（含其屬）
e.內官之士
1.主國君導賓到廟
　門，眾擯隨其後，
　到廟門將曲行，揖
2.賓到廟門，眾介隨
　其後，到廟門將曲
　行，揖

地點：主國君禰廟。門口已陳七鼎。

即位之說明：大夫七人，士、小臣、內官之士眾人，以三●示其多；宰夫
　　　　　　眾人亦以三●示其多。

揖讓升堂即位圖二

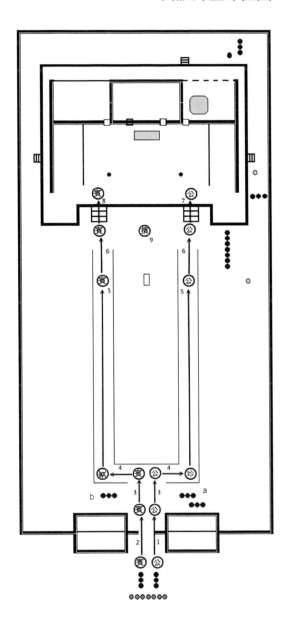

1. 公揖賓入門，公先入
2. 賓及介入門
3. 入門將右曲揖
4. 將北曲揖
5. 當碑揖
6. 讓升
7. 主國君先升
8. 賓升
9. 上擯即位
a. 眾擯即位（以三●示其多）
b. 眾介即位
a、b 或在公及賓入門後，將北曲揖時行之。

揖讓升堂之說明：〈士冠禮〉「至於廟門，揖入。三揖，至于階，三讓。」
鄭《注》云：「入門將右曲，揖；將北曲，揖；當碑，揖。」
（卷二，頁9）

●經文 03-10：公當楣北鄉，至再拜，賓降也，公再拜。（卷二十五，頁 5）

鄭《注》：楣謂之梁。至再拜者，興禮俟賓，嘉其來也。公再拜，賓降矣。（卷二十五，頁 5）

賈《疏》：自此盡「稽首」，論公拜至賓荅拜之事。云「公再拜，賓降矣」者，釋經賓降在「至再拜」下，「公再拜」上。以其至再拜者，公已一拜，賓即降，下「公再拜」者，賓降後，又一拜。雖一拜，本當再拜，故皆以再拜言之。猶下侑幣之時，「公一拜，賓降，公再拜」，注云：「賓不敢俟成拜也」。若然，鄭云「公再拜，賓降矣」者，解經「至再拜，賓降也」。（卷二十五，頁 5）

魏了翁《儀禮要義》：賓至再拜，降再拜，其實各一拜。（卷二十五，頁 8）

敖繼公《儀禮集說》：至再拜，言其拜至之數也。賓降之上不言公壹拜者，文脫耳，於公壹拜而賓降者，急於荅拜，亦所以辟之。（卷九，頁 6）

姚際恒《儀禮通論》：至，拜賓至也。以拜至爲至，猶〈聘禮〉以適館爲館也。〈聘禮〉云：公壹拜，賓降也。公再拜。此上即云再拜者，乃謂公先，將行再拜禮，其實一拜也。觀下又云公再拜，則上之再拜爲一拜可知，特變其文。敖氏乃謂不言公壹拜，文脫。非矣。〈聘禮〉云「擯者辭，拜也，公降一等辭，」此文與同，然亦有異。何則？彼拜也未成拜，此拜也已成拜。惟已成拜，故下云升不拜也。蓋以君拜臣至，其禮太崇，故賓直在下成拜，而無所遷延。至是雖辭之，而升亦不復拜矣。然公終以爲成拜，故又命之成拜，然後復于階上，北面再拜稽首焉爾。他處皆云「升成拜」，而此云「升不拜，命之成拜，階上北面，再拜稽首。」多不拜一層，又多命之一層，皆變于他處。而描摹情事，鏤心刻腎，幾于入神。（卷九，頁 319～320）

《欽定儀禮義疏》：案云至再拜者，言公之拜至亦再拜，明其拜數也。云賓降也，公再拜者，言公之第二拜在於賓降之後，明其拜法也。（卷十九，頁 25）

王引之《經義述聞》〔註115〕：一拜之時，豈得遽謂之再拜？賈說非也。
　　　　至再拜，再當爲壹，因下公再拜而誤也。至壹拜者，賓至階上，
　　　　公則壹拜也。先言壹拜，後言再拜，序也。〈聘禮〉及下文皆言公
　　　　壹拜，賓降也，公再拜。此不當有異。鄭《注》〈聘禮〉及下文公
　　　　壹拜，賓降，皆云不俟公再拜，而此獨無之，則所本已誤作至再
　　　　拜矣。……若謂至再拜爲總括下文之詞，公壹拜，賓降也，公再
　　　　拜乃申言上文之再拜，則十七篇中無此重沓之文。〈聘禮〉及此篇
　　　　下文公壹拜之上，何不聞總括其詞曰再拜乎？（「至再拜」條，卷
　　　　十，頁 37）

孔廣林《儀禮肊測》：拜至無不再者，不須先言其數，「再」蓋「壹」之
　　　　譌，據侑幣「公壹拜，賓降也，公再拜」知之。（卷九，頁 2）

胡培翬《儀禮正義》：《述聞》之說是矣，但經文相傳已久，未敢遽改，
　　　　而存其說於此。（卷十九，頁 1197）

憲仁案：觀各家之言，參考下文侑幣時經文云「公壹拜，賓降，公再拜」，
則此云「至再拜，賓降也，公再拜」，知「至再拜」乃指賓至，公將行再拜禮，
此時只一拜未成而賓已降（至皆再拜，而此一拜，未成拜至，賓已降）。但此
處經文有至字，或應斷句爲「至，再拜」，「再拜」之再實以作「壹」較合理，
王引之、孔廣林之說甚是，未有其他版本之佐證，胡培翬未敢遽改，正爲處
理經文之謹慎準則。

●經文 03-11：賓西階東，北面，答拜。擯者辭。（卷二十五，頁 5）

鄭《注》：西階東，少就主君，敬也。辭拜於下。（卷二十五，頁 5）

賈《疏》：自此至「盡階」，論賓降荅拜之事。此云「荅拜」，下云「拜也」，
　　　　並據公未降之前，賓爲一拜。（卷二十五，頁 5）

方苞《儀禮析疑》：不言階下，既降而未升，則不待言矣。不言稽首，凡
　　　　荅鄰國之君拜，鮮不稽首，亦不待言也。（卷九，頁 6）

蔡德晉《禮經本義》：西階東，西階下之東也。擯者辭，辭其拜于下也。
　　　　（卷七，頁 4）

《欽定儀禮義疏》：案己國之臣，拜位在阼階下，〈燕禮〉主人獻公，二大
　　　　夫媵爵於公，皆是也。若爲賓則拜于西階下，〈燕禮〉大夫爲賓者

〔註115〕〔清〕王引之：《經義述聞》，《續修四庫全書》景印清道光七年王氏京師刻本。

是也，〈聘禮〉私覿，賓降拜于階東，視階下為稍東，別於己君也。此亦然，故《注》以為少就主君也，賓在西階東欲答拜時，擯者即辭之，而賓拜自若，故曰拜也，公見其不聽擯者之辭，乃降一等以示親辭，而擯者致辭曰「寡君從子而降矣，子雖將拜，其興也」容此兩辭之間，而賓之再拜已訖，非謂賓拜未再得辭即興，若然則下文賓升不得謂已拜矣。（卷十九，頁 26）

凌廷堪《禮經釋例》：凡臣與君行禮，皆堂下再拜稽首，異國之君亦如之。（卷一，頁 93）

凡君待以客禮，下拜則辭之，然後升成拜。（卷一，頁 95）

胡培翬《儀禮正義》：答拜是目下事，實尚未拜，不言稽首，省文也。（卷十九，頁 1197）

憲仁案：各家之言甚為清楚，賓少就主國君而於西階東，此時賓尚未拜，上擯見賓降階，則知其將於西階東答拜，故立即辭之。賓之答拜，不容遲疑，故其降階即拜。

● 經文 03-12：拜也。公降一等辭。曰：「寡君從子，雖將拜，興也。」（卷二十五，頁 5）

鄭《注》：賓降一拜，公降，擯者釋辭矣。賓猶降，終其再拜稽首。興，起也。（卷二十五，頁 5）

賈《疏》：以其賓始一拜之間，公降一等，故間在一辭之中，是以鄭云賓降再拜，釋經北面拜荅及拜也。云「公降，擯者釋辭矣」者，解經「辭曰：寡君從子，雖將拜，興也」，鄭《注》云「賓猶降，終其再拜稽首」者，按下文「賓栗階升，不拜」，升既不拜，略〔註 116〕於下。雖辭賓，猶終降，再拜稽首也。若然，擯者辭拜於下之時，其位在下，故下〈記〉云「卿擯由下」，《注》云「不升堂」是也。按下文云「擯者退，負東塾而立」《注》云「無事」，又云「擯者進相幣」，然則擯者有事則進，無事則退，故負東塾也。（卷二十五，頁 5～6）

敖繼公《儀禮集說》：曰者，擯者辭也。公降一等辭，止其又拜也，公辭

〔註116〕孫詒讓校勘：「曹云『『略』，當為『明』」。（〔清〕孫詒讓：《十三經注疏校記》（北京：中華書局，2009 年，雪克輯校本），下冊，頁 381。）

而賓猶欲拜，故擯者復釋辭以止之，而賓終不從命也。君於臣乃拜至，其禮太崇，故荅之亦與常禮異。（卷九，頁6）

蔡德晉《禮經本義》：拜也，賓不從其辭而終拜于下也。公降一等辭，又親辭之也。擯者致公之意曰「寡君從子而降，雖將拜，亦爲君起」，然是時，賓已再拜畢矣。（卷七，頁4）

盛世佐《儀禮集編》：曰上脫擯者二字，以〈聘禮〉考之，可見此辭拜之節皆與彼同，唯賓必終拜於下爲異。（卷十九，頁13）

胡培翬《儀禮正義》：拜也者，言賓不從擯者之辭而仍拜也。於是公降一等親辭之。〈聘禮〉作「擯者曰」，此曰上無擯者二字，亦省文也。（卷十九，頁1197）

憲仁案：各家之說是也，唯〈聘禮〉私覿之文作「賓降，階東拜送。君辭，拜也。君降一等辭，擯者曰：『寡君從子，雖將拜，起也。』」互參之，可以知其詳，盛世佐以爲脫「擯者」二字，不若胡培翬以爲省文。鄭《注》「賓降一拜」《儀禮疏》作「賓降再拜」，由鄭《注》下文云「公降，擯者釋辭矣。賓猶降，終其再拜稽首」是鄭《注》之意以賓降一拜，擯者辭，賓又再一拜，故於堂下二拜稽首。

●經文03-13：賓栗階升，不拜。（卷二十五，頁6）

鄭《注》：自以已拜也。栗，寁栗也。〔註117〕不拾級連步，趨主國君之命，不拾級而下曰走。（卷二十五，頁6）

賈《疏》：云「自以已拜也」者，於堂下終爲再拜稽首，故於堂上不拜也。云「栗，寁栗也」者，謂疾之意也。云「不拾級連步」者，〈曲禮〉云「拾級聚足連步以上」，鄭《注》云：「拾當爲涉聲之誤也。級，等也。涉等聚足，謂前足躡一等，後足從之併。」此涉級也。連步，鄭云「重蹉跌也」，連步謂足相隨不相過也。其連步據足而言，涉級據階而說，其實一也。此等尋常升法，此栗階據趨君命而上，按〈燕禮‧記〉云「凡君所辭皆栗階」，《注》云：「栗，蹙也。謂越等急趨君命也。」又曰「凡栗階不過二等」，

〔註117〕「寁」字，各本有異，阮元南昌府學重刊本宋本鄭《注》之文字作「是」，賈《疏》陳述《注》文爲「寁」（卷二十五，頁6），上海中華書局據永懷堂本校刊《儀禮》此處作「實」（收錄於《漢魏古注十三經》（北京：中華書局，1988年），頁142），故本文從「寁」。

《注》云:「其始升猶聚足連步,越二等,左右足各一發而升堂。」
是栗階之法也。云「不拾級而下曰丞」者,凡升降有四種,云
丞者,君臣急諫諍,則越三等爲「丞階」,越一等爲「歷階」,
又有「連步」,又有「栗階」,爲四等也,義已具於〈燕禮・記・
疏〉也。(卷二十五,頁6)

賈《疏》〈燕禮・記〉「凡栗階不過二等」:天子以下,皆留上等爲栗階,
左右足各一發而升堂,其下無問多少,皆連步。〈雜記〉云「主人
之升降散等」,鄭《注》云:「散等,栗階」,則栗階亦名散等。凡
升階之法有四等:連步,一也;栗階,二也;歷階,三也,歷階
謂從下至上,皆越等,無連步,若《禮・檀弓》云「杜蕢入寢,
歷階而升」是也。越階,四也,越階謂左右足越三等,若《公羊
傳》云「趙盾辟靈公,蹯階而走」,是也。

李如圭《儀禮集釋》:案《說文》引《春秋公羊傳》曰「丞階而走」,今
《傳》丞作蹯,《釋文》云「丑略反,一本作丞,音同」。實栗,
疾意。升階之節,前足涉一級,後足從之,併足相隨不相過,是
謂連步。〈曲禮〉所謂「涉級聚足連步以上」是也。栗階者,其始
升連步至上二等,左右各一發而升堂;歷階則從下至上皆越等,
無連步。《禮記》「杜蕢入寢,歷階而升」是也。《公羊》趙盾避靈
公「蹯階而走」,謂左右足越三等,即鄭所謂丞。(卷十五,頁8)

敖繼公《儀禮集說》〈燕禮・記〉「凡栗階不過二等」:凡凡公所辭者也,
不過二等,明雖急趨君命,猶有節也。二等,階之立二等也,以
諸侯七等之階言之,則至五等,左右足乃各一發,盡階則復聚足,
然後升堂。(卷六,頁44)

張爾岐《儀禮鄭註句讀》:按《疏》及〈燕禮・記〉《註》、《疏》所言升
降有四法:「拾級連步」,謂兩足相隨不相過,是尋常升階法;「栗
階」者,始升猶聚足連步,至近上二等,左右足各一發而升堂,
是趨君命之法,故〈燕禮,記〉云「凡栗階不過二等」;又此經《註》
「不拾級而下曰『丞』」,《疏》以爲越三等,是下階近地三等,即
不聚足也;又云「越一等爲『歷階』」,共爲四法。(卷九,頁3)

凌廷堪《禮經釋例》「凡升階皆連步,唯公所辭則栗階」:今考連步是升階
常法,猶之平敵相拜也。栗階于君辭則然,猶之再拜稽首也,見諸
《禮經》惟此二節。……栗與歷聲相近,竊謂歷階當即是栗階,《疏》

不必強生分別。若趙盾躇階，疑非行禮常法。（卷一，頁 86）

胡培翬《儀禮正義》：連步謂足相隨，不相過也，此尋常之法。若急趨君命，則栗階，栗猶歷也。左足升一等，則右足升二等，左足升三等，則右足升四等，足不相併，閒歷而上，故曰「栗階」。但不得超越而過，故曰不過二等也。《疏》謂升降有四種，非也。（卷十二，頁 777～778）

憲仁案：至淩廷堪而升階之法始明，蓋自賈《疏》始，禮學家常以升階有四法，其實歷階即栗階，而坐者則非禮，故合於禮者唯有連步與栗階兩法。胡培翬以為栗階乃不連步，與各家主張初以連步至二等則左右足各一發不同，以胡氏之說為長，此亦較合於趨君命之急。又關於諸侯之階有幾等，禮學家常依《禮記・禮器》之說「天子之堂九尺，諸侯七尺，大夫五尺，士三尺」，以為士三階而三尺，故推諸侯階有七等，考古西周遺址之階為三等，或春秋以降，禮有革新，亦未可知，姑存疑。

● 經文 03-14：命之，成拜。階上北面，再拜稽首。（卷二十五，頁 6）

鄭《注》：賓降拜，主君辭之，賓雖終拜，於主君之意猶爲不成。（卷二十五，頁 6）

賈《疏》：按《論語》孔子云：「拜下，禮也，今拜乎上，泰也。」是以上文主君雖辭賓，猶終拜於下，盡臣之禮，爲成拜。「主君之意猶以爲不成」，故命之升成拜，賓遂主君之意，故升更拜也。（卷二十五，頁 6）

敖繼公《儀禮集說》：拜下者，臣也；拜于上者，賓也，既升而命之成拜，所以賓之。（卷九，頁 6～7）

憲仁案：賓為他國之臣而為使來聘，故以臣自居而拜於下，主國君則以聘賓為其國君之代表，故尊之，以主賓為平敵，其拜於下為未成拜，故命其拜於上也。他國之臣皆應拜於下，但為聘使則有別。

● 記：卿擯由下。上贊〔註118〕，下大夫也。（卷二十六，頁 7）

鄭《注》：不升堂也。上，謂堂上。擯，贊者，事相近，以佐上下爲名。

〔註118〕〈公食大夫禮〉一篇之「贊」字，各版本或作「賛」，本書所引各類古籍刻本或抄本，舉凡經文文字與注解文字亦如此，同一版本或間作賛與贊，故本書於引用時，亦間用之。

（卷二十六，頁 7）

賈《疏》：此謂上擯擯詔賓主升降周還之事，故云「不升堂」。案上經云
　　　　贊者告具於公而贊賓食，故云上贊使下大夫爲之。（卷二十六，
　　　　頁 7）

李如圭《儀禮集釋》：擯謂上擯，使卿；贊謂贊賓食者，使下大夫。擯在
　　　　堂下，贊在堂上。（卷十五，頁 35）

敖繼公《儀禮集說》：上贊即經所謂贊者也，以其佐賓食於堂上，故云上
　　　　贊，蓋對堂下之擯者而言也。擯贊者，事相近，故以上下通之，
　　　　此以下大夫爲之者，欲其不尊於賓。（卷九，頁 31）

吳廷華《儀禮章句》：不升堂，以堂上有贊也。（卷二百七十九，頁 8）

《欽定儀禮義疏》：案言卿擯者，見上擯必以卿也。擯先見其爵，後見其
　　　　位；贊則先見其位，後見其爵者，文相變也。贊以下大夫，雖食
　　　　上大夫猶然，蓋贊必降於擯一等也。（卷二十，頁 52）

　　憲仁案：古人之禮爲人設想，故贊之身分不過於賓。由〈記〉此則可知，
辭賓拜者爲上擯（即卿擯）。至此，可繪「拜至圖」。

拜至圖一

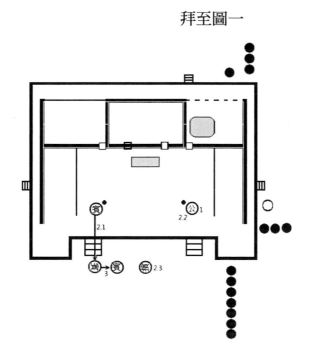

1. 公當楣北面一
　　拜
2.1. 賓降
2.2. 公再拜
2.3. 上擯辭
3. 賓西階東，答一
　　拜

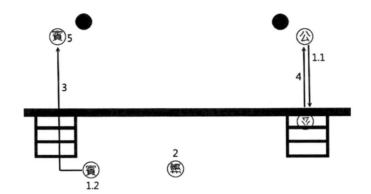

拜至圖之二

1.1. 公降一等
1.2. 賓再一拜
2. 上擯辭
3. 賓栗階升
4. 公復位，命賓
　答拜
5. 賓答再拜稽首

四、鼎入載俎

●經文 04-01：士舉鼎，去鼏于外，次入。陳鼎于碑南，南面，西上。右人抽扃，坐奠于鼎西，南順，出自鼎西，左人待載。（卷二十五，頁 6）

鄭《注》：入由東，出由西，明爲賓也。今文奠爲委，古文待爲持。（卷二十五，頁 6）

賈《疏》：自此盡「逆退復位」，論鼎入已〔註119〕載之事。云「去鼏於外，次入」者，次入謂序入也。故〈少牢〉云序入。去鼏於外者，以其入當載於俎，故去之也。〈士喪〉、〈士虞〉皆入，乃去鼏者，喪禮變于吉故也。（卷二十五，頁 6）

敖繼公《儀禮集說》：去鼏亦右人也。次，序也。次入，鼎在西者先，在東者後也。碑下脫一南字，西南之南衍文，皆傳寫者誤也。朝位，君南面，故陳鼎於內外皆順之。鼎西，每鼎之西也。順出，以次而出也，順出正禮也，其或逆出，由便耳。左人待載，蓋各立于其鼎之東南面。（卷九，頁 7）

〔註119〕阮元校勘引浦鏜云：「『七』誤『已』」（《儀禮注疏》，卷二十五，校勘記頁 2（總 308））

「正誤」委于鼎西：鄭本「委」作「奠」，《注》曰「今文奠爲委」。
繼公案：後篇皆作委，宜從今文。（卷九，頁 33）

郝敬《儀禮節解》：西上，上賓也。首牛，次羊豕魚等，橫陳而東。右
人、左人謂二人共舉鼎，前者在西爲右〔註 120〕，後者在東爲左
〔註 121〕，鼎既陳，右一人自西抽扃，委于鼎西，向南，遂西出，
左一人立鼎東待升肉載俎也。（卷九，頁 4）

吳廷華《儀禮章句》：（陳鼎于碑南）中庭。（南面，西上）入不易面。（右
人抽扃）南面以西爲右。抽扃者，扃以閉鼎而舉之，將載則抽
而去之也。……（于鼎西南順）猶南肆也。（出自鼎西）即扃委
〔註 122〕處，出便也。（卷二百七十九，頁 2）

《欽定儀禮義疏》：「存疑」鄭氏康成曰「入由東，出由西，明爲賓也」。
案此《注》未知何指，豈以經有出自鼎西之句，而云爾邪？鼎既
陳乃有鼎西，方舉鼎時則何東西之有，如謂入由闑東，出由闑西，
則經固無文，即果然，亦是出入公門由闑右之常法，而無爲賓之
義也。（卷十九，頁 28～29）

焦以恕《儀禮彙說》：經云右人抽扃，奠于鼎西，又云南順，出自鼎西，
自鄭已後皆然也。至敖氏始以順出爲句，而謂上文西南之南爲衍
文，又按敖云朝位君南面，故陳鼎于外內皆順之，則仍依經文南
順二字連爲義也。竊謂經文果誤，乃不得已而闕之，經文無恌，
則仍舊貫而解之，蓋其愼也。動出新義，實所未安耳。又左人待
載，謂待其事也，作持恐未然矣。（卷九，頁 3～4）

褚寅亮《儀禮管見》：南字非衍，蓋扃亦可奠於鼎西南也。《注》云「入
由東，出由西，明爲賓也」者，見若不爲賓則出亦當由東矣，出
入君門禮之常也。（卷中之三，頁 2）

盛世佐《儀禮集編》：監本碑下有二南字，當從之。鼎南面以西爲右，右
人在鼎西，故抽扃即奠於其西，便也。南順言奠扃之法，南北設
之順鼎面也，舉鼎之時扃橫加于鼎上，及其奠之，直設于鼎旁，
故云順。出自鼎西謂右人奠扃訖，即自鼎西而出也，上云次入則

〔註 120〕姚際恒《儀禮通論》引文有「人」字（卷九，頁 321）。
〔註 121〕姚氏引文有「人」字（同上）。
〔註 122〕《文淵閣四庫全書》本二字互乙作「委扃」（卷九，頁 3）。

出亦以次可知，故不須言順出，其或逆出乃著之，以其變于初也。敖氏分句不審，遂以西南之南爲衍字，過矣。近山陰馬駉讀南順二字爲句，與郝氏《節解》合，義較優，今從其優者。（卷十九，頁15～16）

憲仁案：此處經文無衍文，敖氏之說乃斷句之誤，說見焦以恕與盛世佐。經文之意：鼎去鼏，左右各一人以局抬之，七鼎則十四人，將鼎由門東抬入，依序設于碑的南方，牛鼎在西，鼎面朝南，在鼎西的人把局抽出，放在鼎的西面地上，便由鼎西離開，由門西出去。鄭《注》「入由東，出由西」之意，或指局由鼎東穿入兩耳，入陳於碑南後，由鼎西抽出，依常禮局之入與出皆由東，今出由西，乃為賓故；亦有學者以為其所指在於鼎由門東抬入，其載後，鼎由門西抬出，依常禮鼎當由門東出，此由門西者，為賓也。《注》字精簡，未知孰是，但設局之法與抬鼎出入門之法亦由此可得。

● 經文 04-02：雍人以俎入，陳于鼎南。旅人南面加匕于鼎，退。（卷二十五，頁6）

鄭《注》：旅人，雍人之屬，旅食者也。雍人言入，旅人言退，文互相備也。出入之由，亦如舉鼎者。匕俎每器一人，諸侯官多也。（卷二十五，頁6）

賈《疏》：按〈少牢〉云：「鼎序入，雍正執一匕以從，雍府執四匕以從，司士合執二俎以從，司士贊者二人，皆合執二俎以相從。」是大夫官少，故每人兼執也。若然，〈特牲〉云「贊者執俎及匕從鼎入」，〈士虞〉亦云「匕俎從士」，〈昏禮〉亦云「匕俎從設」，彼注云：「執匕者，執俎者，從鼎而入，設之。」不言並合者，士官彌少，並合可知。不言者，文不具或可。士禮又異於大夫，執鼎人兼執匕俎，故〈士喪禮〉小斂大斂奠舉鼎者，兼執俎也。若依前釋，則〈士喪禮〉略威儀故也。（卷二十五，頁7）

敖繼公《儀禮集說》：雍人西面，于鼎南陳俎，俎南順。旅人南面，于鼎北加匕，匕北枋。退，蓋兼執匕俎者而言。旅人其士旅，食與。（卷九，頁7）

郝敬《儀禮節解》：雍與饔同。旅人，即饔人之屬，俎載鼎肉，熟于鼎

〔註123〕，載于俎，故雍人以俎入，陳于各鼎南，旅人南面，立于鼎北〔註124〕。（卷九，頁4）

《欽定儀禮義疏》：〈少牢〉之鼎西面，其俎西肆、匕東枋；此鼎南面，故敖氏知其俎南肆、匕北枋也。（卷十九，頁29）

褚寅亮《儀禮管見》：匕北枋。雍人旅人退未即出，《注》云「出入之由，如舉鼎者」，蓋終言之耳。至後取匕舉鼎乃順出，《疏》謂出而復入，非。（卷中之三，頁2）

憲仁案：賈《疏》：「不言並合者，士官彌少，並合可知。不言者，文不具或可。」句末「或可」語氣與上文不接，毛本「可」字作「云」〔註125〕，則「或云」屬下讀，較好，其意當作「不言者，文不具。或云士禮又異於大夫，執鼎人兼執匕俎……若依前釋，則〈士喪禮〉略威儀故也。」理通字順。

此段經意為雍人以俎入，將俎陳於鼎之南邊，俎面向南陳列。旅人持匕亦同時入，於鼎之北邊，面朝南，加匕於鼎上，雍人和旅人都退出。

● 經文 04-03：大夫長盥，洗東南，西面，北上，序進盥。退者與進者交于前。卒盥，序進，南面〔註126〕匕。（卷二十五，頁7）

鄭《注》：長，以長幼也。序猶更也。前，洗南。（卷二十五，頁7）

賈《疏》：云「進盥，退者與進者交於前」，鄭云前謂洗南，但言前，不云北〔註127〕。〈鄉飲酒〉、〈鄉射〉賓盥北面，則此大夫亦皆北面可知。（卷二十五，頁7）

敖繼公《儀禮集說》：當盥者七人皆違其位，而立於此也，國君設洗當東霤，於東夾南為少東，洗之東南，則又東矣。（退者與進者交于前）前者，其立處之西也，於洗南為少東。交于前，不言相右可知也，此可見經文之例矣。（南面匕）南面立于鼎後也，匕出鼎實也。（卷

〔註123〕以上七字姚際恒《儀禮通論》引作「肉熟于鼎」，無「俎載鼎」三字（卷九，頁321）。

〔註124〕姚際恒《儀禮通論》引文無「立」字，作「于鼎北加匕」（同上註）。

〔註125〕阮元校勘云：「監本同毛本，『可』作『云』」（《儀禮注疏》，卷二十五，校勘記頁2（總308））。

〔註126〕阮元校勘引瞿中溶云：「石本原刻南面下有「西上」二字，後磨改刪去。」（《儀禮注疏》，卷二十五，校勘記頁3（總309））。

〔註127〕孫詒讓校勘引曹校云「『不云北』，『北』當為『面』。」（〔清〕孫詒讓：《十三經注疏校記》，下冊，頁381）。

九，頁7～8）

郝敬《儀禮節解》：立當洗東南，故向西盥手。北上序進，謂在北立者先
盥，盥卒仍退立，進者與退者交于所立位之前，皆盥畢，序進碑
南鼎北，向南操匕舉肉。（卷九，頁5）

吳廷華《儀禮章句》：曰北上，則亦七人矣。（序進）南進。（退者與進者
交于前）洗東南。（序進）進鼎北。（卷二百七十九，頁2）

《欽定儀禮義疏》：案鼎七，則匕者當用大夫七人，若食上大夫九鼎，則
當九人，而爲承擯者、贊者、執他事者、或有出使者、疾病者，
皆不與焉，則一國五大夫之說不可執也。五大夫言其副於三卿者
耳，豈外此遂無大夫乎？（卷十九，頁30）

褚寅亮《儀禮管見》：將盥既序進，盥而復位，將匕又序進，故兩言之。
交不言相左，可知也。（卷中之三，頁2）

盛世佐《儀禮集編》：序進盥，西面盥也。凡盥，主人於洗北，南面；賓
於洗南，北面；此大夫於洗東，西面，盥辟主人也。（卷十九，頁
17）

憲仁案：前一儀節經文所載之「大夫立于東夾南，西面，北上」即此大
夫也，足見立于東夾南之大夫有七人。至於退者與進者「交於右」或「交於
左」，則說法分歧，敖說以交相右而胡培翬同其說（卷十九，頁 1200），褚說
以交相左，查《儀禮・鄉射禮》云「司射進，與司馬交于階前相左」（卷十二，
頁5）、「與升射者相左，交于階前相揖」、「與司射交于階前，相左，升自西階」
（卷十二，頁 6）、「揖，皆左還，上射於右；與進者相左相揖」（卷十二，頁
11）、「不勝者先降，與升飲者相左，交于階前相揖」（卷十二，頁17）；《儀禮・
大射儀》「與司射交于階前，相左。升自西階」（卷十七，頁 17）、「退者與進
者相左，相揖」（卷十七，頁20）、「不勝者先降，與升飲者相左，交于階前」
（卷十八，頁6）；又《儀禮・既夕禮》「祝降與夏祝交于階下」鄭《注》云「吉
事交相左，凶事交相右」（卷三十八，頁 4），〈公食大夫禮〉為吉事，自應交
相左。

此段經文之意為大夫七人本立於東夾南，今將盥手，故向南至洗東南為
待盥之位（此當在鼎之東不遠處），大夫皆面向西，以北為上，並以長幼之序
向前至洗南面，盥手，已盥者轉身南行回待盥之位，將盥者與已盥者在洗之
南相交左，待七人皆盥畢，乃序進。至此可以繪「大夫以序進盥圖」。

大夫以序進盥圖一

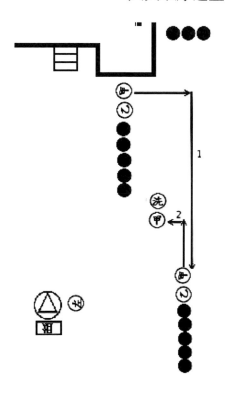

1. 大夫由東夾南移至洗
   東南
2. 長者盥於洗南（依次
   盥，以甲、乙表示其
   序）

大夫以序進盥圖二

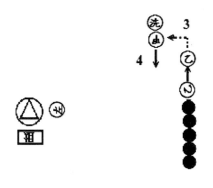

3. 已盥者（甲）和未盥
   者（乙）交於洗南
4. 已盥著南行，至盥畢
   待七之位

說明：鼎俎已陳設，左人在鼎之東，面西。左人以左表示，只畫出最東之
　　　鼎，以表示相對位置。

●經文 04-04：**載者西面。**（卷二十五，頁 7）

鄭《注》：載者，左人也。亦序自鼎東，西面於其前，大夫七則載之。（卷二十五，頁 7）

賈《疏》：前云「左人待載」，其時鼎東南面，今大夫鼎北面南，七之左人當載，故序自鼎東西面，於其前矣。俎正當鼎南，則載者在鼎南稍東也。（卷二十五，頁 7）

《欽定儀禮義疏》：案上經於左人不言面，此曰「載者西面」，則知前待載時固已西面矣。（卷十九，頁 31）

憲仁案：至此可知鼎面南，大夫在其北，左人在東，面向西，俎在鼎南。關於左人、鼎、七、俎、大夫之相關位置，可以繪「載體於俎相關位置圖」：

載體於俎相關位置圖

說明：大夫以⊗表示，左人以⊛表示，
鼎與俎皆南面，七亦當南面

●經文 04-05：**魚腊飪。載體進奏。**（卷二十五，頁 7）

鄭《注》：飪，孰也。食禮宜熟，饗有腥者。體，謂牲與腊也。奏，謂皮膚之理也。進其理，本在前。下大夫體七個。（卷二十五，頁 7）

賈《疏》：上文直云「羹定」，肉謂之羹，恐魚腊不在羹定之中，故此特著魚腊飪也。以食禮尚孰，故皆飪也。〈樂記〉云大饗「而俎腥魚」，鄭《注》云：「以腥魚為俎，實不臑孰之。」是饗禮有腥也。……又按〈鄉飲酒〉、〈鄉射〉〈記〉皆云「右胖進腠」，則此亦用右胖，肩、臑、臂、肫、骼、脊、脅可知。既用右胖，

則左胖爲庶羞。其庶羞者，此下大夫十六豆，上大夫二十豆是
也。……云「奏，謂皮膚之理。進其理，本在前」者，此謂生
人食法，故進本，本謂近上者。若祭祀則進末，故〈少牢〉云
「進下」，鄭云「變於食生」是也。（卷二十五，頁7～8）

陳祥道《禮書》：蓋析而乾之曰脯，全而乾之曰腊。脯在籩，腊在俎；脯
常先於醢，腊常亞於魚，《禮》有薧腊、有鮮腊、有全腊、有胖腊……
〈聘禮〉賓之飪鼎九，有魚、腊、鮮魚、鮮腊；上介飪鼎七，無
鮮。〈公食大夫〉上大夫之俎九，有魚、腊加鮮魚、鮮腊，下大夫
之俎七，無鮮，而昏禮腊必用鮮者，禮之所隆也。〈少牢〉鼎腊一
純，〈特牲〉、〈士冠昏〉之類，皆用全；〈士喪〉大斂、〈士虞〉、〈既
夕〉胖而已，則不用全者，禮之所略也。……天子之腊，凡田獸
在焉，《儀禮》大夫腊用麋，鄭康成曰「士腊用兔」，然〈特牲〉
腊用獸，則苟有獸焉可也，孰謂必用兔耶？（卷七十八，頁7～8）

敖繼公《儀禮集說》：體者，三牲則右體，腊其一純與？言體而不言骨，
見其尊者耳。牲體之數五，其脊脅各三，而皆二骨以並，腊則倍
之也。〈少牢饋食禮〉曰「腊一純而俎」。（卷九，頁8）

張爾岐《儀禮鄭註句讀》：其載牲腊之體，進其奏理之本，使之向人。體
七个者，《疏》以爲當用右胖：肩、臂、臑、肫、骼、脊、脅，其
左胖爲庶羞，下文十六豆、二十豆是也。（卷九，頁3）

王士讓《儀禮紃解》：進其理者，本在前、末在後，生人食法也。其載之，
亦當如〈少牢〉肩、臂、臑在上端，膊、骼在下端，而脊、脅、
肺居中歟？（卷九，頁8）

憲仁案：各家之言詳矣，下大夫七鼎，前三者依次爲牛、羊、豕，獸體
用右胖，並解爲七，第四及第五鼎爲乾魚與乾獸，第六鼎爲牛與羊的腸胃，
第七鼎爲豕膚，這些鼎內的食物都煮熟，並由鼎中取出置於俎上，依其奏理
以判定本末，體之本在前。

●經文 04-06：魚七，縮俎，寢右。（卷二十五，頁8）

鄭《注》：右首也。寢右，進鬐也。乾魚近腴，多骨鯁。（卷二十五，頁8）

賈《疏》：云「縮俎」者，於人爲橫，縮，縱也。魚在俎爲縱，於人亦橫。
云寢右，鄭云「右首也，寢右，進鬐」也，賓在戶牖之間南面，

俎則東西陳之，魚在俎，首在右，腹腴鄉南。鬐，脊也。進脊在北，鄉賓。必以脊鄉賓者，鄭云「乾魚近腴，多骨鯁」，故不欲以腴鄉賓，取脊少骨鯁者鄉賓，優賓故也。若祭祀，則進腴，以鬼神尙氣，腴者，氣之所聚，故〈少牢〉進腴是也。（卷二十五，頁 8）

李如圭《儀禮集釋》：魚在俎縱之，于人爲橫，西首而寢其右，則腹腴鄉南，而進鬐，脊近賓矣，以少骨鯁者鄉賓，優賓也。祭祀則體進下，魚進腴。（卷十五，頁 10）

《欽定儀禮義疏》：案乾魚載俎，有縮無橫，〈有司徹〉言橫載之，據人橫執俎而言，魚之在俎猶縮也，至縮執俎以羞則進首，變於正祭也。其他禮魚皆縮於俎而俎橫設之，所以生人則右首，寢右而進鬐，鬼神則右首寢左，而進腴也。

若濡魚則橫載，〈少儀〉曰「羞濡魚者進尾，冬右腴，夏右鬐」則不論生人與鬼神蓋皆然與？陳氏說尙未明析，更爲疏通之。（卷十九，頁 34）

褚寅亮《儀禮管見》：縮俎者於人爲橫也，若進首進尾，則於俎爲橫，於人爲縮矣。縮俎必右首，無左首，吉凶人鬼皆同，但祭祀則進腴，食生人則進鬐爲異耳。喪奠與虞未忍異於生，亦進鬐也。右首左首則鬐腴有內外之分，進首進尾則鬐腴有左右之別。（卷中之三，頁 2）

盛世佐《儀禮集編》：寢右者，謂以魚之右體臥俎上也；寢右而右首則進鬐矣。（卷十九，頁 20）

憲仁案：據各家所言可以約之爲：乾魚七，魚首在右（即在西），魚置俎上，右體在下，魚鰭向北，於俎爲縱，於人則爲橫。賓席向南，故魚鰭向賓，以賓視之，則首在西也。又鄭《注》云「乾魚近腴，多骨鯁」據〈少牢饋食禮〉「右首進腴」，知鄭《注》之「近」字當爲「進」也。討論至此，似乎意見甚爲一致，然而問題仍未清楚，俎之說，以橫俎爲常（對人橫設），故魚在俎之情況據賈《疏》爲「魚在俎爲縱，於人亦橫」，則七魚橫之俎上，魚俎必甚長，正饌一列陳三俎，所需空間應有多大是不得不考慮的問題，以一魚十五公分計，則魚俎已一公尺多，三俎若皆等長，豈不已有三公尺多，若再加其他（簋二、兩饌中可容人之空間）及加饌，則設饌之總長度應有五至六公

尺！魚俎之擺於實際如何，猶可再思考。

張光裕先生研究〈士昏禮〉儀禮，對於士昏禮魚俎十四魚的擺法提出以下的意見：

> 按縮者，據〈有司徹〉執几之法 ▢ 爲縮， ▭ 爲橫。……我們可以知道魚在俎上的陳列法，有因爲禮的不同而改變，亦有因爲時令不同或燕時而改變的。如〈士喪〉《注》云：「載者統於執，設者統於席。」而〈少牢〉、〈公食〉、〈士喪〉所謂的「進」，皆以執者載時而言，不是指陳設時而說的，所以鄭氏解釋〈士喪〉、〈公食〉兩者的分別，恐怕難以置信，而賈《疏》則強爲他辯說而已。注言「未異於生。」則或是漢時有進鬐的習慣，但是進腴是吉禮，進鬐是凶事，經文記載非常明白。……今按〈公食〉的「縮俎」，亦即〈少牢〉的「縮載」，所以亦應該是「進腴」的。不過〈公食〉注以爲「乾魚」便不知道是根據甚麼了。……「寢右」（即右首，鄭《注》以〈公食〉右首爲進鬐，實在是不對的，寢右應是進腴，若進鬐則屬凶事……「縮」則可以進鬐、進腴，如果「橫載」（〈有司徹〉）便變成是進首進尾的了。）進腴，即魚與俎爲直設，魚首向右（以人的左右爲左右），魚肚子向人。〔註128〕

張先生指出〈公食大夫禮〉鄭《注》云「進鬐」是錯的，應是「進腴」，這樣與凶禮才能區別，而鄭《注》則又提到〈公食大夫禮〉用的是乾魚，乾魚的肚子刺多，反而背鰭的刺較少，所以「進鰭」，《禮記・少儀》云「羞濡魚者進尾」，則濡魚進尾，那麼乾魚是否都進腴或進鰭，是否為濡魚與乾魚的分別呢？

載者統於執，魚由鼎載入俎時，鼎面向南，俎設於鼎南，敖繼公以為「南順」（參上文經 04-02 條）。經文的「魚七，縮俎，寢右」是對載俎時而言的，先設想此經文之詮譯，或有以下兩種方式：其一「魚俎縮置，故云縮俎」，如此則魚俎與其他俎之橫設不同，即魚俎在載時是縮俎，而設時為橫俎。其二「魚縮置俎上，故云縮俎」，如此則魚於橫設之俎上為東西向。大多數學者同意後說。

〔註128〕張光裕：《儀禮士昏禮士相見之禮儀研究》（臺北：臺灣中華書局，1986 年）頁 48。

　　魚在俎上是右首，這點沒有分歧的看法，只是進腴與進鰭說法不同，匯合上面引文中的各家說法，本文採取兩說並陳的方式，因為不能證明鄭《注》的「寢右，進鬐也。乾魚近腴，多骨鯁。」這說法一定是錯的。張光裕先生提出經文歸納的意見，也很有道理。

　　至此可以繪「右首進鰭魚俎圖」與「右首進腴魚俎圖」：

縮俎右首進鰭魚俎圖　　　　　縮俎右首進腴魚俎圖

席　　　　　　　　　　　　　　席

● 經文 04-07：腸、胃七，同俎。倫膚七。腸、胃、膚，皆橫諸俎，垂之。（卷二十五，頁 8）

　　鄭《注》：以其同類也。不異其牛羊，腴賤也。此俎實凡二十八。倫，理也，謂精理滑胉〔註129〕者。今文倫或作論。（腸、胃、膚皆橫諸俎，垂之）順其在牲之性也。腸胃垂及俎拒。（卷二十五，頁 8）

　　賈《疏》：云「以其同類也」者，釋經同俎，以其牛羊同是畜類也。云「不異其牛羊，腴賤也」者，以牲體則異俎，及此腸胃即同俎，以其腹腴賤，故略之，同俎也。云「此俎實二十八」者，牛羊各有腸胃，腸胃各七，四七二十八也。但此腸胃與牲或同鼎同俎，或別鼎別俎，何者？據此下文七鼎腸胃與牲別鼎別俎，是其正法，取其鼎俎奇也。〈少牢〉五俎，腸胃與牲同鼎者，以其有鮮獸，若腸胃別鼎則六，不得奇，故並腸胃與牲同鼎，〈有司徹〉亦然。此腸胃七者，以其與牲體別鼎，故取數於牲亦七。〈少牢〉並腸胃於牲鼎，故云腸三胃三，取數於脊脅各三也。

─────────────

〔註129〕胉字或作「脆」，阮云〈校刊記〉云：「胉，徐、陳、閩、監、葛本、《集釋》、《通解》俱作脆。《釋文》、毛本、嚴本俱作胉。按《說文》胉从肉从絕省，作脆非也。」（《儀禮注疏》，卷二十五，校刊記頁 3（總 309））。

賓尸禮殺於正祭，故腸胃各一。〈既夕〉盛葬奠，故腸胃五也。倫膚謂豕之皮革爲之，但此公食大夫爲賓用爲美，故膚與腸胃皆別鼎俎。〈特牲〉腥有三鼎，魚、腊不同鼎，故膚從牲，同鼎。〈有司徹〉雖同〈少牢〉，亦止三鼎而已，羊、豕、魚皆一鼎，故膚還從於牲鼎也。又此膚與牲體之數亦七，而〈少牢〉膚九者，此食禮，故膚從體數。〈少牢〉大夫之祭，膚出下牲，故取數於牲之體而九也。腸胃得在牲而垂膚，亦言順牲之性者，從多而言。云「垂及俎拒」者，〈少牢〉云「腸三，胃三，垂及俎拒」是也。（卷二十五，頁 8）

陳祥道《禮書》：牛羊有腸胃而無膚，豕有膚而無腸胃。豕雖有膚，然四解而未體折無膚，豚而未成牲無膚，〈士喪禮〉豚皆無膚，以未成牲故也。〈既夕禮〉大遣奠，〈少牢〉四解無膚，以未體折故也。……〈士虞禮〉「膚祭三，取諸左脇上」，鄭康成曰「膚，脇革肉」，蓋豕肉之美者不過脇革肉而已，故《禮》於膚皆謂之倫膚，東晉所謂「禁臠」者，豈此類歟。……腸胃常在先，膚常在後者，以腸胃出於牛羊，膚出於下牲故也。（卷七十八，頁 4～5）

李如圭《儀禮集釋》：君子不食圂腴，圂謂犬豕也，取牛羊腴而已，牛與羊之腸及胃各七。膚取豕之脇革肉爲之。俎拒，脛中當橫節。（卷十五，頁 10～11）

張爾岐《儀禮鄭註句讀》：同類者，同是腴也。二十八，牛羊各十四也。（卷九，頁 4）

《欽定儀禮義疏》：案《疏》言腸胃膚別鼎同鼎之法，大抵三鼎者則膚與牲同鼎，若「少牢」則既加羊而膚又別鼎，是爲五鼎；若「大牢」則既加牛而腸胃又別鼎，是爲七鼎，凡此所加皆牲體也。若九鼎則乾魚之外加以鮮魚，乾腊之外加以鮮腊，是鼎之最盛者也。至所用腸胃之數，「少牢」以五爲盛，三爲中，一爲殺；「大牢」則以十有一爲盛，九爲中，而七爲殺也。「少牢」惟有羊，其用五者，腸五胃五，凡十；其用三者，腸三胃三，凡六；其用一者，則腸一胃一而已。「大牢」則牛羊兼有，其用十有一者爲數，當四十有四；其用九者爲數，當三十有六；其用七者，則此《注》謂二十有八是已。（卷十九，頁 35）

「存疑」鄭氏康成曰「順其在牲之性也」、賈《疏》腸胃在牲而垂。案腸胃細，若縮俎則不能出於俎外，況膚之長又胹焉，故必橫諸俎上，不嫌其下之空也，《注》《疏》甚迂，幾見腸胃在牲腹而垂之者乎？（卷十九，頁36）

孔廣林《儀禮肊測》：（倫膚七）鄭康成云「倫，理也，謂精理滑脆者」，〈少牢〉雍人倫膚九，注云「倫，擇也。膚，脅革肉，擇之取美者」，廣林謂望文生義二說皆可，但觀下經「腸、胃、膚，皆橫諸俎」，不言倫膚，知倫非膚名，〈聘禮〉、〈特牲·記〉及〈少牢〉他處亦皆但云膚，自以〈少牢〉注為正。（卷九，頁2～3）

胡培翬《儀禮正義》：此言腸胃與膚載俎之法也。橫設於俎，而有餘則垂之於兩邊也。（卷十九，頁1204）

憲仁案：此經文之意為由牛羊取其腸胃各七，即二十八件，又取豕之膚七件，皆橫諸俎上，若有長過俎者，則可垂之。

● 經文 04-08：大夫既匕，匕奠于鼎，逆退，復位。（卷二十五，頁8）

鄭《注》：事畢，宜由便也。士匕載者，又待設俎。（卷二十五，頁8）

賈《疏》：「士匕載者，又待設俎」者，以上文云「士舉鼎」，又云「左人待載」，下文云「士設俎于豆南」，是載者又待設俎可知也。（卷二十五，頁8）

吳廷華《儀禮章句》：（逆退）東者先退。（復位）東夾南。（卷二百七十九，頁2）

《欽定儀禮義疏》：案匕，鼎西上，則最西之鼎大夫長所匕也，其進也大夫長在前，比其畢也，匕膚鼎者先退，是謂逆退。（卷十九，頁37）

憲仁案：此經文之意為匕載事畢，其退回原位則由便也，匕倫膚者先退，和當初來的次序是相反的。

五、設正饌

● 經文 05-01：公降盥。賓降，公辭。（卷二十五，頁8）

鄭《注》：將設醬。辭其從己。（卷二十五，頁8）

敖繼公《儀禮集說》：公辭，賓亦對而反位于階西，於是小臣各執槃匜簞巾以就公盥。（卷九，頁 10）

憲仁案：此段經文之意為公將為賓設醬，先由東階降堂以盥，賓降以從公，公辭，往東堂下槃匜處盥，小臣侍公。

● 經文 05-02：卒盥，公壹揖、壹讓，公升，賓升。（卷二十五，頁 9）

鄭《注》：揖讓皆壹，殺於初。古文壹皆作一。（卷二十五，頁 9）

《欽定儀禮義疏》：案凡降盥而升皆一揖，以距階近，無三揖之位也。始至於階三讓，至此惟一讓，則殺於初矣。亦公升二等而後賓升。（卷十九，頁 38）

憲仁案：由「古文壹皆作一」，知鄭《注》採今文。又《欽定儀禮義疏》以「距階近，無三揖之位」為說，非也，壹揖及壹讓皆殺於初，因初時已三揖及三讓。

● 經文 05-03：宰夫自東房授醢醬，公設之。賓辭，北面坐遷而東遷所。（卷二十五，頁 9）

鄭《注》：授，授公也。醢醬，以醢和醬。（公設之）以其為饌本。東遷所，奠之東側，其故處。（卷二十五，頁 9）

賈《疏》：按〈記〉云：蒲筵常長丈六尺，於堂上戶牖之間，南面，設之。乃設正饌於中席已東，自中席已西，設庶羞也。云「醢醬，以醢和醬」者，按歸饔餼，醯醢別，知此醢醬不別，而以醢和醬者，此經所陳物，異者皆別器，此醢醬下但言醬，不別言醢，明以醢和醬可知。祭祀無此法，以生人尚褻味，故有之。云「東遷所」者，謂以西為上，君設當席中，故東遷之，辟君設處側近也，近其故處。（卷二十五，頁 9）

李如圭《儀禮集釋》：賓遷之，不敢當君設處，且若親授然。側猶近也。（卷十五，頁 12）

敖繼公《儀禮集說》：（宰夫自東房授醢醬）此亦並授也，下放此。（公設之）示親饌。（賓辭，北面坐遷而東遷所）辭時蓋東面於公之西。辭者，辭公親設也。東遷所，東遷於其所也。所者，謂醬之正位也。公設之處於其正位為少西，必少西者，為賓當遷之故也。遷

之者，示其不敢當公親設之意，且以爲禮也，下皆放此。（卷九，頁 10）

張爾岐《儀禮鄭註句讀》：所，處也。君設當席中，賓稍東遷之，不敢當君設，故辟其故處。（卷九，頁 4）

方苞《儀禮析疑》：正聘禮賓公授几，賓不降而拜於西階上，所以自別於本國之臣也，此公親設醢醬，賓辭而不拜，至揖食然後降拜，升成拜，所以自比於本國之臣也。相接之初自別以示禮之異，正禮既辨，自比以示敬之同，皆義之宜也。或謂公拜送几，故賓答拜，設醢醬涪梁，公不拜，故賓亦不拜，近似而非也。使非自別於本國之臣，則公授几時，亦宜降拜，俟主君辭而升成拜，無爲兩拜於堂上，使非自比於本國之臣，則公親設醬，亦可以拜於堂上，俟公揖食，然後降拜，升成拜，隨時以變而稱事之宜，所以盡在物之理也。（卷九，頁 8）

褚寅亮《儀禮管見》：夫正饌醬最在西，其西惟設涪耳，惟設正饌於席前之東，則醬於饌爲最西，於席中爲稍東，而恰留席西地以陳加饌，若如敖說，正饌設在席中，則醬太偏西而公初設處更在西矣，又恐席前之西難容加饌矣，而席東餘地反太寬，揆其位置，必不應爾。（卷中之三，頁 3）

盛世佐《儀禮集編》：遷而東者，謂遷醬於公所設之東也。所，公設之處也；遷所者，又言遷醬之法，但易其故處而已，恐其太東則失醬之正位也，舊說皆以「而東遷所」爲句，非。（卷十九，頁 23）

劉沅《儀禮恆解》：宰夫授公醢醬，公親設之。醢醬，以醢和醬也。東遷所，東遷于其所也，亦宰夫遷之，公臨即爲親設，公立于序內以俟宰夫等執事，賓端凝立于階西。（卷九，頁 3）

憲仁案：各家皆以遷醬者為賓，劉沅以遷醬者為宰夫，由經文行文判斷，應是賓遷醢醬，公與賓皆升，宰夫由東房奉醢醬出，授與公，此時公當於阼階上主人之位，並授後，賓辭公親設，公則至席前設醢醬，賓亦前至席前，坐而東遷所。下文之「賓立于階西，疑立」，乃「公立于內，西鄉」同時之文，公親設醢醬後，立于序內，賓坐遷之後，立于階西，劉氏以遷醬者為宰夫，非是。

●經文 05-04：公立于序內，西鄉。賓立于階西，疑立。（卷二十五，頁 9）

鄭《注》：不立阼階上，示親饌。（賓立于階西）不立階上，以主君離阼
　　　　也。疑，正立也，自定之貌。今文曰西階。（卷二十五，頁 9）

賈《疏》：云「不立阼階上，示親饌」者，以其君之行事皆在阼階上，今
　　　　近阼北者，以其設饌在戶西近北，今君亦近北，是亦親監饌故
　　　　也。（卷二十五，頁 9）

敖繼公《儀禮集說》：序內西鄉，主位也；階西，西階上之西也。公與賓
　　　　各俟於此，與鄉飲酒之主人立于階東之意同，公不立于阼階東者，
　　　　公尊也。（卷九，頁 10）

郝敬《儀禮節解》：公既設醴醬，退立東序內，阼階上少東也。不當阼，
　　　　示親饌，饌東出也。賓立西階上少西，亦序內東向，疑立，不敢
　　　　正對君也。（卷九，頁 6）

《欽定儀禮義疏》：「存疑」鄭氏康成曰「不立阼階上，示親饌。賓不立階
　　　　上，以主君離阼也」。案阼階東者，主人正位，今公立于序內，故
　　　　《注》以爲示親饌，然據下侑幣時，饌已設訖而公之所立不異，
　　　　則知此位乃以公尊而變於常禮耳。至賓之正位本在西階之西，諸
　　　　禮皆無賓立于西階上者，亦非以主君離阼而後然也。（卷十九，頁
　　　　39～40）

褚寅亮《儀禮管見》：依《注》示親饌之義爲長，公既立於此後，即因其
　　　　故位而立，至賓之位則本在西階西，不因公立序內之故，此則敖
　　　　義爲長。（卷中之三，頁 4）

孔廣林《儀禮肊測》：（賓立于階西）鄭康成云「今文曰西階」，廣林謂西
　　　　階固非古文，作階西亦誤。凡賓主敵，主人立阼階上，賓立西階
　　　　上，〈燕禮〉賓卑不敢立西階上，而立于西序，此階疑序之譌。序
　　　　西更在西序之西，猶公之立于序內也，然者公立序內，示親饌，
　　　　賓謙不敢當，退違其正位，若辟之然。（卷九，頁 3）

　　憲仁案：此段經文詮釋之歧異有二端，一爲公立于序內是爲示親饌或因
公尊故立於此，此爲鄭敖之異也，《欽定儀禮義疏》支持敖說，故舉其理由爲
「據下侑幣時，饌已設訖而公之所立不異，則知此位乃以公尊而變於常禮
耳」，其實侑幣公受幣于序端，與此序內不同，故敖說非，當從鄭說。

●經文 05-05：宰夫自東房薦豆六，設于醬東，西上。韭菹以東醓醢、
昌本，昌本南麋臡，以西菁菹、鹿臡。（卷二十五，頁9）

鄭《注》：醓醢，醢有醓。昌本，昌蒲本，菹也。醢有骨謂之臡。菁，蔓
菁，菹也。今文臡皆作麋。（卷二十五，頁9）

賈《疏》：云「醓醢，醢有醓」者，按《周禮‧醢人》云：「朝事之豆，
韭菹、醓醢。」已下依此爲次，彼《注》云：「醓，肉汁也。」
則此醓醢是肉之汁。昌本者，彼《注》云：「昌蒲根。」又按
彼《注》齏菹之稱，菜肉通。又云「細切爲齏，全物若䐑爲
菹」。又按彼經爲菹者，經言菹，不言齏菹者，即是齏也。彼
言昌本，亦即齏也。此注云菹者，齏菹，麤細爲異，通而言
之，齏亦得爲菹，故云菹也。云「醢有骨者謂爲臡」，案《爾
雅‧釋器》云：「肉爲之醢，有骨者謂之臡。」又鄭司農云：
「有骨爲臡，無骨爲醢」也。云「菁，蔓菁，菹也」者，即
今之蔓菁也。（卷二十五，頁9）

敖繼公《儀禮集說》：六豆爲二列，內列自西而東，外列自東而西，惟云
西上者，明外列統於內列也。食禮用朝事之豆者，君尊故其用之，
自上者始也，若朝事、饋食之禮兩有，則其籩豆乃各有所屬云。（卷
九，頁11）

郝敬《儀禮節解》：醬東，醬與醢同處席北，而六豆當醬之東，南別爲二
列西上者，起西北，終西南。西韭菹，韭菹東醓醢，醓醢東昌本，
昌本屈而南麋臡，麋臡西菁菹，菁菹西鹿臡，鹿臡北接韭菹也。（卷
九，頁6）

《欽定儀禮義疏》：前於醬已言自東房矣，此復言之者，以醬爲饌本而豆
則繼饌，故須兩明之也，至下之粱稻與醬同列，可以醬例之，其
簋及鉶與豆均饌，可以豆例之，故不更明其所自也。又案〈醢人〉
朝事、饋食加羞皆八豆者，天子之禮也，以〈聘禮〉致饔及此篇
食上大夫之禮效之，則諸侯所用豆數亦同，豆數同則〈籩人〉之
籩數亦同矣，此所食者下大夫，故減其二也。（卷十九，頁41）

憲仁案：此六豆之排列，經文言之甚明，近席一列西至東爲「韭菹、醓
醢、昌本」，第二列西至東爲「鹿臡、菁菹、麋臡」，綷之也。

●經文 05-06：士設俎于豆南，西上，牛、羊、豕、魚在牛南〔註130〕，
臘、腸胃亞之。膚以為特。（卷二十五，頁8～9）

　　鄭《注》：亞，次也。不言〔註131〕綪錯，俎尊。（膚以爲特）直豕與腸胃
　　　　　　　東也。特膚者，出下牲，賤。（卷二十五，頁8～9）

　　賈《疏》：云「不言綪錯，俎尊」者，上設豆綪陳之，下設黍稷錯陳之，
　　　　　　　此設俎不綪不錯者，但〔註132〕尊故也。云「出下牲賤」者，
　　　　　　　以豕在牛、羊之下，賤。膚，豕之所出，故云「出下牲賤」，
　　　　　　　特之於俎東也。（卷二十五，頁8～9）

　　李如圭《儀禮集釋》：設豆綪、設黍稷錯、俎尊，具其文。（卷十五，頁
　　　　　　　13）

　　敖繼公《儀禮集說》：當豆南者，牛俎也，羊俎之半也。亞，次也。設俎
　　　　　　　之法，每者必當兩豆，欲其整也，特在豕東。（卷九，頁11）

　　郝敬《儀禮節解》：俎七設于六豆南，南北二列，始西北牛俎，牛俎東羊
　　　　　　　俎，羊俎東豕俎，北一列也。又西南魚俎，當牛俎之南，魚俎東
　　　　　　　乾臘，乾臘東腸胃，北與豕對，此南一列也。二三并六，惟膚俎
　　　　　　　接腸胃，東獨設，無并曰特。（卷九，頁6）

　　褚寅亮《儀禮管見》：經不云「牛其東羊、豕，膚以爲特，魚在牛南，臘、
　　　　　　　腸胃亞之」，而立文如此，則膚在腸胃東而不在豕東可知，腸胃出
　　　　　　　於上牲，膚出於下牲，未有反特於上列者。（卷中之三，頁4）

　　盛世佐《儀禮集編》：膚以爲特，《註》云直豕與腸胃東、敖云在豕東、
　　　　　　　郝云接腸胃東之。三說當以敖說爲正，以〈士昏禮〉臘特於俎北，
　　　　　　　推之可見。（卷十九，頁25）

　　憲仁案：膚俎特各家說法分歧，鄭說以爲居豕俎與腸胃俎東，敖說以爲
　　移前一列置於豕俎東，郝說以爲逕置於腸胃俎東，褚寅亮從郝說，盛世佐從
　　敖說。盛氏提出以〈士昏禮〉夫婦對席之設法爲參考，然細審之，與盛氏之
　　從敖說，反而扞格，從鄭說正可相應，〈士昏禮〉「贊者設醬于席前，菹、醢
　　在其北，俎入，設于豆東，魚次，臘特于俎北，贊設黍于醬東，稷在其東，

〔註130〕原作「西」，據胡培翬《儀禮正義》改（卷十九，頁1209）。
〔註131〕阮元校勘云：「《釋文》無『言』字」（《儀禮注疏》，卷二十五，校勘記頁4（總
　　　　309））。
〔註132〕阮元校勘云：「毛本作『俎』」（同上註），較通順。

設湆于醬南。設對醬于東，菹、醢在其南，北上，設黍于腊北，其西稷，設湆于醬北。」（卷五，頁 5～6）此處陳述夫之菹醢當省「南上」二字，夫婦對席而各有醬、菹、醢、黍、稷、湆，而共同者為豕、魚、腊三俎，此三俎之陳設經文既云豕俎在西（近夫），魚俎在東（近妻），而剩下之腊俎只能特列在北，若在魚俎之北，則豕俎之北無物，必有隙間，若在豕俎之北，則魚俎之北又有隙間，故推腊俎置於豕俎與魚俎之北，況且俎之長度遠多於豆、籩，空一俎之隙間，全饌則視之有缺，古人必不然也，更以之推〈公食大夫禮〉之正饌，膚俎以為特，則在二列之東特列，鄭說為是。

●經文 05-07：旅人取匕，甸人舉鼎，順出，奠于其所。（卷二十五，頁 10）

　鄭《注》：以其空也。其所，謂當門。（卷二十五，頁 10）

　賈《疏》：前旅人以匕入，加於鼎，退出。今還使之取匕前，士舉鼎入，今不使士舉鼎出者，以其士載訖，遂設俎於賓前，事未畢，故甸人舉鼎而出也。（卷二十五，頁 10）

　方苞《儀禮析疑》：此文宜繼大夫既匕而退之後，而別舉於此，何也？非一時之事也。蓋公當降盥，賓從降，揖讓而升，使取匕舉鼎者閒廁，則瀆慢而不恭，即俎未陳設而使取俎者與出鼎交錯，亦亂雜而無紀，故必待公立於序內，賓立於階西，豆俎既陳而後終階下之事。

　《欽定儀禮義疏》：案順出者，對上次入而言，謂順其入之次也。「存疑」賈氏公彥曰：前士舉鼎入，今不使士者，士設俎未畢，故甸人舉鼎以出也。案：舉時牲在鼎，故使士；徹則空鼎耳，故使甸人，古人之徹必待事畢，若設俎未畢，無徹鼎之理，蓋士既設俎，則復其門東之位，於是甸人乃入舉鼎以出也，甸人不與門內之禮事，故屆時而入，出則不反耳。（卷十九，頁 42～43）

　憲仁案：《欽定儀禮義疏》詮釋「古人之徹必待事畢」是也，賈以事未畢為說，不確。

●經文 05-08：宰夫設黍、稷六籩于俎西，二以並，東北上。黍當牛俎，其西稷，錯以終，南陳。（卷二十五，頁 10）

鄭《注》：並，併也。今文曰併。古文簋皆作軌。（卷二十五，頁 10）

敖繼公《儀禮集說》：東北上惟指黍當牛俎者言也，錯以終者，稷南黍、黍東稷、稷南黍、黍西稷也。上列之黍當牛俎，則次列之稷當魚俎，而後列南於魚俎之西也，一簋當一俎，則其位之疏數可知矣。（卷九，頁 11）

郝敬《儀禮節解》：黍稷，炊黍稷為飯，盛以六簋。陳俎西，食主穀，西為上也。二以并，兩兩相對為二列，東北上，黍當牛俎之西，黍西稷，稷西又黍，交錯以終，此北三簋終一列也。南陳者，東南稷，稷西黍，黍西又稷，此南三簋，又終一列也。（卷九，頁 7）

吳廷華《儀禮章句》：（黍當牛俎）牛俎之西。（錯以終，南陳）稷南黍，黍東稷，稷南黍，黍西稷，蓋交錯而南，與〈聘禮〉東上者別。（卷九，頁 4）

王士讓《儀禮紃解》：簋如豆數。葢上列之黍當牛俎，而次列之稷當魚俎也。（卷二百七十九，頁 3）

《欽定儀禮義疏》：案食上大夫八簋，此下大夫，故六。〈聘禮〉歸饔于賓，堂上八簋，歸饔于上介，堂上六簋，與此同也。豆與俎西上而簋與鉶東上者，既先設豆俎，即依豆俎以為節也，簋不徒曰東上而曰東北上，又曰南陳者，見其東西雖與豆俎異上，而自北而南則與豆俎同也。（卷十九，頁 43～44）

褚寅亮《儀禮管見》：經云「二以並」，又云「南陳」，然則每二簋自北而南屈曲作三列矣。（卷中之三，頁 4）

胡培翬《儀禮正義》：二以並，謂一黍一稷，東西並列也。錯以終南陳，謂交錯陳之，自北而南，為三列也。若以三簋為一列，南北二列，則與二以並之文不合，且是西陳，非南陳矣。（卷十九，頁 1211）

鄭珍《儀禮私箋》：上文「宰夫設黍稷六簋於俎西，二以並，東北上，黍當牛俎，其西稷，錯以終，南陳」其陳設六簋之詳，鄭無注，賈氏因不及孔氏，〈曲禮〉凡進食之禮節，《正義》其序次〈公食大夫〉陳設云「黍稷六簋設於俎西，黍簋當牛俎西，其西稷，稷西黍，黍南稷，稷東黍，黍東稷，屈為兩行」以合，賈氏此《疏》云「簋蓋兩兩相重，各當其簋西為兩處」，知賈孔諸儒其說是一，並以為東西兩行，南北三行，敖氏、吳氏並謂錯以終南陳，為稷

南黍，黍東稷，稷南黍，黍西稷，則是南北兩行，東西三行，於
經文二以並句似合，終不若古說爲當。蓋「二以並，東北上」，承
「設六簋于俎西」，下則是謂六簋東西二行相列，而其上則以東北
也，接云「黍當牛俎，其西稷，錯以終」，明第一行稷之西復錯以
黍，此行始終，接云「南陳」，則稷與黍稷南陳而東，其視上行錯
以終爲一行自見，如此成東西兩行，仰簋蓋爲兩行處，是三蓋相
重爲一處也。（卷三，頁 1～2）

黃以周《禮書通故》：《公食禮》「薦豆六，西上，韭菹以東醓醢、昌本，
昌本南麋臡，以西菁菹、鹿臡」，是東西三列也，設俎亦同。其「設
六簋于俎西，二以並，東北上，黍當牛俎，其西稷，錯以終，南
陳」，謂交錯陳之，東西二列，故曰二以並。自北而南則三列也。
若以三簋爲一列，與二以並之文不和，且自西陳非南陳矣。（卷二
十二，頁 991）

〈公食禮〉六豆、六俎、四鉶之次，孔《疏》所言是。六簋之次，
黍當牛俎，其西稷，稷南黍，黍東稷，稷南黍，黍西稷，孔《疏》
所言非。（同上，頁 992）

憲仁案：陳設之法，各家意見凡二說，一爲東西二行南北三列，一爲東
西三行南北二列。各家陳設正饌之圖後詳。經文云「二以並，東北上。黍當
牛俎，其西稷，錯以終，南陳。」則是二以並者南陳，是由北向南，皆二以
並也，若爲東西三行南北二列，則宜是「三以並，南陳」或「二以並，西陳」。
本文認爲東西二行南北三列之說較合於經文之陳述。

●經文 05-09：大羹湆不和，實于鐙。宰右執鐙，左執蓋，由門入，
升自阼階，盡階，不升堂，授公，以蓋降，出，入反位。公設之于
醬西，賓辭，坐遷之。（卷二十五，頁 10）

鄭《注》：大羹湆，煮肉汁也。大古之羹不和，無鹽菜。瓦豆謂之鐙。宰
謂大宰，宰夫之長也。有蓋者，饌自外入，爲風塵。今文湆爲
汁。又曰入門自阼階，無升。（坐遷之）亦東遷所。（卷二十五，
頁 10）

賈《疏》：云「以蓋降，出，入反位」者，宰位在東夾北，西面南上，今
以蓋降出，送於門外，乃更入門，反於東夾北位也。云「大羹

涪，煮肉汁也。大古之羹」者，謂是大古五帝之羹。云「不和，
無鹽菜」也，大古質，故不和以鹽菜，對鉶羹調之以鹽菜者也。
云「瓦豆謂之鐙」，《詩》云「于豆于登」，毛亦云：「木曰豆，
瓦曰登。」云「宰謂大宰，宰夫之長」者，以單言宰，諸侯三
卿無大宰，以司徒兼大宰，大宰之下有宰夫，故云宰夫之長也。
（卷二十五，頁 10）

李如圭《儀禮集釋》：涪升自阼階者，公親設之故也。（卷十五，頁 14）

敖繼公《儀禮集說》：凡涪皆不和，經特於此見之。自門入者，涪在爨也，
〈士昏禮〉曰「大羹涪在爨」、〈記〉曰「亨于門外東方」足以明
之矣。入反位，自東壁而適東夾北也。設涪于醬西，是醬涪東上
也，凡醬涪之位變於正豆。（卷九，頁 12）

郝敬《儀禮節解》：右手執鐙，左手執蓋，合蓋執之。既升授，後啓也。
坐遷，跪而遷于其所也。大羹之所，即醬西，公設未定，賓安置，
不敢勞公也。（卷九，頁 7）

吳廷華《儀禮章句》：此似分登與蓋為左右者，但蓋以辟塵，既不入設，
徒執何為？此蓋當在登上，以左手按之，欲其固爾。（卷二百七十
九，頁 3）

《欽定儀禮義疏》：此下之鉶與前之豆俎及簋，所謂正饌也，不連設之者，
以大羹與鉶羹皆羹也，而大羹為貴，故將設鉶羹，必先設大羹也。
右執鐙左執蓋，明其執法也，言由門入，則是宰親取鐙於門外矣。
盡階不升堂，下經騰羞者之儀，若是，此宰亦然者，以其授公也。
設于醬西，蓋亦當席中設之，席中於醬亦為西，賓之遷之，則視
公所設處為稍東也。公既設，則復其序內之位，賓既遷，亦復其
階西之位，不言者，以前設醬後設梁，其文已明，前後相例，則
此可知也。（卷十九，頁 45～46）

張惠言《讀儀禮記》：「公設涪于醬西，賓辭，坐遷之」，《疏》云東遷所，
移之故醬處。案：故醬處是席中，公設當其處，賓遷東所雖西于
醬，尚在中東也。（卷下，頁 12）

憲仁案：鐙亦為豆下跗之名，此釋為瓦器，以涪不和，味質，瓦器亦質
也。設涪之法各家之言已詳。

●經文 05-10：宰夫設鉶四于豆西，東上，牛以西羊，羊南豕，豕以東牛。（卷二十五，頁10）

鄭《注》：鉶，菜和羹之器。（卷二十五，頁10）

賈《疏》：云「鉶，菜和羹之器」者，下〈記〉云「牛藿，羊苦，豕薇」，是菜和羹，以鉶盛此羹，故云之器也。據羹在鉶言之，謂之鉶羹；據器言之，謂之鉶鼎；正鼎之後設之，謂之陪鼎；據入庶羞言之，謂之羞鼎；其實一也。（卷二十五，頁10）

李如圭《儀禮集釋》：以鼎煮牲，取其骨體置之俎，其汁謂之大羹，芼之以菜，調以醯酸，盛之于鉶，謂之鉶羹。（卷十五，頁14）

郝敬《儀禮節解》：凡四：牛二，羊、豕各一。設當六豆西、六簋北也。東上接豆，爲兩列，自東而西，東北牛，牛〔註133〕西羊，羊南豕，豕南〔註134〕東又牛，二牛對也。（卷九，頁7）

《欽定儀禮義疏》：案四鉶者，亦殺於上大夫二，而與歸饔之上介禮同也。設鉶之法又與設簋異者，簋惟二物，則可錯，鉶三物，不可錯，若六鉶，則絴之，此四鉶，故但以牛始，以牛終，然以牛羊豕順數而益一牛，則亦絴意也。

「存疑」賈氏公彥曰「據羹在鉶言之，謂之鉶羹，據器言之，謂之鉶鼎；正鼎之後設之，謂之陪鼎；據入庶羞言之，謂之羞鼎；其實一也」。案歸饔之陪鼎、腳、臐、膮與此庶羞之腳、臐、膮，一也，其在鼎則爲陪鼎，在豆則爲庶羞，歸饔曰陪鼎，盛大禮也，食禮之庶羞，則不自鼎升矣，鉶羹但羹耳，不可以爲豆實，蓋出於鑊，未必由於鼎也，詎可混而一之？（卷十九，頁46～47）

褚寅亮《儀禮管見》：鉶羹，羹也，不可謂之陪鼎，亦不可謂之羞鼎，《疏》混。（卷中之三，頁4）

朱駿聲《儀禮經注一隅》：據羹在鉶言之，謂之鉶羹；據器言之，謂之鉶鼎；據正鼎之後設之，謂之陪鼎；據入庶羞言之，謂之羞鼎，其實一也。（卷下，頁11）

憲仁案：周聰俊先生云：「所謂鉶者，本爲羹器，而又以爲羹有菜和者

〔註133〕姚際恒《儀禮通論》引無「牛」字（卷九，頁324），然無牛字則語句不順，當有之爲佳。

〔註134〕姚際恒《儀禮通論》引無「南」字（同上註），無南字語意較佳。

之名，其與羞鼎所盛，雖同為致五味者，但漢儒並不以羞鼎稱之。且禮食鉶設堂上，陪鼎設堂下，所以陪牛羊豕正鼎之後，是其與『陪鼎』亦迥然有別，固不得如《周禮》賈《疏》之牽合為一也。」〔註135〕、「古之羹蓋有兩大類：大羹為一類，鄭司農所謂不致五味者是也；臛與鉶為一類，許叔重所謂五味和羹者是也。但臛之於鉶，大同之中猶有小異。鉶則羹中有菜，臛則羹中無菜，故《儀禮》凡羊鉶、豕鉶，均有鉶柶之設，而臛臐膮三陪鼎則無之。」〔註136〕足正賈《疏》之誤。

● 經文 05-11：飲酒，實于觶，加于豐。宰夫右執觶，左執豐，進設于豆東。（卷二十五，頁 10）

　　鄭《注》：豐，所以承觶者也，如豆而卑。食有酒者，優賓也。設于豆東，不舉也。〈燕禮・記〉曰：「凡奠者於左」。（卷二十五，頁 10）

　　賈《疏》：云「食有酒者，優賓也」者，按下文宰夫執漿飲，賓興受。唯用漿酳口，不用酒。今主人猶設之，是優賓。引《燕禮》者，彼據酒，主人奠於薦左〔註137〕，賓不飲，取奠於薦右〔註138〕，此酒不用，故亦奠於豆東。酒義雖異，不舉是同，故引為證也。按〈燕禮〉無此文，〈鄉飲酒〉、〈鄉射〉〈記〉皆云「凡奠者於左，舉者於右」，不同〔註139〕之而引〈燕禮・記〉者，此必轉寫者誤，鄭本引〈鄉飲酒〉、〈鄉射〉之等也。（卷二十五，頁 11）

　　楊復《儀禮圖》：今案上文飲酒、漿飲俟于東房。《疏》云酒漿皆以酳口，此又云漿以酳口，「不用酒。今主人猶設之，所以優賓」，兩說牴牾不同。又按下文祭飲酒於上豆之閒，魚腊醢湆不祭。夫魚腊醢湆不祭而祭飲酒，則知酒以優賓，但賓不舉爾，豈酳口之物哉。當以優賓之義為正。（卷九，頁 5～6）

〔註135〕周聰俊：〈儀禮用鉶考辨〉，《三禮禮器論叢》（臺北：文史哲出版社，2011 年），頁 3。

〔註136〕同上註，頁 18。

〔註137〕孫詒讓校勘引曹校改「右」（〔清〕孫詒讓：《十三經注疏校記》，下冊，頁 382）。

〔註138〕孫詒讓校勘引曹校改「左」（同上註）。

〔註139〕「同」字，阮元校勘云：「按『同』字疑誤，或是『引』字。」（《儀禮注疏》，卷二十五，校勘記，頁 4（總 309））。

敖繼公《儀禮集說》：具饌之時則然矣，言於此者，爲下文發之。（宰夫右執觶，左執豐，進設于豆東）不授觶者，以未用也，設於豆東者，不主於飲，且後用之故，不欲其妨。（卷九，頁 12）

張爾岐《儀禮鄭註句讀》：「凡奠者於左，舉者於右」〈鄉飲酒〉、〈鄉射〉〈記〉皆有此文，《註》以爲〈燕禮‧記〉，誤也。（卷九，頁 5）

《欽定儀禮義疏》：「存疑」鄭氏康成曰「食有酒者，優賓也。設于豆東，不舉也」、「凡奠者於左」。案此飲酒，非三酒之酒，其設于豆東，蓋與下設于稻西之漿飲爲對，飲酒從正饌于東，漿飲從加饌于西也，似不得以奠而不舉之酒例而論之。敖知具饌時已實觶加豐者，以經云「無尊」故也。（卷十九，頁 47）

褚寅亮《儀禮管見》：設於豆東，遙對漿飲，賓惟飲漿而不飲酒，亦涵不舉者於左之義，故《注》云然。（卷中之三，頁 4）

胡培翬《儀禮正義》：案下文「賓唯飲漿而不飲酒」，然食禮酒與漿並設，所以優賓也。楊氏復因此《注》言優賓，遂謂酒非以酳口，恐讀《注》未審耳。（卷十九，頁 1213）

憲仁案：發凡之例，於〈記〉已有之。張氏《儀禮鄭註句讀》所引經及《注》之「豐」字皆作「豊」。宰夫右執觶，左執豐，亦所以欲其固也，與設涚執鐙同意。褚說設酒優賓，亦涵不舉者於之義，甚巧。至此，可繪「正饌圖」。

正 饌 圖

●**經文 05-12：宰夫東面，坐啟簋會，各卻** 〔註140〕 **于其西。**（卷二十五，頁 11）

　　鄭《注》：會，簋蓋也。亦一一合卻之。各當其簋之西。（卷二十五，頁 11）

　　賈《疏》：云「亦一一合卻之」者，卻者，仰也。簋蓋有六，兩兩皆相重 而仰之，謂之卻合，故云一一卻合之。（卷二十五，頁 11）

　　敖繼公《儀禮集說》：此六簋爲三列，每列之二會則各相重，而卻置於列 之西，故曰各卻于其西。（卷九，頁 13）

　　姚際恒《儀禮通論》：與〈聘禮〉歸賓饔餼一節，處處變換，眞爲妙手， 而辭更古峭。（卷九，頁 323）

　　憲仁案：一一合卻之者，兩相疊也，蓋上有捉手，卻之可置地上，二會 相疊可也。

●**經文 05-13：贊者負東房，南面告具于公。**（卷二十五，頁 11）

　　鄭《注》：負東房，負房戶而立也。南面者，欲得鄉公與賓也。（卷二十 五，頁 11）

　　賈《疏》：自此盡「醬湆不祭」，論賓所祭饌之事。經直云「負東房」，鄭 知「負房戶而立」者，以公在東序內，賓在戶西，雖告具于公， 且欲使賓聞之，故知於房近西，是以鄭云「得鄉公與賓也」。（卷 二十五，頁 11）

　　敖繼公《儀禮集說》：贊者，所謂上贊也。負東房，負其墉也，〈士喪禮〉 曰「祝負墉，南面」然則此其上贊之正位與？具謂正饌已 具。（卷九，頁 13）

　　《欽定儀禮義疏》：凡立，未有當戶者，恐妨於出入也。雖無出入者，亦 不當戶，此贊者負東房當在房戶外之東，〈士喪禮〉君視大斂，君 升自阼階，祝負墉南面，其位蓋與此同。（卷十九，頁 48～49）

　　韋協夢《儀禮蠡測》：負東房，《註》謂負房戶，敖氏謂負其牖 〔註141〕， 敖說較長。（卷九，頁 3）

〔註140〕此字張爾岐《儀禮鄭註句讀》作「卻」（卷九，頁 5）。
〔註141〕敖繼公《儀禮集說》原文作「牖」。

劉沅《儀禮恆解》：贊者在東房戶外之東，若負之然。（卷九，頁4）

憲仁案：賈《疏》以此句為下一儀節之始，似不如屬此儀節為好。鄭說以贊負東房為負於東房戶，不若敖說負房墉為佳。《欽定儀禮義疏》分析設正饌之步驟，得出「上下設饌之人亦相閒以成禮」，甚有見地，引其文如下：

> 案正饌，醬最先設，次則豆由房出，又次則俎自階升，又次則簋由房出，又次則湆自階升，至鉶則復由房出，其上下設饌之人亦相閒以成禮者如此。（卷十九，頁47）

●記：上贊，下大夫也。（卷二十六，頁7）

●記：贊者盥，從俎升。（卷二十六，頁7）

鄭《注》：俎，其所有事。（卷二十六，頁7）

賈《疏》：直言此者，豆亦從下升。不言從豆升者，贊者不佐祭豆，直佐祭俎，故云「俎，其所有事」。是以上經云：「三特〔註142〕之肺不離，贊者辯取之，壹以授賓。」若然，黍稷亦贊祭，不彼黍稷升者，黍稷設之在後故也。黍稷雖後升，先祭者，以其先食黍稷，後食肉故也。（卷二十六，頁7）

敖繼公《儀禮集說》：贊者之所有事於賓者，簋、俎、庶羞之祭也，而俎先二者而設，故從之以升。（卷九，頁31）

憲仁案：賈、敖二人之說皆可補鄭《注》之未言者。

●記：鉶芼：牛藿、羊苦、豕薇，皆有滑。（卷二十六，頁7）

鄭《注》：藿，豆葉也。苦，苦茶也。滑，堇荁之屬。今文苦為芐。（卷二十六，頁7）

賈《疏》：云「滑，堇荁之屬」者，案〈士虞‧記〉云：「鉶芼，用苦若薇，有滑。夏用葵，冬用荁。」鄭《注》云：「荁，堇類也。乾則滑。夏秋用生葵，冬春用乾荁。」此經云「皆有滑」，不言所用之物，故取〈士虞‧記〉解之。云「之屬」者，其中兼有葵也。（卷二十六，頁7）

郝敬《儀禮節解》：鉶，和羹之鼎，羹有菜曰芼。……滑，味之滑利者，

〔註142〕憲仁案「牲」之誤字。

〈內則〉云「滫瀡以滑之」，猶今人以豆粉和羹之類。（卷九，頁17）

　　憲仁案：此記說明鉶之牛、羊、豕羹各有所配之菜蔬，各鉶亦有薑萱之屬，使味滑利。

六、賓祭正饌

●經文 06-01：公再拜，揖食。賓降拜。公辭。賓升，再拜稽首。（卷二十五，頁 11）

　　鄭《注》：再拜，拜賓饌具。（賓降拜）答公拜。不言成拜，降未拜。（卷二十五，頁 11）

　　敖繼公〈儀禮集說〉：再拜者，欲賓食，禮之也，拜亦當楣北面。（卷九，頁 13）

　　方苞《儀禮析疑》：凡送爵惟拜，而食加以揖，何也？躬親獻酬，則送爵而受者自飲之可矣，食禮公弗與，故拜饌而興，又推手以速賓之食。（卷九，頁 9）

　　吳廷華《儀禮章句》：揖食，揖賓進之，使食也。（公辭）命擯辭。（卷二百七十九，頁 3）

　　《欽定儀禮義疏》：「存疑」鄭氏康成曰……「再拜，拜賓饌具」。案……再拜揖食，經文自明，不必言拜饌具，饌具而拜，祭祀尸未入前有之，〈記〉云贊者從俎升。案此拜與〈燕禮〉為賓舉旅時，賓酢膳觶，及〈聘禮〉致幣時，賓升聽命之拜同法。（卷十九，頁 48～49）

　　韋協夢《儀禮蠡測》：公再拜，《註》謂拜賓饌具，敖氏謂賓欲食禮之，從《註》為優。（卷九，頁 3）

　　憲仁案：前文設饌具，贊者告具於公，此公之再拜，鄭說以為拜賓饌具，而敖說為欲賓食故禮之，鄭說較佳，公之再拜與揖，各有禮意，方苞之「拜饌而興，又推手以速賓之食」甚好。〈曲禮〉曰：「主人親饋，則拜而食。」賓降將拜，公辭之，賓乃升，於阼階上，北面再拜稽首。

●經文 06-02：賓升席，坐取韭菹，以辯擩于醢，上豆之間祭。（卷二十五，頁 11）

鄭《注》：擩猶染也。今文無于。（卷二十五，頁 11）

敖繼公《儀禮集說》：擩猶染也，此所擩者，醢醓而下五豆，惟云醢者，
　　　　省文耳。〈少牢饋食〉用四豆，尸取韭菹，擩于三豆，是其徵也。
　　　　上豆，韭菹、醓醢也。祭於二豆之閒，少北，此節見〈少牢〉下
　　　　篇。（卷九，頁 13）

郝敬《儀禮節解》：以韭菹徧揉于諸醢內，合群味以祭，即奠于韭菹、醓
　　　　醢之北，祭先食也。（卷九，頁 8）

《欽定儀禮義疏》：案醢不可取，故以擩為取，主言韭菹者，以其為上豆
　　　　也。（卷十九，頁 49）

憲仁案：各家之說明矣，賓升席，由席西以升，坐於席上，取第一豆韭
菹，接著徧擩其他五豆，在第一豆韭菹與第二豆醓醢之間祭，以示徧祭諸豆。

● 經文 06-03：**贊者東面坐，取黍，實于左手，辯，又取稷，辯，反**
于右手，興以授賓。賓祭之。（卷二十五，頁 11）

鄭《注》：取授以右手，便也。賓亦興受，坐祭之於豆祭也。獨云贊興，
　　　　優賓也。〈少儀〉曰：「受立，授立不坐」。（卷二十五，頁 11）

賈《疏》：此所授者，皆謂遠賓者，故菹醢及鉶皆不授，以其近賓，取之
　　　　易，故不言。按〈曲禮〉云：「殽之序，辯祭之。」故知雖不
　　　　授，亦祭可知也。經直云「祭」，知「祭之於豆祭」者，按〈少
　　　　牢〉云：「尸取韭菹，辯擩于三豆，祭于豆間。」故知於豆祭
　　　　也。云「獨云贊興，優賓」者，欲見賓坐而不興，是優賓，其
　　　　實俱興也。引〈少儀〉者，欲見贊興，賓亦興之義，以其賓坐，
　　　　贊亦坐故也。（卷二十五，頁 11）

李如圭《儀禮集釋》：簋俎去席遠，故贊者取以授賓。豆祭，謂前祭豆處，
　　　　上豆之間。（卷十五，頁 16）

敖繼公《儀禮集說》：辯謂辯取於三簋，先黍後稷，不欲其雜也。每取黍
　　　　稷皆以右手，而實于左手，既則反于右手也，亦壹以授賓，不言
　　　　壹者，其文已明也。（卷九，頁 14）

郝敬《儀禮節解》：賓自坐取菹醢，近也；贊者取黍稷授，遠也。東面坐，
　　　　簋西地空。實于左手，反于右手，授便也。六簋徧取，合祭也。
　　　　（卷九，頁 8）

姚際恒《儀禮通論》：敘賓祭凡五，一一殊別，章法甚妙。坐取黍以下，
　　　本當云「坐取黍稷辯，實于左手，反于右手」耳。今欲明其先取
　　　黍，後取稷，而以實于左手，反于右手，破爲二處，一在坐取黍
　　　句下，一在又取稷句下，并妙。又「辯」字，一在實于左手之下，
　　　一在又取稷之下，故爲錯換，使四句之文全不排偶。……黍稷言
　　　興以授賓，肺言壹以授賓，互見也。肺言賓興受，黍稷不言，亦
　　　互見也。（卷九，頁 324-325）

方苞《儀禮析疑》：賓祭之，則受可知矣。受不言興，祭不言坐，以其儀
　　　詳具祭肺，故省文。《註》謂「獨云贊興，優賓」，難通。《註》豆
　　　祭，似當作際，傳寫誤也。下《註》又云「每肺興受，祭於豆際」，
　　　則非作際，義不可通矣。（卷九，頁 9～10）

吳廷華《儀禮章句》：（贊者東面坐）在西近簋。（取黍，實于左手）實者，
　　　右手各取少許，置之左手，非滿把也。（辯）黍三簋皆徧也。（反
　　　于右手）反實于右，便于授也。曰反者，以本自右手來也。（興以
　　　授賓）相祭也，遠故授之，授坐不立，此興者，重穀也。（賓祭之）
　　　亦興受，坐祭于豆間。（卷二百七十九，頁 3～4）

褚寅亮《儀禮管見》：東面，簋西也，即下經開容人之處。先黍後稷，六
　　　簋辨取，兼授而兼祭。（卷中之三，頁 5）

胡培翬《儀禮正義》：褚氏云：先黍後稷，六簋徧取兼授而兼祭。敖氏謂
　　　此亦壹以授賓，非。……李氏云：「豆祭，謂前祭豆處，上豆之閒。」
　　　今案：〈少牢禮〉、〈有司徹〉多有「豆祭」之文。方氏苞謂祭當作
　　　際，非。（卷十九，頁 1215）

憲仁案：各家之說明及辯論可留意者有四。其一，以右手取黍簋之實若
干，實于左手，再取下一黍簋至徧，（黍三簋皆徧取後）接者同樣的方式徧取
稷三簋，六次取之黍與稷本實于左手，乃反至右手，以便授與賓。其二，贊
立授，則賓亦立受，經文未載賓興授，乃省文之故。其三，賓接過黍稷乃於
上豆之間祭之，一次祭。敖說以為「壹以授賓」其解為一次並授，授黍稷之
法與鄭、褚說同，但鄭、褚之「壹以授賓」之理解與敖又不同，故褚氏以敖
說非是，其實皆以黍稷為一次授，一次祭，意同也。其四，祭處為豆間，故
云豆祭，是禮書專詞，指上豆之間祭，不必將祭改為際。

●經文 06-04：三牲之肺不離，贊者辯取之，壹以授賓。賓興受，坐祭。（卷二十五，頁 11）

　　鄭《注》：肺不離者，刌之也。不言刌，刌則祭肺也。此舉肺不離而刌之，便賓祭也。祭離肺者，絕肺祭也。壹猶稍也。古文壹作一。於是云「賓興受，坐祭」，重牲也。賓亦每肺興受〔註143〕，祭於豆祭。（卷二十五，頁 11）

　　賈《疏》：云「肺不離者，刌之也」者，按〈少儀〉云：「牛羊之肺，離而不提心。」鄭云：「提猶絕也。刌（離）之不絕中央少者。」此即為食而舉肺也。〈少牢〉云「舉肺一，長終肺；祭肺三，皆切之」，是祭肺切，舉肺不切。云「不言刌，刌則祭肺也」者，是興〔註144〕祭肺同，其實舉肺。云「祭離肺者，絕肺祭也」者，此鄭解舉肺將祭之時，絕末而祭之，與祭肺異也。凡舉肺有二名：一名離肺，亦名舉肺；祭肺亦名刌肺也。（卷二十五，頁 11～12）

　　李如圭《儀禮集釋》：離，割也；刌，切也。刌肺切之，離肺離割之，不絕其中央，少許。刌肺直取以祭，亦謂之祭肺；離肺則絕之以祭，亦謂之舉肺。刌肺惟祭祀乃有之。（卷十五，頁 16）

　　敖繼公《儀禮集說》：云不離者，見其為切肺，且明無舉肺也。食而舉肺脊者，其肺則離之。云壹者，見其不再也，必著之者，嫌每肺當別授之也。上言興授，此言興受，文互見耳。（卷九，頁 14）

　　郝敬《儀禮節解》：周人祭肺，用所勝也。凡祭祀之肺，切而不斷曰離，食肺刌斷不離，食便也。三肺徧取，合併壹授，不再授也。黍稷言祭，肺言興受坐祭，互見也。（卷九，頁 8）

　　張爾岐《儀禮鄭註句讀》：離而不殊，留中央少許相連，謂之離肺。刌則切斷之，故云不離。祭離肺者，必用手絕斷其連處，刌肺則否。故《註》云「便賓祭也」。壹，《說文》訓專壹，《廣韻》訓合。當是總合授賓使之祭，如上文祭黍稷之例。《註》云「猶稍也」下文

────────────────

〔註143〕鄭云「亦每肺興受」，是指三肺各別自授，贊先授賓一肺，賓興受，坐祭之；贊再授賓第二肺，賓興受，再坐祭之；贊又授賓第三肺，賓興受，又坐祭之。是三授三祭。且云「亦」，則是指「前已有之，此亦然也」，應指贊者每興授，而賓亦興受。

〔註144〕賈《疏》之「興祭肺同」疑當是「與祭肺同」之意。

《註》云「每肺興受」，恐與經未合，食禮本殺，節文不宜如是其
繁。（卷九，頁5～6）

吳廷華《儀禮章句》：（壹以授賓）一一以次授之。（卷二百七十九，頁4）

王士讓《儀禮紃解》：飲射燕諸禮，凡賓升筵，皆先祭脯醢，次即祭肺，
終乃祭酒。此食禮異，祭豆先，簋次之，乃祭肺。（卷九，頁13）

《欽定儀禮義疏》：案祭肺、舉肺並見〈士昏禮〉，祭離肺之儀見〈鄉飲酒
禮〉，舉肺與離肺一也，〈少儀〉云「牛羊之肺離而不提心」謂離
肺也，此云三牲之肺不離，則非離肺，是祭肺也。食禮應用舉肺，
以其食時不舉，祭訖不嚌，故不以離肺而以刌肺，刌肺即祭肺也，
然食禮又不得以祭肺名之，故曰三牲之肺不離，所以見其宜用離
肺，而不用也，不離謂已刌之不必離也，蓋以贊者壹授賓壹祭，
三肺並在手，則難於絕之以祭矣，故《注》云此舉肺不離而刌之，
便賓祭也。祭之而不嚌者，以非飲酒禮也，下經贊者取庶羞曰北
面坐，此取肺亦宜北面，不言者，文不具，凡賓受皆興，祭皆坐，
經特於此見之耳。（卷十九，頁51～52）

褚寅亮《儀禮管見》：本宜用離肺，因便賓祭，故不用離肺，用刌肺，然
不可竟稱為刌肺，故變其文曰「不離」，見宜離而不離，以優賓也。
於辨取下而復加壹字，異於授黍稷者，見逐一授之也，賓亦三次
祭，故不云兼一祭之。（卷中之三，頁5）

**憲仁案：此兼一祭之，乃下文祭庶羞時用字，褚寅亮此處應是指三牲之
肺賓祭三次，庶羞時兼一祭之，有所不同。**

韋協夢《儀禮蠡測》：壹以授賓謂壹壹以授賓也，壹壹授之者，三牲之肺
不可并也，《註》說固未安，敖說亦未確。（卷九，頁3）

孔廣林《儀禮肊測》：經云壹以授賓，與〈少牢〉兼以授尸同，非一一授
之，賓亦兼祭于豆祭，非一一祭之，注云「每肺興受」，則失之矣。
（卷九，頁3）

**憲仁案：此段經文有兩處宜明，一處為「三牲之肺不離」各家之說大抵
同鄭《注》。凡肺有「祭肺」者，切而斷之，稱為「切肺」，亦稱為「刌肺」，
祭肺則祭而不嚌；有「舉肺」者，切而不斷，留中央少許相連，亦稱「離肺」，
離即為不斷，所謂「不絕中央，少許」者也，舉肺亦祭，舉肺祭後嚌之，故
又云「嚌肺」。可以下表明之：**

《儀禮》用名	別　　稱
祭肺	刌肺、切肺
舉肺	離肺、嚌肺

那麼何以〈公食大夫禮〉之肺云「不離」呢，依鄭《注》之說，公食大夫禮用的是切斷的肺，切斷的肺應稱作「祭肺」，也就是說公食大夫禮用了不一樣的舉肺。一般舉肺為切而不斷，此禮之舉肺乃是切而斷之，其切法如祭肺而非祭肺，用舉肺卻又不同一般舉肺，故不逕以舉肺稱之，而稱「不離」。如此，則公食大夫之禮用了一種別於他禮之肺，他禮者或並用祭肺與舉肺，或只用祭肺，或只用舉肺，而公食大夫之禮則用「形如祭肺之舉肺」，此為一特殊者（與魚俎進鰭，皆為別於常例之禮），依鄭玄的解釋，為了方便賓祭，故將舉肺切斷。

凌廷堪《禮經釋例》云：「〈公食大夫禮〉：『三牲之肺不離。』注：『不離者，刌之也。不言刌，刌則祭肺也。此舉肺不離而刌之，便賓祭也。祭離肺者，絕肺祭也。』此即祭肺也，考下文，賓興受坐祭，不云嚌之，則為祭肺可知。注以為舉肺者，非也。……今考亦有鬼神而用舉肺者，〈既夕禮〉大遣奠『鼎實離肺』是也。亦有生人而用祭肺者，〈公食大夫禮〉『三牲之肺不離』是也。」（卷五，頁 277～278）

凌說甚明，〈公食大夫禮〉所用之肺為「祭肺」，事實上賓祭後不嚌，故非「舉肺」，可推知以「本應用舉肺，而處理如祭肺，不稱為祭肺」之理由解釋「三牲之肺不離」應非正解。《儀禮》各篇成書非一人之手，用詞本有不同，此處經文或當云「祭肺」，庶可免後人之紛擾。

另一分歧處為贊者三肺一次授賓，或三次授賓；賓三肺一次祭，或每肺各祭。經云「贊者辯取之」，則贊者三肺徧取也，其手上有三肺，「壹以授賓。賓興受，坐祭。」則有四種可能，或為贊者取一肺獨自授賓，賓祭後，再受另一肺，再祭，以此至三肺徧（三授三祭）；或為三肺一次授賓，賓一次祭之（一授一祭）；或為各肺獨自受賓，賓三肺皆受畢，乃一次祭之（三授一祭）；亦有為三肺一次受賓，賓各肺獨自祭之（一授三祭）。這些不同的可能性，擬由祭正饌之細節推之，「坐取韭菹，以辯擩于醢」、「取黍，實于左手，辯，又取稷，辯，反于右手，興以授賓。賓祭之」、「扱上鉶以柶，辯擩之，上鉶之間祭」皆並一次祭之，其有受者則亦一次授之，而鉶中有牛、羊、豕，亦一次祭之，故三牲之肺應一次授賓，賓亦一次祭之。

再者，三牲之肺不論用離肺或祭肺，一一授之，對於賓而言，並無不便也，鄭《注》以為一一授之（每肺興受），又認為肺不離為便賓，這實在看不出其便賓於何（只是方便贊者）！本文認為三肺應是以一次授之，禮之設計，其肺既刌之，故不若離肺之大，刌肺小而可三肺一次授也，至於賓祭，或宜一次祭之，然亦不排除三牲各別祭之的可能，但以經文僅云「坐祭」，未詳明各別祭或一次祭，依他篇坐祭之例，及此篇他物之祭，或可一次祭之，〈少牢饋食禮〉「上佐食取黍稷于四敦，下佐食取牢一切肺于俎，以授上佐食。上佐食兼與黍以授尸，尸受，同祭于豆祭。」鄭《注》云「同，合也。合祭於俎豆之祭也。」（卷四十八，頁 5）乃將黍、稷、肺一起祭於豆間，故合祭於禮是為常例。

● 經文 06-05：挩手，扱上鉶以柶，辯擩之，上鉶之間祭。（卷二十五，頁 12）

鄭《注》：扱以柶，扱其鉶菜也。挩，拭也，拭以巾。（卷二十五，頁 12）

賈《疏》：此云「上鉶之間祭」者，著其異於餘者，餘祭於上豆之間，此鉶別自祭鉶間。云「挩，拭也，拭以巾」者，案〈內則〉「左佩紛帨」，帨即佩巾，而云挩拭，拭手以巾，似帨不名巾者，本名帨者，以拭手爲名，其實名巾，故鄭舉其實稱也。此有四鉶，而云「扱上鉶」，辯擩則唯有一柶，優賓，故用一柶而已。〈少牢〉二鉶祭神，故宜各有柶也。（卷二十五，頁 12）

敖繼公《儀禮集說》：扱上鉶以柶，謂以內列牛鉶之柶扱其鉶也。辯擩之者，遂以柶擩三鉶也，此四鉶皆有柶，其擩之則惟用其上者之柶，與〈少牢饋食禮〉略同。上鉶之閒，謂內列二鉶之閒少北也，祭鉶不於豆祭而於鉶閒者，其大牢之禮異與？（卷九，頁 14）

《欽定儀禮義疏》：案辯擩之者，謂以上鉶之菜擩於餘鉶之汁，所以示辯也，〈特牲〉之二鉶皆豕，故惟曰祭鉶而已，〈少牢〉則羊豕異，故曰祭羊鉶，遂以祭豕鉶，此則又有牛鉶，故辯擩以祭。（卷十九，頁 52）

褚寅亮《儀禮管見》：器無虛設，若每鉶有柶而賓惟用上鉶之柶，餘柶不爲虛設耶？依《疏》「優賓」惟有一柶之說爲長。（卷中之三，頁 5）

胡培翬《儀禮正義》：〈少牢〉有羊豕二柶者，祭神之禮，與此異也。（卷
十九，頁1217）

憲仁案：優賓之說似可再商，神尊則二柶，若優賓而僅一柶，理亦難通。
四鉶當有四柶，細讀賈《疏》，其意乃四鉶各有柶，而用以辯擩者一柶，褚寅
亮說可商。

●經文 06-06：祭飲酒於上豆之間。魚、腊、醬、湆不祭。（卷二十五，
頁12）

鄭《注》：不祭者，非食物之盛者。（卷二十五，頁12）

賈《疏》：此「不祭者」，以在正饌之內。〔註145〕以其有三牲之體，魚、
腊、湆、醬非盛者，故不祭也。若入庶羞，則祭之，故下文云
「士羞庶羞皆有大」，又云「辯取庶羞之大，興一以授賓，賓
受，兼壹祭之」，〈少儀〉云「祭膴」，膴胹爲大魚肉之臠，是
亦祭之。（卷二十五，頁12）

李如圭《儀禮集釋》：魚腊不祭，腸胃膚不祭可知。或曰〈曲禮〉「殽之
序，徧祭之」，殽謂出于牲體者，惟魚腊不祭耳。（卷十五，頁
16）

敖繼公《儀禮集說》：魚腊屬於牲，醬屬於豆，湆屬於鉶，故此雖設之亦
不祭，蓋已祭其大，則略其細也，不言腸胃膚者，在魚腊之下，
不祭可知。（卷九，頁14）

方苞《儀禮析疑》：醬爲食殽之主而不祭，以其爲朝夕恒設之物也。大羹，
公所親設而不祭，以三牢既各有肺祭，又以柶扱鉶，取其肉之羹
者而祭之，則其中已有湆矣，且醬湆與酒醬〔註146〕異，酒醬之質
清潔，酌於地則徐自乾，醬湆滲漉，雖旋掃除，黦色必爲之變矣。
（卷九，頁10）

吳廷華《儀禮章句》：魚腊非盛饌，醬湆〔註147〕非牲，故不祭。（卷二百
七十九，頁4）

〔註145〕原作「以正在饌之內」，語意不通，今依阮元校勘引毛本作「以在正饌之內」
（《儀禮注疏》，卷二十五，校勘記頁5（總310））改之。
〔註146〕憲仁案：當是漿，下同。
〔註147〕此字原從艸從湆，與同篇他處所用不同，今改作湆。

《欽定儀禮義疏》：案飲與酒皆祭，則酒亦以飲漱明矣，〈大司馬〉職「大祭祀、饗食，羞牲魚，授其祭」。《注》云「牲魚，魚牲也」，是魚有祭也，此不祭魚者，侯禮異於王禮，食大夫又異於食諸侯也。醢湆不祭者，醢類於菹醢，湆等於鉶。醢之祭也，以菹擩之；鉶之祭也，以荣擩之。醢湆皆特設，醢無菹，湆亦無荣，無所用以擩者，故不祭也。（卷十九，頁53）

韋協夢《儀禮蠡測》：酒不舉亦祭之者，君既設之則賓不敢不祭也。飲卑于酒而序列每在酒先者，飲以漱口，賓之所用，酒直空設之而已，凡設物皆當用者在前，不用者在後，觀元（玄）酒爲祭祀之尙而設于方壺之後，是亦一徵也。（卷九，頁3～4）

胡培翬《儀禮正義》：敖此說善矣。然正饌之設凡七，而賓祭者五：菹醢一也，黍稷二也，肺三也，鉶四也，飲酒五也。醢與大羹湆皆公親設之，不得謂之細，以醢與菹醢同類，湆與鉶同類，既祭菹與鉶，則醢湆二者可不祭耳。（卷十九，頁1217）

憲仁案：各家之說可商，「大羹湆，禮之所重也」，故公親設之，若以非盛者爲釋，則令人費解，又若以鉶羹「其中有已有湆」爲說，則既爲所重者，何不遽取之以祭，故知其解非是，湆之所以不祭，而鉶羹以祭，蓋在有菜肴，《欽定儀禮義疏》之說是也。至此可繪「賓祭正饌圖」。

賓祭正饌圖一

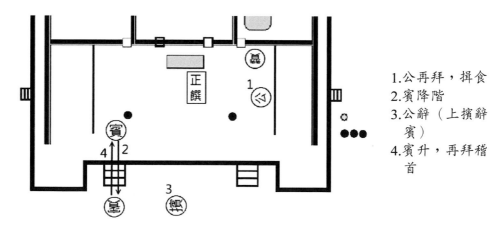

1.公再拜，揖食
2.賓降階
3.公辭（上擯辭賓）
4.賓升，再拜稽首

賓祭正饌圖二

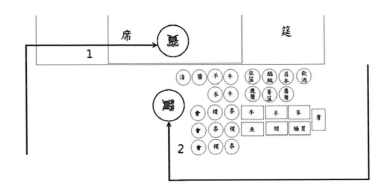

1.賓升席，祭豆
2.贊者至席前，
　東面坐，佐賓
　祭（黍稷、肺）

七、設加饌

●經文 07-01：宰夫授公飯粱，公設之于湆西。賓北面辭，坐遷之。
公與賓皆復初位。（卷二十五，頁 12）

鄭《注》：既告具矣，而又設此，殷勤之加也。遷之，遷而西之，以其
　　　　東上也。（公與賓皆復初位）位，序內、階西。（卷二十五，
　　　　頁 12）

賈《疏》：自此盡「降出」，論設加饌粱與庶羞之事。云「遷之，遷而西
　　　　之，以其東上也」，知粱東上者，下文「宰夫膳稻于粱西」，是
　　　　以粱在東爲上也。按上公設醬時，立于序內，賓立於階西，此
　　　　云「公與賓復初位」，故知公還在序內，賓還在階西也。（卷二
　　　　十五，頁 12）

李如圭《儀禮集釋》：東上，統于正饌。（卷十五，頁 17）

敖繼公《儀禮集說》：粱言飯者，以賓主食之也。北面辭，蓋於公之左而
　　　　少退，上云北面坐遷與此文互見也，遷之亦東遷所。（卷九，頁
　　　　15）

方苞《儀禮析疑》：醯醬，品味之主也；大羹湆，禮所重也；粱，加饌之
　　　　首也，故公皆親設。（卷九，頁 10）

吳廷華《儀禮章句》：上不授黍而此授粱，重加簋之首也。（公設之于湆
　　　　西）湆西少遠。（坐遷之）遷近于湆。（卷二百七十九，頁 4）

褚寅亮《儀禮管見》：設於湆西，蓋亦於中席，遷而西之，則在加饌之部
　　　分，其直南介於膮與牛炙之間，而牛炙遙對東稷簋，其間可容人
　　　往來也。（卷中之三，頁 5）

鄭珍《儀禮私箋》：上文賓升席坐祭正饌畢，不言賓興降筵，席上無從北
　　　面，此云北面辭，知賓降，祭酒於上豆間訖即降筵，其處以下文
　　　「公受宰夫束帛以侑，賓降筵北面」《注》云「北面于西階上」例
　　　之，知公受宰飯粱時，賓即降筵于西階上北面立，至公設飯粱，
　　　賓北面辭，即在此待公設粱畢，乃從此往席前坐遷之。
　　　……是醬與湆皆由西遷之東，此飯粱公初設在湆西，與湆相接，
　　　賓又遷而西之，明粱不與湆相接，使湆之西有空，如此乃得東西
　　　各成一饌，界限畫然，而粱於加饌，在東為上亦分明也。（卷三，
　　　頁 2）

憲仁案：祭正饌畢，祭而後將食，然公又親設加饌，賓乃降筵，復初位，
不敢當公親設，北面辭，公既設，賓乃坐遷之。鄭珍推其細節甚審，其說是
也。加饌東上，與正饌西上相對。李說以加饌東上統於正饌，曰統不如曰相
對，敖說以遷之為東遷所，非也，當西遷之。吳廷華云公設粱于湆西稍遠，
而賓坐遷近于湆，則亦東遷之，非是。

●經文 07-02：宰夫膳稻于粱西。（卷二十五，頁 12）

鄭《注》：膳猶進也。進稻粱者以簠。（卷二十五，頁 12）

敖繼公《儀禮集說》：膳當作設，字之誤也，膳設聲相近，由是誤云。（卷
　　　九，頁 15）

郝敬《儀禮節解》：穀以粱為大，故君自設，食以稻為善，故宰夫供膳。
　　　食美曰膳。（卷九，頁 9）

盛世佐《儀禮集編》：設膳曰膳，猶置尊曰尊；布，筵也。稻謂之膳者，
　　　見其為食之美也。（卷二十，頁 2）

韋協夢《儀禮蠹測》：進膳而曰膳，猶進羞而曰羞也，敖氏改膳為設，殊
　　　不必。（卷九，頁 4）

憲仁案：鄭云「猶」，以義隔而通之也，敖氏因膳、設音理可通，以通假
說之，不如鄭說。盛世佐與韋協夢之說更為合理，膳乃進膳之謂，膳與進義
不全然相通，故鄭乃云「猶」。下文「士羞庶羞」，第一個羞字，鄭《注》「進

也」，羞本字从羊从又，後聲化从丑（丑字形亦本从又而來），羞本有美食之意（羊為食之美者），亦有供食之意，故以進訓釋之，或可云「羞，猶進也」為佳。

●經文 07-03；士羞庶羞，皆有大、蓋，執豆如宰。（卷二十五，頁 12）

鄭《注》：羞，進也。庶，眾也。進眾珍味可進者也。大，以肥美者特為臠，所以祭也。魚或謂之膴，膴，大也。唯醢醬無大。如宰，如其進大羹湆，右執鐙，左執蓋。（卷二十五，頁 12）

賈《疏》：云「皆有大」者，中有二物三物〔註148〕之肉，兼有魚也。云「魚或謂之膴，膴，大也」者，或〈有司徹〉云「尸俎五魚，侑主人皆一魚，皆加膴，祭于其上」是也。〈少儀〉云膴祭〔註149〕也。云「唯醢醬無大」者，鄭注《周禮‧醢人》作醢之法，「先膊乾其肉，乃後莝之，雜以粱麴及鹽，漬以美酒，塗置甀中，百日則成矣」，何大臠之有也！醬則醢也，亦無大臠也。（卷二十五，頁 13）

敖繼公《儀禮集說》：言執於蓋豆之閒，見其兩執也。案《注》曰「唯醢醬無大」者，以經文云「皆」，故言此以明之。醢醬，四醢及芥醬也。（卷九，頁 15）

郝敬《儀禮節解》：肴美曰羞，品多曰庶。每品以一大臠加豆上待祭曰大。如脯之有橫膱，〈少儀〉謂祭膴也。蓋，豆上蓋，自門外入，蔽風塵也，士執庶羞之豆升階，右執鐙，左執蓋，盡階不升堂，與宰執鐙同。（卷九，頁 9）

張爾岐《儀禮鄭註句讀》：蓋執豆，兼蓋而執之也。（卷九，頁 6）

方苞《儀禮析疑》：言執於蓋豆之閒，文當然也。曰執蓋豆，則似蓋加於豆，而兩手共執之；曰執豆蓋，又似所執惟蓋。先言蓋後言執豆而如宰，則分執之，與左右手並著矣，此經文之奇而法也。宰進大羹湆，所執鐙也，如曰執蓋豆如宰，則似宰所執亦豆鐙，辭意之無微不辨如此。（卷九，頁 10～11）

吳廷華《儀禮章句》：亦右執豆，左執蓋〔註150〕，以蓋降。（卷二百七十

〔註148〕孫詒讓引曹校作「牲」（〔清〕孫詒讓：《十三經注疏校記》，下冊，頁 383）。

〔註149〕孫詒讓云：「『膴祭』誤倒，今乙。曹校同。」（同上註）。

〔註150〕本篇他處或作葢，葢、盖皆蓋字異體。

九，頁 4）

《欽定儀禮義疏》：案庶羞自門外入，則不升于鼎可知，俎與庶羞皆士設
　　　之，以其自堂下來，與饌于東房者異也，取諸門外以其加也，且
　　　容鼎入後乃於爨爲之。（卷二十，頁 3）

褚寅亮《儀禮管見》：張氏爾岐以蓋執豆爲句，不成句法。（卷中之三，
　　　頁 5）

盛世佐《儀禮集編》：先儒皆以「蓋執豆」三字爲句，唯郝氏以「蓋」字
　　　爲句，「執豆如宰」爲一句，文義較長，當從之。（卷二十，頁 3）

孔廣林《儀禮肊測》：舊以此「蓋執豆」爲倒文法，廣林謂此不辭，執豆
　　　如宰，則右執豆，左執蓋，不言自見，何爲是拙語也。此與〈聘
　　　禮〉「蓋陪牛羊豕」文法同，語辭耳。（卷九，頁 3）

胡培翬《儀禮正義》：盛說是矣。但蓋字連上讀，謂庶羞皆有大，皆有蓋
　　　也。惟其有蓋，故執之如宰，右鐙左蓋矣。（卷十九，頁 1121）

憲仁案：經文「蓋」之詁訓，或有以爲語辭者，其意雖新，不若豆蓋之
說爲是。豆或有蓋，或無蓋，其有蓋，經云執豆如宰，則以設正饌一節之「宰
右執鐙，左執蓋」例之。其句讀當爲「皆有大、蓋，執豆如宰」，盛、胡之說
可參。

●經文 07-04：先者反之，由門入，升自西階。（卷二十五，頁 13）

鄭《注》：庶羞多，羞人不足，則相授於階上，復出取也。（卷二十五，
　　　頁 13）

賈《疏》：「反之」者，以其庶羞十六豆，羞人不足，故先至者，反取之。
　　　下文云「先者一人升，設於稻南」，其人不反，則此云先者反
　　　之，謂第二已下爲先者也。〔註 151〕（卷二十五，頁 13）

敖繼公《儀禮集說》：先者即執腳豆者也，既設腳豆，則以次受其餘於西
　　　階上而設之。反者，既往而復來之辭，此文似失其次而在是。由
　　　門入，則三牲與魚亦於門外雍爨爲之與？（卷九，頁 15～16）

吳廷華《儀禮章句》：先謂執腳豆者，十六豆皆先者設之，則不反也，日

─────────────

〔註 151〕賈《疏》自「反之」者起，各本誤作鄭《注》，由體例可知爲《疏》文，由內
　　　容可移在此。張氏《儀禮鄭註句讀》云「此段有釋曰字，疑是《疏》文，俟
　　　質別本」（卷九，頁 6）。

反之者，謂騰羞者不升堂，先者受豆而反其蓋也。此當在下盡階
不升堂之後，授以蓋之前。《疏》以先者爲第二人以下，下《注》
謂騰羞者授先者蓋，其說俱未安，蓋同一先者，不應上下異視，
又蓋在豆，騰羞者亦無不授豆，止授蓋之理，且據經言執豆如宰，
上言宰以蓋降，則下騰羞者當亦如之，其不授先者可知矣。又敖
氏以反爲先者，既往復來之辭亦與之字義未合。（由門入，升自西
階）據此則庶羞不在房。（卷二百七十九，頁4）

《欽定儀禮義疏》：案《疏》指階下之騰羞者言，敖氏則指堂上之設羞者
言，據下先者一人之文，則敖說爲密，然階下之騰羞者亦必反之，
是二說相兼而經義始備也。（卷二十，頁4）

褚寅亮《儀禮管見》：饌所必留一人以受羞，所留者即設鼏之第一人，然
則先者反之，自第二人以下無疑矣，《疏》是也。經文兩言先者，
所指各別，敖氏謂俱指執鼏者，未然，云「由門入」，見反者俱從
門外取羞也。（卷中之三，頁6）

盛世佐《儀禮集編》：「先者反之」四字，敖氏疑其失次，若移之于「升
自西階」之下則得矣。（卷二十，頁4）

張惠言《讀儀禮記》：「羞庶羞，先者反之」《疏》云反之謂第二已下。案：
經第二以下反取之門外，先者一人反取之階上。（卷下，頁2）

胡培翬《儀禮正義》：張氏惠言以爲有反取之階上者，有反取之門外者。
其說甚是。據《注》言授於階上復出取也，是反取之門外者，但
授於階上，必有受而設之堂上者，其既設則反取於階上。下文先
者一人，升設於稻南，是反取之階上者。眾人騰羞者，盡階不升
堂，是反取之門外者。此經先著反之，乃統論進庶羞之事。羞多
人少，則有反之之一法，實兼二者在內。賈《疏》謂先者一人升
設於稻南，其人不反，固誤。謂先者反之爲第二以下，尤泥。至
敖氏疑先者反之爲失次，盛氏謂當在升自西階之下，則皆非也。（卷
十九，頁1221～1222）

于鬯《讀儀禮日記》：庶羞十六，則十六人執之，而十五人皆右執豆左執
蓋，此先者一人乃左執豆右執蓋，與十五人所執相反，故既曰「執
豆如宰」，又曰「先者反之」，反字之義如此，自來說者皆不知承
上爲義，大夫禮旨矣，其所以先者一人與十五人所執相反者，下

文云「先者一人升，設于稻南，眾人騰羞者盡階，不升堂，授」，
是設豆惟先者一人獨設，十五人皆授而不設，設以左手，不以右
手，故先者一人獨左執豆，而十五人右手所執之豆一一授先者一
人，訝受之，仍左執而設也。上文宰右執鐙，左執蓋，由門入，
升自阼階，盡階，不升堂，授公，公設之于醬西，宰以右手所執
之鐙授公，公訝受之，亦左執而設也，是知凡設必以左手，不以
右手，公之所執反於宰，故先者之所執反於十五人，經文參觀甚
顯，而不圖後人之昧其義也。鄭《注》謂「庶羞多，羞人不足，
則相授於階上，復出取」，夫此公食大夫，何虞十六人之不足乎，
賈釋以下又無譏焉。(頁15)

憲仁案：此段各家說法甚為分歧，乃至認為經文有脫次之處，各家多非
賈說，賈說實亦非不可取，以先者第一人升設腳，先者第二人設臐後反之，
而第一人留於堂上，其他人不升階授先者第一人，因有其合理之處，故褚寅
亮從之。敖說「先者即執腳豆者也，既設腳豆，則以次受其餘於西階上而設
之」則是，以為文有失次則非，盛氏修改其說，亦非是；《欽定儀禮義疏》云
「階下之騰羞者亦必反之」是也。張惠言之說，胡培翬採用之，而胡氏之說
最密，亦最合理。于鬯見各家之說紛紜，乃立新說，甚巧，但終難令人信服。

推經文所指乃騰羞庶十六豆者眾人，其人數未明載，鄭玄以「羞人不足」
為說，不免令人疑之，以一國之大，何以未能有十六位羞人，況且十六豆，
於豆數未為極大，羞人不足，恐非其實事，憲仁認為之所以非人持一豆登階
者，乃在避免人數繁多，雜沓於階堂之間也，故最先者一人留於堂，第二人
以下則將豆授予留於堂之羞人，反回再取之，十六豆亦不必十六羞人也，蓋
先者反之，後者繼之，經文足以理解，亦不必以文句失次為說，張惠言、胡
培翬以返於階及門者亦有專人，可以參考。

●經文 07-05：先者一人，升，設于稻南簋西，間容人。旁四列，西
北上。(卷二十五，頁13)

鄭《注》：簋西，黍稷西也。必言稻南者，明庶羞加，不與正豆併也。間
　　　　　容人者，賓當從間往來也。(旁四列)不統於正饌者，雖加，
　　　　　自是一禮，是所謂羹胾中別。(卷二十五，頁13)

賈《疏》：「簋西，黍稷西也。必言稻南者」，以其黍稷西近北有稻，故庶

羞設黍稷西南，南陳之，是稻粱與庶羞俱是加，故南北相繼，而在黍稷正饌之西，是下〔註152〕不與正豆併也。云「間容人者，賓當從間往來也」者，下文賓「左擁簠〔註153〕粱，右執湆以降，公辭，升，反奠于其所」，是賓往來也。云「所謂羹胾中別」，按〈曲禮〉云「左殽右胾」，彼云：「殽，骨體也。」此肉謂之羹，亦一也。殽為正饌，胾謂切肉，則庶羞云左殽右胾，則曰〔註154〕此正饌在東，庶羞在西，間容人同，故謂所謂羹胾中別也。（卷二十五，頁13）

李如圭《儀禮集釋》：庶羞與稻粱皆加，故繼稻言之。〈曲禮〉曰「左殽右胾」。殽，骨體也，為正饌；胾，切肉也，為庶羞。肉謂之羹，羹則殽也。正饌在東，庶羞在西，羹胾中別也。《管子・弟子職篇》云「羹胾中別。胾在醬前，其設要方，飯是為卒，左酒右醬。」（卷十五，頁18）

敖繼公《儀禮集說》：先者一人，士之長設腳者也。設腳于稻南，言其東西節也；簠西，言其南北節也。閒諸簠之西，庶羞之東也。案《注》云「必稻南者，明庶羞加，不與正豆併」謂稻乃加食，其位不與正饌併，而庶羞又設於稻南，明庶羞亦為加，不與正豆併也。併謂同為一處，唯云正豆者，以其器同也。（旁四列，西北上）云旁者，見正饌之中席而此在旁也。下文云賓坐席末，取粱即稻，而庶羞在稻南足以明之矣。西北上，謂腳豆在諸豆之西北也，必西北上者，放正豆之位亦變於席之所上也。（卷九，頁16）

郝敬《儀禮節解》：最先一人堂上陳設，又一人往來取豆授，共二人也。加豆不與正饌接，別設于稻南，黍稷西，與正饌分。正饌東，庶羞西，其間容人，賓于此間出入也。正饌堂中，庶羞徧西，故曰旁。十六豆為四列，每列各四，始西北為上，屈折而東南。（卷九，頁9～10）

《欽定儀禮義疏》：案正豆繼醬而東，此亦豆也不繼稻而西，而在稻南者，

〔註152〕此「下」字，阮元引浦鏜云：「誤衍下字」（《儀禮注疏》，卷二十五，校勘記頁5（總310））。

〔註153〕舊或作「簋」，阮元校改之，以下同。（同上註）

〔註154〕孫詒讓引曹校作「與」（〔清〕孫詒讓：《十三經注疏校記》，下冊，頁384），較佳。

與正豆相變，且稻粱之南空，設于其南乃得左右相稱也。不曰粱
南者，以庶羞西北上，則臄豆北直於稻，不直於粱也，膮與牛炙
乃北直粱矣。鉶西亦稻南也，以賓用庶羞時食會飯，則是庶羞宜
與簋爲列，故不於鉶西而於簋西也。然惟言簋西則嫌於繼簋而西，
故又曰閒容人，明其與簋爲列，特東西遙對耳，非繼之也。案不
徒曰西上，而曰西北上，與上設簋之言東北上者同，見其亦南陳
也。「羹薺中別」，〈弟子職〉文，敖氏謂正饌中席而加席在旁，稍
與《疏》異，疑敖得之。（卷二十，頁 5～6）

褚寅亮《儀禮管見》：臄、臐直稻南而臄稍偏西，臐稍偏東。膮、牛炙直
粱南而膮稍偏西，牛炙稍偏東，每兩豆當一簋，若在旁然，故云
「旁四列」。且見牛炙雖稍偏粱簋東而不可太東，乃得簋炙間容人
也。張氏爾岐圖以牛炙直稻南而粱南無脩，則餘地甚寬，不必言
間容人矣。敖氏謂正饌中席，加饌在旁，亦誤解旁字。（卷中之三，
頁 6）

憲仁案：所謂旁四列者，由下文之設庶羞經文言其位置，可以知之。又
十六豆而旁四列，則每列四豆，並以西北爲上，則臄在西北也。

● 經文 07-06：臄以東臐、膮、牛炙。（卷二十五，頁 13）

鄭《注》：臄、臐、膮，今時臛也。牛曰臄，羊曰臐，豕曰膮，皆香美
之名也。古文臄作香，臐作薰。（卷二十五，頁 13）

● 經文 07-07：炙南醢，以西牛胾、醢、牛鮨。（卷二十五，頁 13）

鄭《注》：先設醢，靜之以次也。〈內則〉〔註 155〕謂鮨爲膾，然則膾用
鮨。今文鮨作鰭。（卷二十五，頁 13）

賈《疏》：此云「先設醢，靜之次」，而〈特牲〉注云：「以有醢，不得靜
也。」與此「先〔註 156〕設醢，靜之以次」違者，大凡醢配胾
是其正，而醢卑于胾。今牛羊豕胾皆在醢下者，直是靜之次，
非尊卑之列。〈特牲〉以有一〔註 157〕醢，若靜之，當醢在胾上，

〔註 155〕本作「肉則」或作「内膾」，阮元引張氏說，改作「内則」（同上註）。
〔註 156〕原作「與此設設醢……」，孫詒讓引曹校作「與此先設醢」（〔清〕孫詒讓：《十
三經注疏校記》，下冊，頁 348），意較可通，據改。
〔註 157〕原作「一有」，依孫詒讓校改爲「有一」（同上註），意較可通，據改。

不成錯，故不得絑。〈少牢〉四豆，羊截醢，故得絑而錯，與此同也。（卷二十五，頁13）

李如圭《儀禮集釋》：醢配截而卑于截，今設之截上者，欲既設之五醢相錯也。〈內則〉曰：「膳腳、臐、膮、醢、牛炙、醢、牛截、醢、牛膾、羊炙、羊截、醢、豕炙、醢、豕截、芥醬、魚膾、雉、兔、鶉、鴽」，自魚膾以上，與此庶羞同，惟膮、牛炙間衍醢字，雉以下即上大夫之加數，彼又以鴽爲鴽耳。（卷十五，頁19）

敖繼公《儀禮集說》：此二醢爲牛之炙、截、膾設也。案《注》云「先設醢，絑之以次也」謂炙南之醢爲炙而設，故其次在截之上。（卷九，頁16～17）

吳廷華《儀禮章句》：四醢爲炙、截、鮨而設。（卷二百七十九，頁4）

憲仁案：炙已調味，無需醬，醢為醬屬，故以炙與醢搭配者，皆非。《禮記・內則》於膮和牛炙間多一醢字，應是衍文。

●經文07-08：鮨南羊炙，以東羊截、醢、豕炙。炙南醢，以西豕截、芥醬、魚膾。（卷二十五，頁13）

鄭《注》：芥醬，芥實醬也。〈內則〉曰：「膾：春用葱，秋用芥」。（卷二十五，頁13）

敖繼公《儀禮集說》：此一醢爲羊炙、羊截設也。（炙南醢，以西豕截、芥醬、魚膾）此一醢爲豕炙、豕截設，芥醬爲魚膾設也。牛三品二醢，尊也；羊二品一醢，降於牛也。豕亦二品一醢，而醢次於炙，又異於羊也。魚一而已，其芥醬復先於膾，又異於豕也。古人於食物之微，亦以多寡、先後示尊卑之義，則其精微周密之意亦可見矣。（卷九，頁17）

《欽定儀禮義疏》：案設豆之法皆絑，醢皆卑於他物，正豆一菹一醢相閒，故絑，而醢仍在菹下也，庶羞品多，故以一醢從牛炙，而一醢居牛截、牛鮨之閒，一醢居豕、炙豕截之閒，唯芥醬在魚膾之上，蓋縱橫四列而設之，則又欲使四醢與芥醬各相閒而成文也，若執一截以求之則窒矣。（卷二十，頁7）

褚寅亮《儀禮管見》：除腳、臐、膮、炙外，十二豆以牛羊豕爲次，而魚

在末，但牲魚七而醓醢五，位難錯，今以羊炙代醢之位，則大段
猶存錯之意矣。《疏》謂直是紲之次固然，亦未始不隱兼別尊卑義，
鮨即膾也，羊豕無膾，魚無炙、胾，牛是大牲，故三者兼有。（卷
中之三，頁6）

　　憲仁案：至此，十六豆之陳列已可據經文排列之，近席第一列由西而東
為：臄、膮、牛炙。第二列，由西而東為：牛鮨、醢、牛胾、醓。第三
列由西而東為：羊炙、羊胾、醢、豕炙。第四列由西而東為：魚膾、芥醬、
豕胾、醓。其牛者臄、炙、鮨、胾，其羊者膮、炙、胾。其豕者膮、炙、胾；
其魚者膾；其醢者四，其芥醬一。前人則歸納其原則，或云「牛三品二醢，
尊也；羊二品一醢，降於牛也。豕亦二品一醢，而醢次於炙，又異於羊也」、
「縱橫四列而設之，則又欲使四醢與芥醬各相閒而成文」、「牲魚七而醓醢五，
位難錯」，諸說除敖說以羊降於牛，尚可得先哲禮意，卻又以豕之醢一而羊之
醢二，以分出高低，則猶在霧中也。

　　今示其排列可以得其設法：

加饌庶羞十六豆圖

　　可以看出前三者「臄、膮、膮」乃為一類，而炙無醬乃〈公食大夫·記〉
所明載，故牛炙、羊炙、豕炙不需佐以醬食，醓則醬之類也，故可知「牛胾
－醓」、「牛鮨－醢」、「羊胾－醢」、「豕胾－醢」、「魚膾－芥醬」為搭配。如
此其擺設之原由，清楚明瞭，試以下表呈現：

加饌庶羞十六豆搭配示意圖

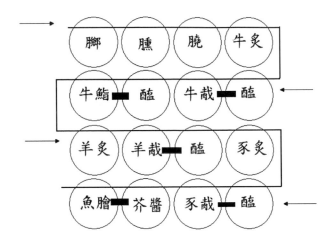

其排列成 S 形，應搭醢者，必與醢相次，各類由炙而羹而鮨，次序井然，其亦絆之也。

至此可繪「公食大夫設饌圖」（漿飲尚未設）

公食大夫設饌圖

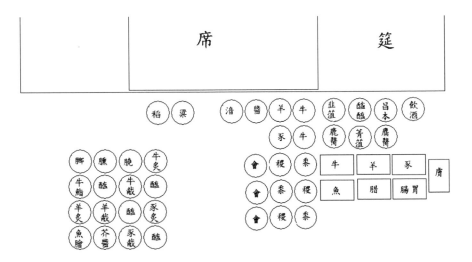

各家於正饌及加饌陳設所繪禮圖多有出入，故附各家設饌圖以供參考：

楊復《儀禮圖》「公設醢醬大羹飯粱食賓圖」中的
設饌部分（卷九，頁 11）

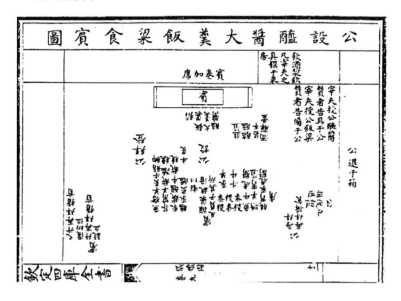

張爾岐《儀禮鄭註句讀》中的設饌（卷九，頁 7）

儀禮鄭註句讀　《公食第九》

席西加饌	牖	北	戶	席東正饌	右為賓設加饌
	蒲筵	稻簋 梁簋	太羹湆 醬	牛鉶 羊鉶	飲酒豐
			醯醢 昌本	韭菹 醓醢	昌本 麷蕡
		漿飲 稻簋	菁菹	菁菹 麋臡	菁菹 鹿臡
			牛鉶 牛鉶	牛鉶 牛鉶	牛俎 羊俎 豕俎
	豕炙 牛炙	梁簋 稻簋	黍簋 稷簋	黍簋 稷簋 牛俎 羊俎 豕俎	膚俎 腸胃俎 膚俎
豕腕 羊腕 牛腳	牛胾 牛胾	漿飲	黍簋 稷簋	黍簋 稷簋 魚腊俎	黍簋 稷簋 魚腊俎
牛胾 羊腕 牛胾	醢 醢				
羊炙 豕炙 羊胾	醢 醢				
魚膾 豕胾 芥醬					

七

《欽定儀禮義疏》中的設饌部分（卷四十六，頁76）

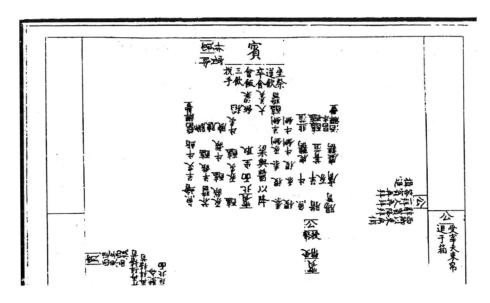

褚寅亮《儀禮管見》（卷中之三，頁3）

盛世佐《儀禮集編》(卷二十，頁 13)

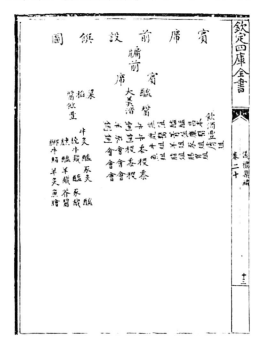

張惠言《儀禮圖》中「設加豆圖」中部分 (卷四)

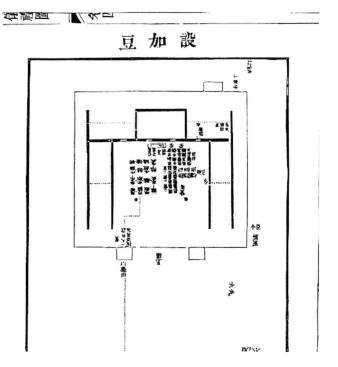

茲放大設饌部分如下：

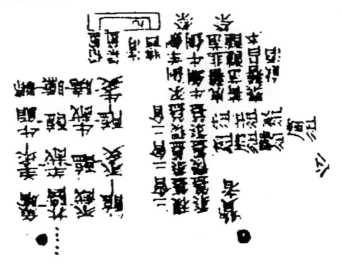

胡培翬《儀禮正義》（《續修四庫全書》景清木犀香館刻本，卷十九，頁16）

牖　　　北　　　戶　　　儀禮正義《卷十九》公食

席　筵　加　莚　蒲

漿飲豐　　稻粱筥　大羹　醢醢羊鉶牛鉶　韭菹酏醢　昌本　飲酒豐

　　　　　麋臡醢　菁菹　牛鉶鹿臡　　麋臡醬

　　　　　豕脀　牛炙　　牛鉶鹿臡　　肩俎

牛脀羊臐　　　　　　　黍稷簠　羊俎豕俎　腸俎

牛脚　　牛炙　醢　牛胾　稷黍簠　脂俎

　牛鮨　醢　豕脀　　　　魚俎胃俎

　羊胾　豕胾　醢　　　　稷黍簠

　羊炙　芥醬　豕胾　　　黍稷簠

　　　　魚膾

加饌　　　　　正饌

鄭珍《儀禮私箋》(第三卷，頁6)

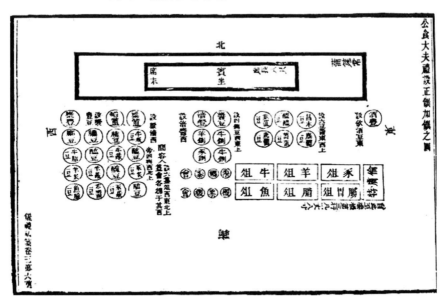

黃以周《禮書通故》

(《續修四庫全書》景清光緒十九年刻黃氏試館本，卷四十八，頁23)

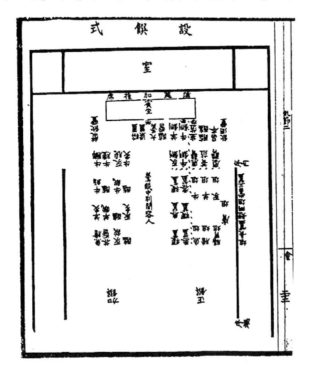

吳之英《儀禮奭固禮事圖》（卷九，頁 2）

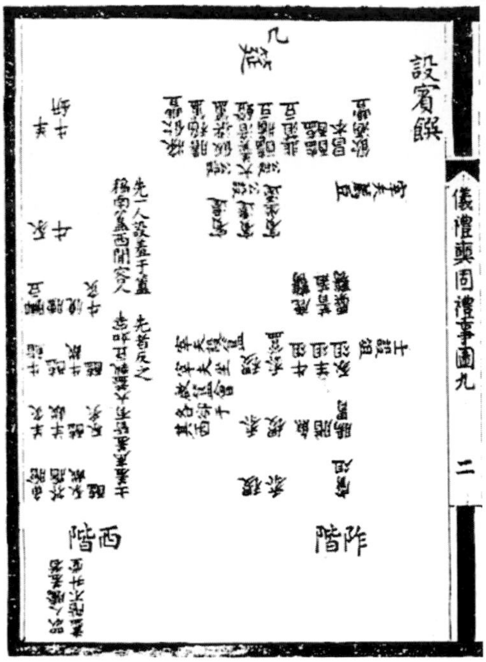

楊天宇《儀禮譯注》（上海：上海古籍出版社，1994 年，圖 9-4，頁 432）

圖 9-4 設饌

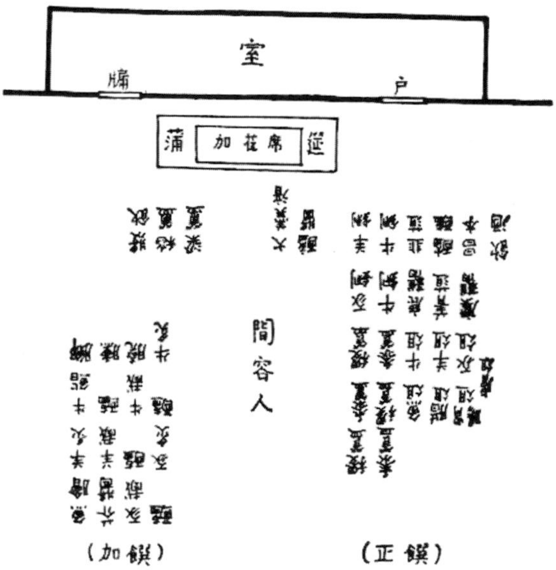

●經文 07-09：眾人媵羞者盡階、不升堂，授，以蓋降，出。（卷二十五，頁 13）

鄭《注》：媵當作媵。媵，送也。授，授先者一人。（卷二十五，頁 13）

敖繼公《儀禮集說》：進羞而言媵，亦取其自下而上之意。眾人不升設者，降於俎也。以羞授先者一人，先者每爲設之，所謂先者反之也。以蓋降出，惟謂眾人，其先者之蓋則次者既授豆而受之，并以出矣。（卷九，頁 17）

郝敬《儀禮節解》：媵，升也，自下升上曰媵。……按鄭解媵羞爲媵（媵）爵之媵，非也。（卷九，頁 10）

吳廷華《儀禮章句》：媵，進也。（盡階不升堂）眾則喧賓，故不升。（授以蓋）上「先者反之」句當在此句之上，蓋先者受豆，以蓋反授之也。（卷二百七十九，頁 4）

《欽定儀禮義疏》：案一人設而眾人不升堂，或羞人不足固已，即使人多而雜沓于堂上，非所以爲肅敬也，故變於設俎之法焉，亦所謂堂事交乎階也。以蓋降出，則授豆而不併授以蓋，亦如宰之授滫而不併授以蓋也。簋會與簋同設，已乃郤之者，以爲正飯也；簠會不與簠同設，先於房去之者，以加飯變也；滫蓋、羞蓋不於爨去之者，以由門入爲風塵也，然盡階即去之，不以升堂，則又殊之於飯也。

「存疑」鄭氏康成曰「媵當作媵。媵，送也」。

「辨正」郝氏敬曰「媵，升也，眾人盡階授於先者，故謂之媵」。案〈燕禮〉媵觶，《注》云「今文媵皆作媵」，敖氏因改媵爲媵，蓋據此媵羞之文而然也。此經「媵羞」，《注》云「媵當作媵」，蓋據彼媵觶之文而然也，然燕之觶媵者，自奠之，以其奠於公也，故不曰送而曰媵，詞之異也，若此之羞則媵者授之，先者設之，接踵而來，自下而上故謂之媵，氣之奮也，皆當以本文爲正，無庸改易。（卷二十，頁 8～9）

盛世佐《儀禮集編》：眾人，自先者一人而外也，士媵羞者雖眾，而升堂設之者唯最先一人而已，其餘則以授于西階上也，故先者一人不反，其餘皆反。（卷二十，頁 7）

憲仁案：鄭《注》有古今文之依據，媵與媵皆从朕爲聲符，其音當近同，

訓詁家所謂聲義同源也，兩字之義本有同源之可能，各家或訓為「升」，亦佳，但鄭《注》自有根據，亦不必駁之。先者一人升堂，其他人則騰羞授於階。或有另一人專事由門受羞，持至階授堂上先者，或眾人皆由門外騰羞至階受堂上先者，兩說皆可，不必過泥。

●經文 07-10：贊者負東房，告備于公。（卷二十五，頁 13）

　　鄭《注》：復告庶羞具者，以其異饌。（卷二十五，頁 13）

　　賈《疏》：自此盡「兼壹祭之」，論贊告饌具，賓祭之事。（卷二十五，頁 13～14）

　　敖繼公《儀禮集說》：此言備者，備周於具。（卷九，頁 17）

　　憲仁案：「贊者負東房，告備于公」乃為加饌設備之告，故宜在此儀節。關於此儀節，《欽定儀禮義疏》將其陳設之法做一整合陳述，足為參考：

> 案加饌以梁爲先設，其次則稻由房出，而羞自階升，與正饌之上下間設者同法。又案正饌之列，其在東之東者，以西爲上，豆與俎是也；其在東之西者，以東爲上，簠與鉶是也。加饌之列，其在西之北者，以東爲上，梁與稻是也；其在西之南者，以西爲上，庶羞是也。一陳饌之間，亦必相變如此。（卷二十，頁 8～9）

陳設之法，實有其理，此亦周代食禮之精要者，乍視之，為其繁複所惑，經深思細理，其禮制之美，郁郁乎。

●記：簠有蓋幕。（卷二十六，頁 7）

　　鄭《注》：稻粱將食乃設，去會於房，蓋以幕。幕，巾也。今文或作幕。（卷二十六，頁 7）

　　賈《疏》：簠簋相將，簋既有會，明簠亦有會可知。但黍稷先設，故卻會於敦南，簠盛稻粱，將食乃設，故鄭云「去會于房，蓋以幕。幕，巾也」。至於陳設，幕亦去之，經云「有蓋幕」者，據出房未設而言。（卷二十六，頁 7）

●記：凡炙無醬。（卷二十六，頁 7）

　　鄭《注》：已有鹹和。（卷二十六，頁 7）

　　賈《疏》：云「凡」者，欲解《儀禮》一部之內，牛、羊、豕炙，皆無醬

配之。云「已有鹹和」者，若今人食炙然。（卷二十六，頁 7）

敖繼公《儀禮集說》：凡，凡三牲也。此庶羞，於三牲之炙皆爲設醢，唯魚膾乃用芥醬，是凡炙無醬矣，不言裁者，如炙可知。（卷九，頁31）

郝敬《儀禮節解》：炙宜乾食，故不設醬。（卷九，頁 17）

吳廷華《儀禮章句》：已有鹹和，庶羞用醢，此言醬者，其屬也。（卷二百七十九，頁 8）

憲仁案：敖說非也，炙已調味故無需配以醢醬，三牲之炙無醢，敖氏不辨。郝說亦非，炙之不設醬，非宜乾食，鄭《注》陳其理由已明，何須另作他解。吳廷華以醢醬同屬，是也。

八、賓祭加饌

●經文 08-01：贊升賓。賓坐席末，取粱，即稻，祭于醬湆間。（卷二十五，頁 14）

鄭《注》：以公命命賓升席。即，就也。祭稻粱不於豆祭，祭加宜於加。（卷二十五，頁 14）

賈《疏》：前設饌訖，贊者告具于公，公再拜揖食，此使贊升賓者，以其禮殺故也。是以上文正饌，公先拜，賓答拜，此賓先拜公，公答拜，爲異也。云「祭稻粱不於豆祭，祭加宜於加」者，按下文云「賓三飯以湆醬」，注云：「每飯歠湆，以餂擩醬，食正饌也。三飯而止。」又云「不以湆醬」，《注》云：「不復用正饌也。」則此湆醬是正饌，而云「加」者，但湆醬與粱皆是加，故公親設之。下文爲正饌而此云加者，爲湆醬雖是加，以在正饌之上，得與正饌爲本，故名正饌，其實是正饌之加，故公親設之也。（卷二十五，頁 14）

李如圭《儀禮集釋》：公不揖食者，加饌禮殺。稻粱，加饌也；醬湆不祭，亦正饌之加。（卷十五，頁 19～20）

敖繼公《儀禮集說》：公黿者已再拜揖食，故於此惟贊者升賓，禮不可褻也。升賓之辭蓋曰「吾子其升也」。坐席末者，就加饌也。取粱即稻，言不反粱於左手也。不祭于豆祭而于醬湆閒者，以其近也，且別於正饌。（卷九，頁 18）

郝敬《儀禮節解》：坐席末，不于席中，別于正饌也。（卷九，頁 10）

張爾岐《儀禮鄭註句讀》：醬湆不得言加，《註》偶誤，梁是公所親設，醬湆亦公所親設。公設是饌尊處，故祭梁不於豆而於此耳。（卷九，頁 7）

《欽定儀禮義疏》：案坐席末以其近於稻梁，取之便也。取梁即稻，則右手先取稻，左手取梁以并之。公所親設者三，醬湆不祭，所祭者梁耳，祭公所設之梁，於公所設之醬湆之閒，不敢褻於豆祭，亦所以見尊公所設之意也。

「存疑」鄭氏康成曰「祭稻梁不於豆祭，祭加宜於加」。案醬湆非加也，鄭氏欲與正饌別言之，而不覺其辭之誤耳。（卷二十，頁 10）

憲仁案：湆醬是正饌之加，非加饌。加饌設於席前之偏西處，故賓坐於席末，便於近加饌也，非刻意與正饌別處，敖繼公與《欽定儀禮義疏》得之。《欽定儀禮義疏》以為「右手先取稻，左手取梁以并之」非是，經即云「取梁即稻」，不宜遽以為先取稻，觀祭正饌，先取黍再取稷，其次序如此，則此亦當先取梁再取稻，故敖說「取梁即稻，言不反梁於左手也」，以先取梁後，不反於左手，遂取稻也。敖說是否合於經義，未可知，但為目前可參考之說法，若以三指取梁少許，置於手心以二指銜之，再取稻，此非不可為。又試想，此或如正饌而省文，但其流程稍有不同，右手取梁而反於左手，再以右手取稻，不反於左手，以左手之梁就右手之稻，如此或可備一說。

●經文 08-02：贊者北面坐，辯〔註 158〕取庶羞之大，興，一以授賓。賓受，兼壹祭之。（卷二十五，頁 14）

鄭《注》：壹壹受之，而兼一祭之，庶羞輕也。自祭之於腏臐之間，以異饌也。（卷二十五，頁 14）

賈《疏》：「壹壹受之，而兼一祭之，庶羞輕也」者，決上三牲之脯〔註 159〕祭之。今此祭庶羞并之，故云「輕」也。云「自祭之於腏臐之間，以異饌也」者，不云「於豆祭」，而云「於腏臐之間」，以

〔註 158〕《儀禮注疏》作「奠」（卷二十五，頁 14（總 305））。今據《儀禮正義》改（卷十九，頁 1227）。

〔註 159〕阮元校勘引盧文弨校作「肺」（卷二十五，校勘記頁 6（總 246））。

祭宜於加故也。（卷二十五，頁 14）

敖繼公《儀禮集說》：一壹同，贊者壹以授賓，賓兼壹祭之，禮之節當然也。賓於黍稷、牲肺皆壹祭之，特於此發之耳。祭不言其所，亦於醢湆閒可知。（卷九，頁 18）

郝敬《儀禮節解》：贊者兼取一授，賓兼一祭，皆變于正饌，禮殺也。壹祭不言其所，亦醢湆間可知。（卷九，頁 10）

張爾岐《儀禮鄭註句讀》：一以授賓者，品授之也。兼壹祭之者，總祭之也。（卷九，頁 7）

吳廷華《儀禮章句》：據上言皆有大，則膚亦有大，惟醓醢無大。（興，一以授賓）一并授之。（賓受）併受。（兼壹祭之）不分祭，異于正饌，亦祭于湆醢之間。（卷二百七十九，頁 5）

《欽定儀禮義疏》：案賓自取之而祭者，其近於席者也，贊者取以授賓而祭者，其遠於席者也。賓之祭饌者六，其親取以祭者三，為贊所授以祭者亦三，然於豆則辯取之而後擩，擩而後祭；於鉶則既扱而擩之辯，辯而後祭；於簋則取粱以即稻而後祭，是皆兼壹而祭也。贊所授者，則於簋曰取辯，興以授賓，而賓祭之；於俎曰辯取，興以授賓，而賓祭之；於羞亦曰辯取，興以授賓，而賓兼壹祭之，是贊皆壹授而賓皆兼壹而祭也。《注》於俎謂賓每肺興受而祭，是以贊為非壹授賓，亦非壹祭也；於羞謂壹壹授之而兼壹祭之，是以贊為非壹授，惟賓為壹祭也，似皆不合於經。祭于腳臑之間，亦以其為加之上豆，故意其云爾，猶是上文「祭加宜於加」之說也。蒙粱稻而言，則敖氏謂「湆醢間」者近之，正饌祭于豆間，加饌祭于湆醢閒，亦足以別矣，且坐雖席末，而所祭必於其正也。（卷二十，頁 10～11）

褚寅亮《儀禮管見》：贊者所授賓祭者三，正饌則黍稷也、三牲之肺也，加饌則庶羞之大也。經於黍稷則曰「辯、以授賓、賓祭之」，是黍稷總授賓，賓總受而總祭也，故曰辯以授也。於肺則云「辯取之，一以授賓、賓受坐祭」，是三次授賓，三次祭也，故不云辯以授也。於庶羞之大則云「一以授賓。賓，受兼壹祭之」，是大亦逐一授賓，賓則逐一受之而總祭之也，故云兼也。立文不同，《注》據經為解，不可破。正饌豆實，祭於上豆之間，大是加饌豆實，祭於加饌上

豆之間，《注》云祭於腒臐間亦是也。祭漿飲亦於是處可知。（卷中之三，頁7）

韋協夢《儀禮蠡測》：祭不言其所，敖氏謂亦於醬湆間，是也，《註》謂祭之於腒臐之間，似無所據。（卷九，頁5）

黃以周《禮書通故》：〈公食禮〉祭鉶於上鉶之閒，謂上鉶正饌近席也。取稻粱祭于醬湆間，謂醬湆正饌中席也。粱醬湆皆公親饌，不祭于稻粱閒，稻粱雖近席，非正饌也。祭飲酒于上豆之閒，飲酒雖正飲，不中席也。賓祭加饌，贊者辯取庶羞之大授賓，賓受，兼壹祭之。經不言其所，《注》云「祭于腒臐之間」，無據。敖氏謂祭于醬湆閒，較為近之。（卷二十二，頁1001）

憲仁案：經明載祭處者，本篇有「豆間」、「上鉶之間」、「醬湆之間」，他篇則大多為「豆間／豆祭」（〈士虞禮〉、〈特牲饋食禮〉、〈少牢饋食禮〉、〈有司徹〉），另有「祭于苴」（〈士虞禮〉）為喪葬之事。獨〈公食大夫禮〉祭於豆間之外當有他處，茲整理正饌及加饌之祭處如下表：

饌　別	品　　物	祭　　　處
正饌	菹醢六豆	上豆之間祭
	黍稷六簋	經未言，各家以為上豆之間祭
	三牲之肺	經未言，各家以為上豆之間祭
	三牲四鉶	上鉶之間祭
	飲酒	上豆之間祭
加饌	粱稻二簋	醬湆之間祭（按醬湆為正饌之加）
	庶羞十六豆	經未言， 或以為醬湆之間祭， 或以為庶羞上豆之間祭

正饌除鉶外，其他皆於豆間祭之，而加饌粱稻祭於醬湆之間為第三祭處，故庶羞之祭處乃有分歧之意見，以為醬湆之間者，視加饌皆祭于此，「不言可知」；以為豆間祭者，庶羞十六豆，上豆為腒臐，而豆間之祭於《儀禮》一書最為常見，此篇之正饌除鉶祭外，均於豆間祭，盛之以豆之醬醢如此，黍稷屬粢盛者各家說亦如是。兩說各有其理，而經又不具文，故論者紛紜。前祭粱稻於醬湆之間，此同為加饌，或應在醬湆之間祭，祭處近席也，敖說為佳。

　　關於「壹○○」之句，本篇有「三牲之肺不離，贊者辯取之，壹以授賓。賓興受，坐祭」與「贊者北面坐，辯取庶羞之大，興，一以授賓。賓受，兼壹祭之」，依各家之說，大多以為壹與一無別，其歧異在壹／一訓釋為「一次」或「逐一」，前引兩段經文，皆贊先辯取之，「壹以授賓」，而前者賓「坐祭」，後者「兼壹祭之」，用字不同，訓詁者斟字酌句，說法中以鄭、敖兩說最受重視，茲可整理如下表：

說　　法	三牲之肺不離，贊者辯取之，壹以授賓。賓興受，坐祭		贊者北面坐，辯取庶羞之大，興，一以授賓。賓受，兼壹祭之	
	壹以授賓	坐　　祭	一以授賓	兼壹祭之
鄭玄 褚寅亮	逐一授	逐一祭	逐一授	一次祭
敖繼公 郝敬 欽定儀禮義疏	一次授	（一次祭）	一次授	一次祭
張爾岐	一次授	（一次祭）	品授之	一次祭
吳廷華	逐一授	（逐一祭）	一次授	一次祭

註：其中加括號者，為說法未明顯以文字呈現，但由上下文可以推之其意

　　正饌重於加饌，故祭加饌不宜較祭正饌為慎重，張爾岐之「品授之」可理解為各類一一授之，亦可理解為品庶授之（合授）。吳廷華將壹與一分開解釋，似不宜，查《儀禮》壹與一作用無不同。故關鍵在於壹以授賓為「一次授」或「逐一授」，至於「兼壹祭之」，各家皆同意為「一次祭」，以有兼字也，〈少牢饋食禮〉與〈有司徹〉有「同祭」，指一併祭之，「同祭」即此「兼壹祭之」。「兼壹祭之」與「兼祭之」較之，「壹」字於句中看不出分別，即云「兼祭之」，與「兼壹祭之」其意相同。壹字似無「一一」之意，故本文傾向壹以授賓為一次授賓，之所以強調壹字，乃嫌三次授之，不欲其煩也。「兼壹祭之」之兼字，語意上或為「並與之前所祭相同」，即前者壹授之，此亦壹授之、壹祭之也。

●經文 08-03：賓降拜，公辭。賓升，再拜稽首。公荅再拜。（卷二十五，頁 14）

　　鄭《注》：拜庶羞。（卷二十五，頁 14）

賈《疏》：自此盡「魚腊不與」，論賓正食受侑幣，至於食終之事。（卷二
　　　十五，頁 14）

李如圭《儀禮集釋》：賓先拜庶羞，公乃荅拜，亦禮殺。（卷十五，頁 20）

敖繼公《儀禮集說》：拜者，爲將食故也。（卷九，頁 18）

《欽定儀禮義疏》：案設饌之始，禮由主人，故公先拜，饌備之後，禮當
　　　由賓，故賓先拜。（卷二十，頁 12）

劉沅《儀禮恆解》：賓拜賜將食，公辭其降而升拜，公答拜。（卷九，頁 5）

憲仁案：鄭《注》云「拜庶羞」，敖說以爲「將食故也」，歷來禮學家對
此處經文解釋亦分爲兩歧。設正饌後，公再拜，揖食，賓再拜稽首，之後始
祭正饌，蓋食前必祭，而拜於祭前也；設加饌後，贊升賓，賓乃祭加饌，蓋
因加饌禮殺，故公不親拜，乃命贊使賓升席，食前亦必祭，故賓祭加饌。設
加饌與祭加饌其間無賓拜之事，待賓祭完加饌後，乃有降拜，亦即禮學家所
爭議之點。其程序約之如下：

　　「正饌具──公先拜，賓答拜──祭正饌─────────────
　　　加饌具──贊升賓──────────祭加饌──賓先拜，公答拜」

同意鄭《注》者，必以「禮殺」說之，正饌爲設食之主體，而加饌爲公
之殷勤所加，設加饌畢，賓祭之而拜主人之盛情，故不同於祭正饌前公先拜。
且前者公先拜，後者賓先拜，各有不同，故禮殺者於祭後賓先拜。依此說法，
經文之「賓降拜，公辭。賓升，再拜稽首。公荅再拜。」屬「賓祭加饌」。

同意敖說著，則以爲若拜庶羞，則應祭前拜之，不宜祭後才拜。故此處
賓拜乃「將食故也」，蓋前公已揖食，故此時祭加饌後可食，推賓之拜當爲食
前拜公之意也。依此說法，經文之「賓降拜，公辭。賓升，再拜稽首。公荅
再拜。」屬「賓食饌三飯」。

於敖說之前，賈《疏》已將此歸入賓正食以下，實與鄭《注》有別。劉
沅云「拜賜將食」，則兼合兩說，蓋以拜庶羞與將食兼有之。憲仁以爲兩說可
並存，若賓降拜爲拜將食，則關於加饌之具與祭，賓皆無拜謝之意，則情理
不合，敖說有其道理，姑依劉沅說法兩說並兼取之，而暫將此段經文歸入「賓
祭加饌」中。至此可繪「賓祭加饌圖」。

賓祭加饌圖一

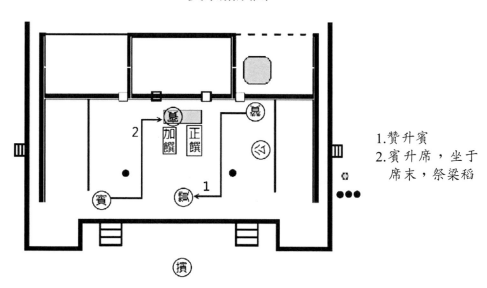

1. 贊升賓
2. 賓升席，坐于
　席末，祭粱稻

賓祭加饌圖二

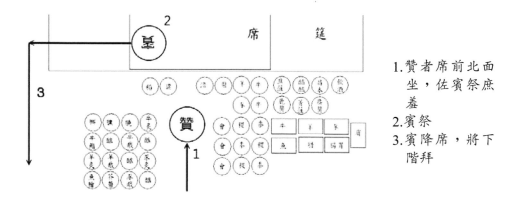

1. 贊者席前北面
　坐，佐賓祭庶
　羞
2. 賓祭
3. 賓降席，將下
　階拜

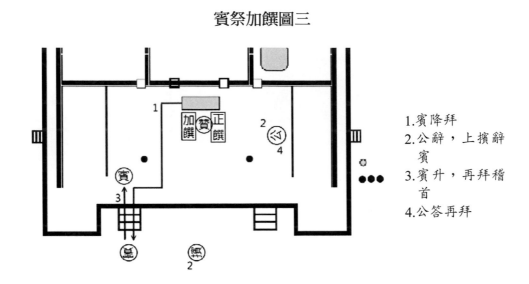

賓祭加饌圖三

1.賓降拜
2.公辭，上擯辭
　賓
3.賓升，再拜稽
　首
4.公答再拜

九、賓食饌三飯

●經文 09-01：賓北面自間坐，左擁簠粱，右執湆以降。（卷二十五，頁 14）

鄭《注》：自間坐，由兩饌之間也。擁，抱也。必取粱者，公所設也。以
　　　之降者，堂，尊處，欲食於階下然也。（卷二十五，頁 14）

敖繼公《儀禮集說》：擁之者，示其重也；必取湆者，飯則先啜湆，故特
　　　取之。以降者，為公立于堂，己不敢坐食于席也；必以降者，臣
　　　也。云簠粱，見其器也，凡粱稻皆以簠。（卷九，頁 18～19）

方苞《儀禮析疑》：公所親設大羹為重，加饌至粱而食物備，左擁右執則
　　　無暇及其餘矣。（卷九，頁 12）

吳廷華《儀禮章句》：（賓北面自間坐）兩饌之間，不于席者，席必南面，
　　　此取公所設，須北面也。（左擁簠）本作簋，依石經改。（粱）粱
　　　在西，北面則西為左也。擁，抱也，不言執簠者，簠似鼎，舉必
　　　兩手，此右手將執湆，故第以左手擁之。（右執湆）湆在東，北面
　　　東為右也。登中有柄，故可執。（以降）二者皆公親設，不敢安食
　　　於堂，故降欲食于下也。用湆者，以飯必歠之，不以醬者，粱不

須醬也。（卷二百七十九，頁5）

《欽定儀禮義疏》：案公所親設者三，首擁粱者，食禮主於飯也；兼執清
者，飯粱宜啜清也，執清而舍醬者，左右各一器，不可以兼及也。
擁之，以臂抱之而著於膺旁也，於君擁之，於大夫執之，差之宜
也。（卷二十，頁12）

胡培翬《儀禮正義》：粱清皆公所親設，故必取之以降。《注》不言清，
省文耳。（卷十九，頁1228）

憲仁案：《欽定儀禮義疏》「於君擁之，於大夫執之」之說，乃據後「大
夫相食」之文：「賓執粱與清，之西序端。主人辭，賓反之。」（卷二十六，
頁4）故有尊君乃擁簠，而大夫但執簠之說。粱盛於簠，而簠之形於古器物
學有不同看法，近年來意見較趨一致，周聰俊先生專文討論，以為簠乃方形
器，如覆斗狀者。〔註160〕周說考據詳實，可為參考。此類器其銘文作「𠤱、
𠤳、𠥓、医、𥂖、盨」等，其時代為西周早期至戰國，但出土之量不算多，
器形可參下圖。此類器若為《儀禮》所云之簠，則似不能執，惟易擁之。然
大夫相食禮有執粱與清者，與此處經文相參，可知其文之意為「左執簠粱，
右執清」，是以簠可一手執也。𠤱之器雖有器耳，疑其不易一手執之，則禮書
之器或自有體系，未必與出土文物可相合也。吳廷華云「不言執簠者，簠似
鼎」依石經改簠為簠，其所云之簠或為傳世《三禮圖》所繪圖象之類也。〈曲
禮〉曰「各若降等，執食興，辭，主人興，辭於客，然後客坐。」（《禮記注
疏》，卷二，頁18）故賓降階，臣之禮也。此段經文相關禮義，吳廷華詮之
甚佳，賓擁簠粱、執清者，以此為公所設，而食禮主於飯，而每飯歠清，故
賓以粱清為代表而擁執以下階。

〔註160〕周聰俊：〈簠簋為黍稷圓器說質疑〉，《三禮禮器論叢》（臺北：文史哲出版社），
　　　　頁119～147。

圖：西周晚期伯公父簠

圖片出處：《中國青銅器全集》，第五卷，西周一，編號圖八三。

●經文 09-02：公辭。賓西面坐奠于階西，東面對，西面坐取之，栗
階升，北面反奠于其所，降辭公。（卷二十五，頁 14）

鄭《注》：奠而後對，成其意也。降辭公，敬也。必辭公者，爲其尊而親
臨己食。侍食，贊者之事。（卷二十五，頁 14）

敖繼公《儀禮集說》：公辭，止其食於下也。階西，賓所欲食之處也，故
於此奠之。對者，釋其所以降之意，且從命也。公不許其降食，
乃敢辭公，爲禮之節然也。辭公之意與羅者欲食于下之意同，降
而辭者，亦以其臣也。（卷九，頁 19）

吳廷華《儀禮章句》：（公辭）不降者，此視拜爲輕。（賓西面坐奠于階西）
降階奠于其西，故西面也。必奠于西階者，以將食於其處。（東面
對）轉而鄉公，乃對。對者，述其所以降之意，且從命也。（西面
坐取之）左擁右執。（北面反奠于其所）反〔註 161〕，還也。所，
上席前醢西設處。（降辭公）辭，辭其親臨已食，嫌同于贊者侍食
之禮也。（卷二百七十九，頁 5／卷九，頁 7）

《欽定儀禮義疏》：案公辭者，欲其食於尊處，公意愈重也。前公降一等
而賓栗階，此不從降，亦栗階者，臣禮彌恭也。案辭公欲公即安
于他所，而不臨己食也。〈燕禮〉公有席，此禮無阼席，故辭公而

〔註 161〕反字，《皇清經解》本作「及」，依《文淵閣四庫全書》本正之。

後食，公退于箱，蓋西鄉立，欲知賓之動止。食候，故不入堂深也。（卷二十，頁13～14）

憲仁案：賓降欲食，公辭，乃東面對，從命升，將粱與湆置回原位，再降，辭公臨己食。賓以臣自居，恭敬之意甚明，公欲其食於尊處，愛之之意亦甚明。至此可繪賓食饌三飯部分儀節圖。

賓食饌三飯圖一

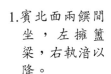

1.賓北面兩饌間坐，左擁簠粱，右執湆以降。

賓食饌三飯圖二（此為上圖之局部放大圖）

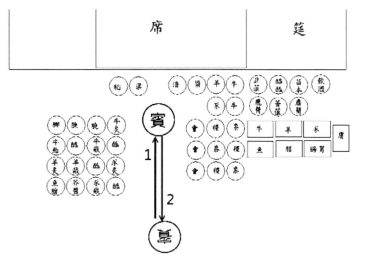

1.賓北面兩饌間坐
2.賓左擁簠粱，右執湆以降。

賓食饌三飯圖三

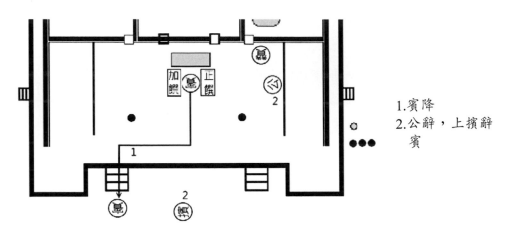

1. 賓降
2. 公辭，上擯辭
   賓

賓食饌三飯圖四

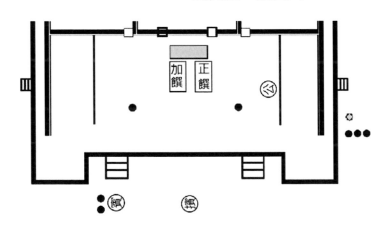

1. 賓西面坐，將
   梁與湆奠于階
   西

賓食饌三飯圖五

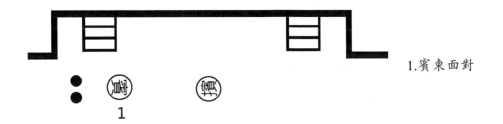

1. 賓東面對

賓食饌三飯圖六

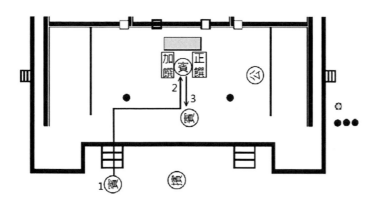

1. 賓西面坐，取梁湇
2. 賓轉身面北，栗階升，將梁湇奠于其所
3. 賓將降辭公

●**經文 09-03：公許，賓升，公揖退于箱。擯者退，負東塾而立。**（卷二十五，頁 15～15）

鄭《注》：箱，東夾之前，俟事之處。（擯者退）無事。（卷二十五，頁 14～15）

賈《疏》：按《爾雅》「有東西廂曰廟」，其夾皆在序外故也。知是「俟事之處」者，正以此文「公揖退于廂」而俟賓食，即待事之處也。（卷二十五，頁 14～15）

郝敬《儀禮節解》：擯退負東塾，退立廟門外也。（卷九，頁 11）

方苞《儀禮析疑》：以是知諸侯之廟有東夾也，〈聘禮〉西夾六豆設於西墉下，饌於東方亦如之，則是大夫士之廟亦有東西夾也。蓋中室之前為中堂，左右房之前為東西堂，左右夾室之前為東西廂，上下同之，特深廣之度異耳。………古制則中棟之北以為室房，中棟之南以為堂，廂則異耳，觀《尚書・顧命》西夾敷王之几席，〈聘禮〉豆設於墉下，則中棟以北，東西房之南，必鑿墉闢戶以通於夾室，觀此經公退而待事於箱，則堂前東北墉必包檐柱，留餘地以達於箱，而容人之往來，堂前隆起以達於階者，基必深，非深不可以布主賓之席，展進退拜獻之儀也，兩廂之基必淺，非淺無以容堂東堂西待事於下者之立位也。（卷九，頁 12～13）

沈彤《儀禮小疏》：此箱謂序外東箱，〈觀禮・記〉所云：「凡俟于東箱」

〔註162〕一也，故《注》云：「箱東夾之前，俟事之處」，云東夾前
（作者自注：此「東夾前」與〈士喪禮〉《注》「東夾前」不同），
則分夾之前半而當棟與楣之間矣。近正堂，故俟事于此爲便。謂
之箱者，形長方似箱耳，又棟與楣之間謂之箱，亦可謂之堂，〈特
牲〉云「凡〔註163〕、席、兩敦在西堂」，《注》云「西夾之前近南
東〔註164〕」，《疏》云按《爾雅注》廂「夾室前堂」，此西堂即西
廂也，至楣與庪之間可謂之堂，不可謂之箱，此經公揖退於箱，
爲欲安賓，而任賓食也，若在楣與庪之間，則居非其所，賓何以
安，其不然也必矣。又朱子〈殿屋廈屋說〉云「東序之東、西序
之西爲夾，亦謂之箱。《說文》云「廂，廊也」、「廊，東西外也」，
是廂亦夾之通稱。（作者自注：〈春官‧肆師〉賈《疏》云「夾室
謂兩箱夾室」）萬充宗云「《爾雅》云：『室有東西廂曰廟，無東西
廂有室曰寢。』郭璞《注》云：『箱，夾室前堂』。考〈燕禮〉小
臣師立于東堂下，〈士喪禮〉小歛奠饌于東堂下，二禮皆行于寢，
是諸侯及士其寢皆有夾室前堂矣。然則廟寢奚別乎？」萬之意蓋
以《爾雅》之寢爲正寢，故以郭《注》爲誤，不知其寢爲廟之寢，
而室亦非生人之室也。按邢昺《疏》云「凡太室有夾室前堂者曰
廟，但有太室者曰寢」引〈月令〉鄭《注》前廟後寢爲證，其說
甚明，故朱子及陳用之皆從之，萬不察此而疑郭《注》之誤則誤
矣。（卷七，頁2～3）〔註165〕

《欽定儀禮義疏》：「通論」賈氏公彥曰「案《爾雅》『有東西廂曰廟』，
其夾皆在序外」。案《爾雅》云「室有東西廂曰廟，無東西廂有
室曰寢」，郭璞《注》云「廂，夾室前堂」與此《注》所謂東夾
之前者合，然攷古人室堂之制，東西序之外皆有屋一閒，其北爲
室，即東西夾室也，繼夾而南爲堂，即東堂西堂也，堂之南畔，
楣以外近檐處謂之箱，箱亦堂也，其堂下則爲東堂下、西堂下，

〔註162〕此處所引之〈覲禮‧記〉文，「凡」或又有引作「几」，該段文字爲「几俟于
東箱」。
〔註163〕「凡」當作「几」，〔東漢〕鄭玄注、〔唐〕賈公彥疏：《儀禮注疏》，卷四十四，
（總522）。
〔註164〕「東」當作「耳」，參同上註。
〔註165〕此段引文與《皇清經解》本（卷三百二十三，頁1～2）互校，文字相同。

若寢果無夾室前堂，則亦不應有東堂下、西堂下，乃〈燕禮〉之小臣師立于東堂下，〈士喪禮〉之小斂奠饌于東堂下，二禮皆行于寢，是諸侯與士之寢皆有夾室前堂矣。或曰《爾雅》所云「無東西廂有室曰寢」者，謂其北雖仍有夾室，而繼夾而南則南檐稍淺，故但有東西堂而無箱；或曰《爾雅》所云寢者，指廟後之寢，不謂諸侯之路寢與大夫士之正寢，若路寢、正寢蓋亦有東西廂如廟也。二說未知孰是，姑附論之，以俟知者。或云箱在堂下，東西別爲之如箱然，此大繆也，此禮公之退于箱，進于堂，皆無升降之文，則不在堂下明矣。若堂下兩旁別有屋，則盥洗、獻酬、升降之間隨地窒礙矣，而可乎？

案擯謂上擯，退者自阼階下退而南也，公既退，故擯亦退負東塾，立於承擯之東。（卷二十，頁 14～15）

憲仁案：箱爲俟事之處，但其地點各家說法不同，箱與夾是否相同，亦未可定說，扶風雲塘（F1、F8）與齊鎮（F4、F9）西周建築遺址〔註166〕，主體建築之兩側各有一建築基址，或以爲即東西廂，亦非定說。闕疑待考。郝敬以擯者退立廟門外，非也。塾依門分內外，豈是門外才有塾乎？

上擯應退立於其故位，負東內塾。上擯爲眾擯之上者，擯者統於君，其位在眾擯之東。

箱之位置如上所引各家說法分歧，於儀禮圖之呈現實有困難，今就經文但云公揖退于箱，無載及下階之事，故推箱在廟之主體建築中，本文姑從鄭《注》以箱在東夾之前，而續繪「賓食饌三飯圖」關於公揖退於箱，上擯負西塾的部分。

〔註166〕周原考古隊：〈陝西扶風雲塘、齊鎮西周建築基址 1999～2000 年度發掘簡報〉，《考古》2002 年第 9 期，頁 3～26。

賓食饌三飯圖七

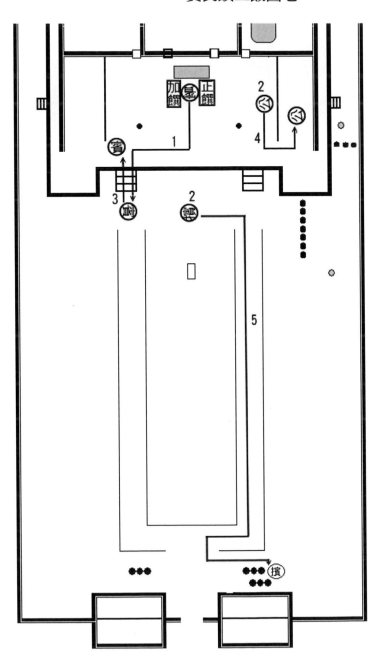

1.賓降辭公
2.公許，上擯傳命
3.賓升
4.公揖退于箱
5.擯者退，負東塾而立

●經文 09-04：賓坐，遂卷加席，公不辭。（卷二十五，頁 15）

鄭《注》：贊者以告公，公聽之，重來，優賓。（卷二十五，頁 15）

賈《疏》：知云「贊者以告公，公聽之」者，公既在序外，賓食在戶西，
若不告公，公何以知之，明知贊者告公也。云「重來，優賓」
者，若公來則勞賓，不來則賓不勞，故難重來，而不來則優饒
賓也。（卷二十五，頁 15）

敖繼公《儀禮集說》：卷加席者，北面坐而卷自末也。公不辭，以其降等
也，若於朝，君則辭而賓反之矣。（卷九，頁 19）

吳廷華《儀禮章句》：卷置席末，前已即席坐矣，此始卷之者，前特坐祭
爾，此將食，不安于坐也。（卷二百七十九，頁 5）

憲仁案：〈記〉載加席為崔席，捲自末。敖繼公以為面北坐，卷加席，推
敖氏之意，蓋以正饌加饌之設，間容人，故賓坐於兩饌之間而北面，然其說
有可商者，席前兩邊近席處各有醬湆與稻粱，是不便由席末卷之，故推賓當
南面坐，由加席之末端卷之。

●經文 09-05：賓三飯以湆醬。（卷二十五，頁 15）

鄭《注》：每飯，歠湆，以肴擩醬，食正饌也。三飯而止，君子食不求飽。
不言其肴，優賓。（卷二十五，頁 15）

郝敬《儀禮節解》：三飯，以手三舉飯食。（卷九，頁 11）

王士讓《儀禮紃解》：飯者，粱也，與湆醬三者，皆公所親授，故賓因敬
而食之。劉氏敞所謂「以君子之厚己」是也。殽皆不食，與昏禮
食法同。賓三飯而遂已，以公俟于箱，不敢久稽尊長也。（卷九，
頁 16～17）

蔡德晉《禮經本義》：三飯而止，禮成于三也。（卷七，頁 12）

《欽定儀禮義疏》：案是時賓所飯者爲粱稻，是公所親設者，賓於初食皆
用之，重公所設也。

　　「存疑」鄭氏康成曰「不言其殽，優賓」……經但云「以湆醬」
而已，無食殽之文，鄭以意億之耳。……賓三飯而遂已，以公俟
于箱，欲速成禮，不欲久留公也。所以牲體皆不舉，與〈曲禮〉
主人親延客食，則與此禮迥異，無庸以之相較。（卷二十，頁 16）

褚寅亮《儀禮管見》：諸禮凡食飯無不食舉者，故《注》云然，食舉本有次第，故《疏》言任賓取以優賓，按《周官·司儀》食禮有舉數，以次差之，大夫當三舉，則食舉明矣。（卷中之三，頁 7）

凌廷堪《禮經釋例》：凡食禮，初食三飯，卒食九飯。（卷四，頁 229）

憲仁案：鄭云「食正饌」，以此食加饌之飯與正饌之殽。禮食先食殽，燕食先食蔬。賓三飯，王士讓之說不敢久稽尊長，非也。〈禮器〉云「天子一食，諸侯再，大夫、士三，食力無數。」（卷二十三，頁 10）〔註 167〕則三飯為其應有之禮。

● **經文 09-06：宰夫執觶漿飲與其豐以進。賓挩手，興受。宰夫設其豐于稻西。**（卷二十五，頁 15）

鄭《注》：此進漱也，非為卒食，為將有事，緣賓意欲自絜清。（興受）受觶。（設其豐于稻西）酒在東，漿在西，是所謂左酒右漿。（卷二十五，頁 15）

賈《疏》：云「酒在東，漿在西」者，案上飲酒，實於觶，宰夫設于豆東，是酒在東也。云漿在西者，即此經設於稻西是也。云「是所謂左酒右漿」者，按〈曲禮〉云「酒漿處右」，鄭云：「此言若酒若漿耳，兩有之，則左酒右漿。」云兩有者，據此〈公食〉而言，左酒右漿也。（卷二十五，頁 15）

吳廷華《儀禮章句》：（宰夫設其豐于稻西）為賓奠觶也。稻西者，〈弟子職〉云「左酒右漿」南面，西為右也。（卷二百七十九，頁 5）

鄭珍《儀禮私箋》：宰夫進漿飲當由庶羞之西進，當筵末授賓，不由間至賓前也。蓋若由間進，其設豐稻西也，為稻南一列四豆所所隔，無論去稻遠近皆於置設不便，故必由庶羞之西當筵末以觶授賓，而即設豐當腳豆之上，使饌西角成方，賓此時坐席末，僅去豐四尺，自及奠觶。（卷三，頁 6）

黃以周《禮書通故》：前飲酒，右執觶，左執豐，設于豆東。此漿飲，執觶與其豐，設于稻西。飲酒從正饌于東，漿飲從加饌于西，是所

〔註 167〕關於此段經文，孫希旦云：「愚謂食一口謂之一飯，再謂連食二口，三謂連食三口也。」（〔清〕孫希旦：《禮記集解》（臺北：文史哲出版社，1990 年，沈嘯寰、王星賢點校本），上冊，卷二十三〈禮器第十之一〉，頁 635）。

謂左酒右漿也。（卷二十二，頁 998）

憲仁案：鄭珍設想宰夫進豐之方位，甚為仔細，其理亦然，可從。至此則漿飲其所用以奠之豐皆設，可將設饌全圖繪之如下：

公食大夫設饌全圖

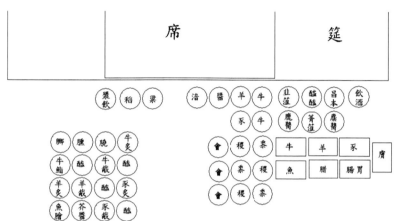

●經文 09-07：**庭實設**。（卷二十五，頁 15）

鄭《注》：乘皮。（卷二十五，頁 15）

韋協夢《儀禮蠡測》：有司設庭實以宰夫設豐之時為節，非謂賓必俟庭實設而後坐祭也。（卷九，頁 5）

憲仁案：韋協夢之說是也。

●經文 09-08：**賓坐祭，遂飲，奠於豐上**。（卷二十五，頁 15）

鄭《注》：飲，漱。（卷二十五，頁 15）

敖繼公《儀禮集說》：其祭亦於醬湆間。（卷九，頁 20）

《欽定儀禮義疏》：案宰夫設豐之後，賓遂坐祭而飲矣，而先言庭實設者，著有司設庭實之節也。（卷二十，頁 17）

胡培翬《儀禮正義》：〈玉藻〉曰：「水漿不祭，若祭為已俅卑」。而此乃祭漿者，臣禮也。故彼《注》云「臣於君則祭之」。（卷十九，頁 1231）

憲仁案：〈記〉之「司宮具几，與蒲筵常，緇布純，加萑席尋，玄帛純，皆卷自末。」、「上大夫蒲筵，加萑席。其純，皆如下大夫純。」雖非對此儀

節經文而發，但亦可以為參考。

十、侑　幣

●經文 10-1：**公受宰夫束帛以侑，西鄉立。**（卷二十五，頁 15）

鄭《注》：束帛，十端帛也。侑猶勸也。主國君以為食賓，殷勤之意未
　　　　　至，復發幣以勸之，欲用深安賓也。西鄉立，序內位也。受
　　　　　束帛于序端。（卷二十五，頁 15）

賈《疏》：云「西鄉立，序內位也」者，按上文公設醬，「公立于序內西
　　　　　鄉」，此經亦云「西鄉立」，故知亦在序內位也。云「受束帛于
　　　　　序端」者，按〈大射禮〉公凡受，於序端，故每云公之所受者，
　　　　　皆約之受於序端。（卷二十五，頁 15）

敖繼公《儀禮集說》：是時公受束帛，蓋于東箱；醴時公在堂，則受于序
　　　　　端。侑者，食賓而從之以貨財之之〔註 168〕稱，勸人食亦曰侑。（卷
　　　　　九，頁 20）

吳廷華《儀禮章句》：庭實設至此一時並行，無先後也。（卷二百七十九，
　　　　　頁 5）

褚寅亮《儀禮管見》：賓既飲則公出自箱，立於序端矣，於是宰夫以束帛
　　　　　授公，而公受之，非受於東箱也。（卷中之三，頁 7）

韋協夢《儀禮蠡測》：賓食時，公退于東箱，宰夫即奉束帛從于東箱，賓
　　　　　既飲，公出自東箱，即受宰夫束帛。《註》因〈聘禮〉公受几于序
　　　　　端，謂受束帛亦于序端，似不若敖說之審。（卷九，頁 5）

憲仁案：此段經文因未明載公受宰夫束帛於何處，由〈聘禮〉、〈大射禮〉
判斷，宰夫授公束帛應於序端。宰夫之具皆於東房，公出至序端而宰夫由東
房出，到序端授公束帛，此時公北面，宰南面受。公持至序內之位，西鄉立。

●經文 10-2：**賓降筵，北面。**（卷二十五，頁 15）

鄭《注》：以君將有命也。北面於西階上。（卷二十五，頁 15）

賈《疏》：云「以君將有命」者，謂有束帛侑食之命，故賓降筵北面，於
　　　　　西階上以待主君之命。（卷二十五，頁 16）

〔註 168〕《欽定儀禮義疏》引文僅一「之」字。

憲仁案：至此可繪「侑幣圖」部分儀節圖。

侑幣圖一

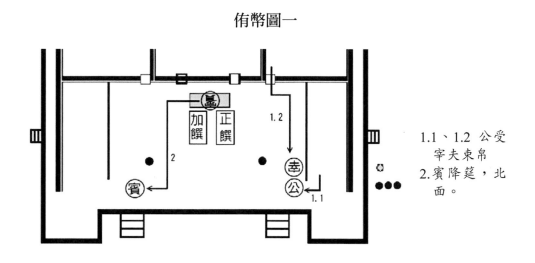

1.1、1.2 公受
　　　宰夫束帛
2.賓降筵，北
　面。

（說明：宰夫以㊗表示）

●**經文 10-3：擯者進相幣。賓降辭幣，升，聽命。**（卷二十五，頁 16）

鄭《注》：爲君釋幣辭於賓。降辭幣，主國君又命之升，聽命，釋許辭。
　　　　（卷二十五，頁 16）

賈《疏》：云「主國君又命之，升」，知者，約〈聘禮〉禮賓：「賓降辭幣，
　　　　公降一等辭，栗階升，聽命」是也。（卷二十五，頁 16）

敖繼公《儀禮集說》：辭幣者，謂既受賜食，不宜又辱賜幣也。公於是降
　　　　一等止其降，且不許其辭。賓即栗階升，聽命也。經似有脫文。（卷
　　　　九，頁 20）

胡培翬《儀禮正義》：此不言降一等辭及栗階者，省文耳，非脫也。（卷十
　　　　九，頁 1232）

憲仁案：敖氏脫文之說非也，經文於此省文，胡培翬之說是也。因前文
已詳載賓降辭、公命之、賓栗階升諸儀，故於此不再一一具文，此亦可與〈聘
禮〉禮賓之細節相參。至此可續繪「侑幣圖二」。

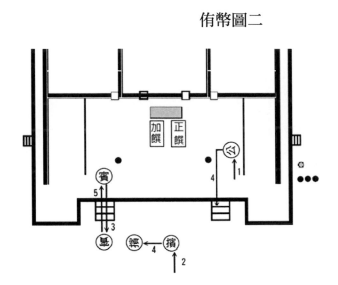

侑幣圖二

1.公受宰夫束帛，
　將侑幣，西鄉立
2.上擯進相幣
3.賓降辭幣
4.公辭，上擯辭
5.賓升

●經文 10-4：降拜。公辭，賓升，再拜稽首，受幣，當東楹，北面。
（卷二十五，頁 16）

　　鄭《注》：當拜受幣。主國君南面授之，當東楹者，欲得君行一，臣行二
　　　　也。（卷二十五，頁 16）

　　吳廷華《儀禮章句》：東楹之北也，主君南面授之。（卷二百七十九，頁 5）

　　《欽定儀禮義疏》：案賓北面受，故注知公南面授也，以其爲訝受故也。（卷
　　　　二十，頁 19）

　　憲仁案：臣於君則訝受，故由賓北面可推公南面。授受之處當東楹，則
公由序內之位至當東楹處，賓由西階之位至當東楹處，故鄭云君行一臣行二
也。至此可續繪「侑幣圖三」。

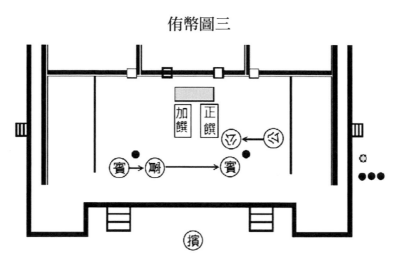

侑幣圖三

說明：公由序內向西至東楹近處，面向南；賓本於西階上面北，轉身移至
　　　東楹近處，面向北

●經文 10-5：退，西楹西，東面立。（卷二十五，頁 16）

鄭《注》：俟主國君送幣也。退不負序，以將降。（卷二十五，頁 16）

賈《疏》：按〈聘禮〉「賓三退負序」，《注》云：「三退，三逡遁也。不言
　　　　辟者，以執圭將進授之。」彼皆當楣再拜，故賓退負序。此亦
　　　　為公拜送幣，但在楹西耳，故賓在階西，不負序，以將降故也。
　　　　〔註169〕（卷二十五，頁 16）

敖繼公《儀禮集說》：西楹西，亦少北也。（卷九，頁 21）

方苞《儀禮析疑》：〈聘〉「賓三退負序」，以執圭當進授，辟公之拜於堂
　　　　上，以遠為宜也；此則公拜送幣，賓當降辟於階下，以速為宜，
　　　　故近立西楹之西。（卷九，頁 13）

吳廷華《儀禮章句》：退由西楹西，將舉步降階矣。因公將拜，故少東鄉
　　　　舉步逡巡，似乎立也。（卷二百七十九，頁 5）

憲仁案：各家由〈聘禮〉賓與主國君行禮之儀，可以推得禮意，與方位。

────────────

〔註169〕此段《疏》文，孫詒讓以為作「彼君當楣再拜，故賓退負序。此亦為公拜送
　　　幣，但在楹西者，故賓在階西；不負序者，以將降故也。」曹校以為賈《疏》
　　　「『故』當為『此』，或『耳故賓在階西』六字衍。」（〔清〕孫詒讓：《十三經
　　　注疏校記》，下冊，頁 385）。

●經文 10-6：公壹拜，賓降也，公再拜。介逆出。賓北面揖，執庭實
以出。（卷二十五，頁 16）

> 鄭《注》：賓不敢俟成拜。（介逆出）以賓事畢。揖執者，示親受。（卷二
> 十五，頁 16）

> 敖繼公《儀禮集說》：北面揖之者，象親受之也，凡庭實並受。（卷九，
> 頁 21）

> 郝敬《儀禮節解》：介逆出，先賓出也，賓在堂，三介在門西，北面，近
> 門者先出曰逆。（卷九，頁 12）

> 方苞《儀禮析疑》：庭實乃執者以出，而不目其人何也，下文「上介受賓
> 幣，從者訝受皮」，則別有執皮者而非賓兼執，不待言矣。（卷九，
> 頁 13～14）

> 吳廷華《儀禮章句》：（公壹拜）拜雖未畢，亦一拜也。（賓降也）執幣降。
> （公再拜）一拜未畢，賓已降辟，公遂成拜。按受幣當退，不待
> 公拜始退也。君一拜未畢，賓已降，則一拜且不敢當，何有于成
> 拜。上《注》以東面立爲俟君送幣，是俟君拜也，此《注》云不
> 敢俟成拜，亦是此意易之。（介逆出）迎賓以出。其實賓將出未出
> 也。（賓北面揖）揖執皮者。（執庭實以出）與執皮者俱出。（卷二
> 百七十九，頁 5）

憲仁案：賓於公拜時即下階，不敢當其禮，故《注》云不敢俟成拜。公
則兩拜成禮。吳廷華云「受幣當退，不待公拜始退也」。賓之下階與公拜應是
同時，蓋上文云「退，西楹西，東面立」，若不待公拜始退，則東面立為虛文
矣。賓受幣，公拜送幣，賓不敢當其拜，見公已作將拜之動作，賓即下階，
介見賓下階，因先賓出，故逆出，賓北揖以示執庭實者，執庭實者乃出。

●經文 10-7：公降立。（卷二十五，頁 16）

> 鄭《注》：俟賓反。（卷二十五，頁 16）

> 敖繼公《儀禮集說》：亦立于中庭。（卷九，頁 21）

憲仁案：公降立于中庭，俟賓反以卒食。

●經文 10-8：上介受賓幣，從者訝受皮。（卷二十五，頁 16）

> 鄭《注》：從者，府史之屬。訝，迎也。今文曰梧受。（卷二十五，頁 16）

　　賈《疏》：云「從者，府史之屬」，知非士介者，此子男小聘，使大夫，
　　　　士介一人而已。介已受賓幣，故知訝受者非士介，是府史之屬
　　　　也。（卷二十五，頁 16）

吳廷華《儀禮章句》：〈聘禮〉士介亦曰從者，此《注》謂「府史之屬」，
　　　　非是。（卷二百七十九，頁 6）

《欽定儀禮義疏》：案〈聘禮〉禮賓之庭實以馬，馬可一手牽之，故曰賓
　　　　執左馬以出，既執幣又執左馬，故不揖牽馬者；此禮庭實以皮，
　　　　皮不可一手張之，賓既執幣，不可以兼執皮，故揖執皮者以出也，
　　　　庭實或以皮或以馬，其受者皆可以是推之。
　　　　「存疑」鄭氏康成曰「從者，府史之屬。訝，迎也」、賈氏公彥曰
　　　　「此子男小聘……府史之屬也」。案〈聘禮〉云「小聘曰問……其
　　　　禮如爲介，三介」則小聘之賓有三介矣，前即位時云介西上，此
　　　　云介逆出，又云上介，明介非一人，則介皆士也，從者訝受皮，
　　　　猶醴賓之從者訝受馬也，於此著訝受者，明介受賓幣之爲並受也。
　　　　（卷二十，頁 20）

韋協夢《儀禮蠡測》：（從者訝受皮）〈聘禮〉醴賓，從者訝受馬，《註》
　　　　以從者爲士介，則此從者亦士介也。《疏》謂子男小聘大夫，士介
　　　　一人。大大小聘亦士介三人，〈聘義〉已明言之，士介三人則一人
　　　　爲上介，二人爲眾介，與大聘同矣。（卷九，頁 6）

孔廣林《儀禮肊測》：鄭康成云「從者，府史之屬」，《疏》云「知非士介
　　　　者，此子男小聘使大夫，士介一人而已，介已受賓幣，故知是府
　　　　史之屬」。廣林謂兩君相朝，介九若七若五，諸臣出使若七若五若
　　　　三，無一介者，子男大聘小聘皆三介，禮窮則同也，故介即位曰
　　　　西上，退曰逆出，其非一人可知。不使士介受皮者，此是私幣，
　　　　皮又輕，既以束帛授上介，不敢更以皮勞公士耳。〈聘禮〉醴賓從
　　　　者訝受馬，與此正同，彼注以從者爲士介，蓋未審諸此。（卷九，
　　　　頁 3～4）

　　憲仁案：各家辨賓三介，明矣。三介者，士介一人為上介，兩人為眾介，
《疏》以為士介一人，非是。上介並受賓幣，而前文已云介逆出，逆出者三
人也，其中眾介二人出廟後，待執庭實者出，訝受皮。

十一、卒　食

●經文 11-01：**賓入門左，沒霤，北面，再拜稽首。公辭。**（卷二十五，頁 16）

鄭《注》：便退則食禮未卒。不退則嫌，更入行拜，若欲從此退。（公辭）
止其拜，使之卒食。（卷二十五，頁 16）

賈《疏》：云「便退則食禮未卒。不退則嫌」者，此鄭探解賓意。食禮自
有常法，三飯之後當受侑幣，更入以終食禮，故送庭實而後入。
是以鄭云「便退則食禮未卒」，解經「賓入」之意。云「不退
則嫌」者，謂有貪食之嫌，解「再拜稽首」，將辭之意，是以
「更入行拜，若欲從此退」者，待公設辭留賓之意也。（卷二
十五，頁 16）

敖繼公《儀禮集說》：霤，門內霤也。沒霤，庭南也。拜者，謝侑幣之賜
也。沒霤而拜，以公立于中庭也。（公辭）辭其拜於庭也。（卷九，
頁 21）

郝敬《儀禮節解》：北面拜稽首，謝公幣，將告退也。拜于門內，公在庭
也。公辭，止其拜，留之也。（卷九，頁 12）

張爾岐《儀禮鄭註句讀》：沒霤，門簷霤盡處，嫌謂貪食之嫌。（卷九，
頁 8～9）

姚際恒《儀禮通論》：食禮，三飯之後，主君侑幣，賓受以出，復入卒食，
其禮始畢。故賓入門左，于庭南北面再拜稽首，公辭其拜于庭，
乃升成拜。以將卒食，故禮更端，一如初食時拜也。鄭氏不喻此，
于賓入拜，謂「更入行拜，若欲從此退」；于公辭，謂「止其拜，
使之卒食」；于賓升，再拜稽首，謂「拜主國君之厚意」。本文皆
無此義，悉鄭自撰，迂折極矣。且凡拜皆有爲，如初食拜，受幣
拜，卒食拜，降奠拜，其中豈復有拜厚意之拜耶？敖氏知其非，
謂此拜爲「謝侑幣之賜」，亦非也。前已拜受幣，明日又拜侑幣之
賜，若此時拜，則明日不爲重乎？（卷九，頁 329）

吳廷華《儀禮章句》：（賓入門左）介從入。……（再拜稽首）將拜也，
食禮未畢，理應復入，再拜者，以公降立而待，故拜其厚意，下
《注》所云是也。《注》云「不退則嫌，更入行拜，若欲從此退」

者，似非古人誠信之道，又敖氏謂「拜侑幣」，不知上已拜受，何必又拜，並易之。（公辭）拜于下，故辭。（卷二百七十九，頁6）

《欽定儀禮義疏》：案龜者公侑幣時，賓聽命已再拜稽首矣，及受幣而降，公則爲之再拜，此拜爲送幣也，公既拜賓，當甌答之，猶燕飲之禮，拜送爵亦當拜受爵也，賓降疾趨而南，至參分庭一在南，庭實所設之處，乃旋身北面以揖執庭實者，而公已立于中庭，賓疾趨而出授幣于介，疾趨入，甌於答公之拜也，答公之拜，所以謝侑幣也，沒龜即拜，固以公之立于中庭，亦當留三揖地也。賓於受幣後無竟退之理，則無入而不拜之理。（卷二十，頁21～22）

褚寅亮《儀禮管見》：〈聘禮〉禮賓於授幣後，亦曰公壹拜，賓降也，公再拜，賓執左馬以出，下遂行覿，並未更入門而行再拜稽首禮也，然則此禮之拜不蒙上事可知，故《注》云若欲從此退，《集說》以爲謝侑幣，非。凡飲食無論酒與幣，皆賓先拜受而後主人拜送，無送後復拜謝之禮，下經公辭及賓再拜稽首，因之亦誤。（卷中之三，頁7～8）

曹元弼《禮經學》〔註170〕：褚說是也。鄭注云「便退則食禮未卒。不退則嫌，更入行拜，若欲從此退。」吳氏庭〔註171〕華駁之，《校釋》曰：「上公降立俟賓入，揖讓而升，然賓既受幣出矣，若入徑待公揖而升食，則嫌于安盛，竭人之歡，盡人之忠，故再拜稽首以示受賜既多，欲告退之意，迨公辭之，乃揖讓升，升又拜公之厚意而後食，敬之至也。主人欲深安賓，故發幣以勸之，賓益不敢自安，故始降辭幣而繼拜告退，皆所以致尊讓也，此拜當與卒食東面再拜稽首對勘，彼食禮已卒，當退，故公降答拜；此食禮未卒，未得退，故公辭之；彼自階西進，故階東東面，此自門入，故沒龜北面，其爲欲退而拜則同。吳氏以拜爲拜公降立待己，不知禮固未有拜降立者，〈聘禮〉私覿，賓入門右再拜稽首爲覿，拜非爲降立拜也，吳說非。」〔註172〕

〔註170〕〔清〕曹元弼：《禮經學》（《續修四庫全書》景印清宣統元年刻本），卷五，頁104。

〔註171〕當作「廷」。

〔註172〕此處所引者爲曹元弼另一著作《禮經校釋》，內容除了「答」與「荅」異體外，「揖讓而升」一句，《校釋》句末有「也」字。〔清〕曹元弼：《禮經校釋》，《續

　　憲仁案：各家討論重點多在賓入門左「再拜稽首」，所拜之意為何？敖繼公反對鄭《注》，而提出新說，以為拜謝侑幣，郝敬從之，《欽定儀禮義疏》亦從之而兼以答公之拜詮之。姚際恒再發新說，以為賓拜乃為復入將卒食，以前三飯而食禮未卒，復入將卒食，食前應拜，故賓再拜稽首。吳廷華《儀禮章句》指出鄭《注》於賓再拜稽首之意有二解，一為「更入行拜，若欲從此退」，一為「拜主國君之厚意」，並以後說為是，並提出「以公降立而待，故拜其厚意」的看法。

　　上揭有三種說法不同意鄭說，更有援鄭《注》駁鄭《注》者。褚寅亮、曹元弼後出轉精，辯之甚詳，其一「凡飲食無論酒與幣，皆賓先拜受而後主人拜送，無送後復拜謝之禮」，故敖說不可從。其二，姚說與鄭《注》之不同在：姚以賓拜乃將食，而鄭以賓拜乃將退。其謝主國君之厚意則同，但以禮重謙退，故入門拜退，擬禮辭之意，若賓復入拜意在再食則嫌，故鄭乃不如此解，兩說有高下之分，鄭說較優。再者，公雖立中庭，而賓一入門於內霤即拜，經文特載其處為沒霤，以其近門也，賓將拜退，故沒霤處拜，若欲進食，則經何以特別強調沒霤。褚寅亮援〈聘禮〉而說之，云「然則此禮之拜不蒙上事可知」是也。賓拜，公即辭，若賓乃拜欲進食，則公辭何意，故知以賓拜為欲進食之說不可從。其三，鄭《注》云「拜主國君之厚意」而吳說增「以公降立而待」，則以為因主公降立而待己，賓乃拜其厚意，此說添足，況且「禮固未有拜降立者」，吳說不可從。

　　此段經文之意乃賓出門將侑幣交與上介後，復入，於入門內霤向北拜，表示將告退，公辭其退。至此可繪「卒食圖」之一。

卒食圖一

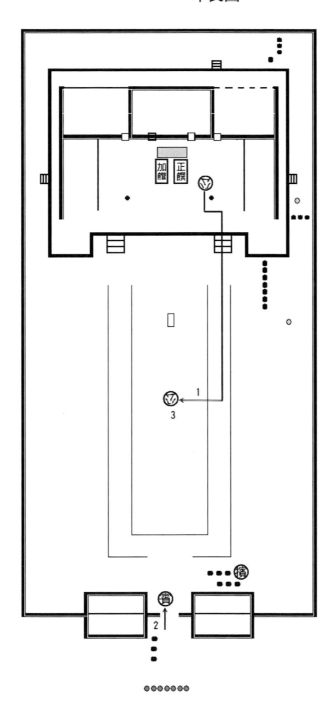

1.公降立中庭
2.賓入門左，沒
　霤，北面拜
3.公辭

●經文 11-02：揖讓如初，升。賓再拜稽首，公答再拜。賓降辭公如初。賓升，公揖退于箱。（卷二十五，頁 16）

鄭《注》：如初入也。賓拜，拜主國君之厚意。賓揖，介入復位。（賓降辭公如初）將復食。（卷二十五，頁 16）

賈《疏》：上文云「介逆出」，下更云「介逆出」，明知中間介復入可知。但復入之節，當此賓入之時也。（卷二十五，頁 16）

郝敬《儀禮節解》：賓降辭公，辭其臨視，如初禮也。（卷九，頁 12）

《欽定儀禮義疏》：案公先在中庭，則不得與賓分庭而揖矣，〈聘禮〉敖氏云「於賓入門左而揖，參分庭一在南而揖，又皆行至於參分庭一在北而揖，是三揖也。賓至西方之中庭，公乃與之偕行」，此揖讓亦如之。（卷二十，頁 22）

憲仁案：時公立中庭，賓入門近陳，公與賓各一揖；賓乃至西陳曲，公則至東陳，公與賓又各一揖；賓向前行，時兩人各在碑，又各一揖。如此賓與公皆三揖，乃偕行至階讓升。至此可續繪「卒食圖」。

卒食圖二

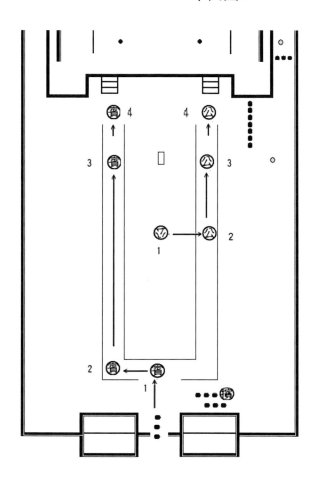

1.公與賓各一揖
2.公與賓各第二揖
3.公與賓各第三揖
4.讓升
（接下來的升堂，
賓降辭，公揖退
于箱，賓食會飯
於儀節九「賓食
饌三飯」已繪有
圖可參考。）

●經文 11-03：**賓卒食會飯，三飲。**（卷二十五，頁 16）

　鄭《注》：卒，已也。已食會飯，三漱漿也。會飯謂黍稷也。此食黍稷，
　　　　　　則初時食稻粱。（卷二十五，頁 16）

　賈《疏》：知「會飯是黍稷」者，見上文云：「宰夫東面坐，啓簋會，各
　　　　　　卻於其西。」此云「食會飯」，故知會飯者是黍稷也。前賓三
　　　　　　飯不云會，以其簋盛稻粱，以其稻粱無會，故鄭云「此食黍稷，
　　　　　　則初時食稻粱」矣。（卷二十五，頁 16〜17）

　敖繼公《儀禮集說》：減簋飯於會而食之，故云會飯。凡者三飯乃飲，此

凡三飲，蓋九飯也。九飯，大夫禮也，後禮更端，故與前三飯不相蒙。食加飯而飲漿，則此所飲者，其酒與？（卷九，頁22）

張爾岐《儀禮鄭註句讀》：上文宰夫設黍稷，云啓會，是簋兼會設之，稻粱不言啓會，是簠不兼會，故經以黍稷爲會飯也，前三飯一飲漱，此云三飲當九飯也。（卷九，頁9）

《欽定儀禮義疏》：「存疑」敖氏繼公曰「減簋飯於會而食之，故云會飯」。案古人飯以手，每食一口謂之一飯，則食會飯者，直取諸簋可也，不必減諸會而後食之，但他時或但食黍，此則每飯皆兼黍稷食之，而二者初設時皆有會，故云會飯耳。「三飲」《注》以爲漿，敖氏以爲酒，則敖氏近之，禮尙相變，加飯飲漿，則正飯宜飲酒也，不然則酒飲爲虛設矣，「不以醬湆」，初三飯用之，則此不用，亦相變之意也。此禮無侑之者，賓雖九飯成禮，而公俟于箱，若緩食而待侑，非所以爲敬也，賓禮當如是，故公亦不使人侑之。又案〈秋官‧司儀職〉言食禮舉數上公九、侯伯七、子男五，以差言之，則大夫當三舉，此不言舉，未詳。（卷二十，頁23~24）

褚寅亮《儀禮管見》：下大夫不得飲酒，《注》謂漱漿是也，敖說誤。（卷中之三，頁8）

憲仁案：敖氏立新說，以為「減簋飯於會而食之，故云會飯」其誤前人已論之，簋有蓋，故云會飯，〈公食大夫禮‧記〉「簋有蓋冪」（卷二十六，頁7（總315）），則設稻粱時，已去會於房，唯黍稷設時，宰夫東面，坐啟簋會。又食黍稷時，賓漱以漿，蓋酒以不舉也。

●**經文 11-04：不以醬湆。**（卷二十五，頁17）

鄭《注》：不復用正饌也。初時食加飯用正饌，此食正飯用庶羞，互相成也。後言湆者，湆或時後用。（卷二十五，頁17）

賈《疏》：云「初時食加飯用正饌，此食正飯用庶羞，互相成也」者，按上文「賓三飯以湆醬」，《注》云：「每飯歠湆，以殽擩醬。」是正饌，稻粱是其加，此云「卒食會飯，三飲不以醬湆」，鄭意以庶羞黍稷是其正，庶羞是其加，互相成而已。言相成者，既非互文，直取饌食互相成而已。云「後言湆或時後用」者，前文賓三飯以湆醬，先言湆，後言醬，是先用湆，此後言湆，

或容前三飯後用湆也，故作文有先後也。（卷二十五，頁 17）

楊復《儀禮圖》：今案《注》云「初時食加飯」謂食稻粱，「用正饌」謂
　　以肴擩醬食正饌也。「此食正飯」謂食黍稷也，但「用庶羞」則
　　經無其文。若可疑者，據下文「上大夫庶羞。酒飲漿飲，庶羞可
　　已〔註173〕」。《注》云「於食庶羞，宰夫又設酒漿，以之食庶羞
　　可也。」以彼證此，恐此食會飯有三飲，亦食庶羞，此注所以有
　　互相成之義也。（卷九，頁 9）

敖繼公《儀禮集說》：亦變於初禮也，先言醬者不用之故，惟據所設之序
　　而言。（卷九，頁 22）

郝敬《儀禮節解》：初食加飯以正肴，此食正飯以加羞，皆兼兩饌。（卷
　　九，頁 13）

吳廷華《儀禮章句》：醬以配牲，此庶羞不用也，《注》云「初食加飯用
　　正饌……互相成也」，不以湆者，庶羞中有腳、臐、膮，則湆之類
　　也。（卷二百七十九，頁 6）

　憲仁案：不用湆醬之原由，吳廷華之說甚佳，庶羞中腳、臐、膮已有汁，
湆之類也。其不用醬者，庶羞不同也。況且庶羞中炙不用醬，而鮨與胾已有
配醢。

● 經文 11-05：挩手，興，北面坐取粱與醬以降，西面坐奠于階西。
　（卷二十五，頁 17）

鄭《注》：示親徹也。不以出者，非所當得，又以己得侑幣。（卷二十五，
　　頁 17）

賈《疏》：云「不以出者，非所當得，又以己得侑幣」者，云不以出者，
　　決〈士昏禮〉賓取脯出以授從者。彼是己所當得，此非直己
　　得侑幣，下文「有司卷三牲之俎歸于賓館」，是己所當得。鄭
　　不言三牲而言侑幣者，據己得者而言之。（卷二十五，頁 17）

方苞《儀禮析疑》：明知己所當得，而不敢必主君之以歸，謙也。（卷九，
　　頁 14）

吳廷華《儀禮章句》：不以歸而取之以降者，示親徹也。粱為加饌之首，
　　醬為正饌之首，故取之以槩其餘。（卷二百七十九，頁 9）

〔註173〕〈公食大夫禮・記〉用「也」字，楊復此引文或因形近而混。

憲仁案：取粱與醬降，乃於正饌與加饌各取其首，而此又為主國君所親設也。三牲之俎，鄭以為非所當得，然下文「卷三牲之俎，歸于賓館」，雖未足以論是否為賓所當得，但足以明主國君之厚意。關於徹食之禮，〈曲禮上〉曰：「卒食，客自前跪，徹飯齊以授相者，主人興辭於客，然後客坐。」（《禮記注疏》，卷二，頁 22～23）〈玉藻〉曰：「若賜之食而君客之……君既徹，執飯與醬乃出，授從者」（同上註，卷二十九，頁 12），孔穎達《禮記正義》曰：「此經食不客者，故君既徹之後，執飯與醬乃出，授從者，若君與己禮食，則但親徹之，不敢授己之從者也。」（卷二十九，頁 15）又曰：「主人自置其醬，則客自徹之」，鄭《注》云：「敬主人他，徹奠于序端。」、《禮記正義》曰：「主人敬客則自置其醬，則客宜報敬，故自徹之。」（卷三十，頁 17）與此可以相發明。

●經文 11-06：東面再拜稽首。公降，再拜。（卷二十五，頁 17）

鄭《注》：卒食拜也。不北面者，異於辭。（公降）荅之也，不辭之使升堂，明禮有終。（卷二十五，頁 17）

賈《疏》：云「卒食拜也。不北面者」，按上文賓受侑幣出，「入門左，沒霤，北面，再拜稽首」，其時辭欲退，公留之卒食，故決之。以其待公留，故北面。此卒食禮終，故東面。為意有異，故面位不同，是以鄭云不北面者「異於辭」也。（卷二十五，頁 17 七）

敖繼公《儀禮集說》：卒食而拜賜也，亦拜於階西，不於階東又不北面，皆變於初，明其將遂退矣。（公降再拜）公拜亦西面于阼階下。（卷九，頁 22～23）

方苞《儀禮析疑》：惟敵者主人拜迎於門外，公始迎賓再拜於門內，不敢以臣禮待之也。惟本國之臣有拜於階下而不升成拜，公拜至，賓降拜而升不拜，欲自同於本國之臣也。故公必命之成拜，以升而成拜，友邦之臣之所同，拜於階下而不升，與升而不復拜者，本國之臣之所獨也。……食禮既終，賓拜稽首於階下，又自同於本國之臣也。公降而答拜，使賓無庸復升，終不敢以臣禮待之也。主賓各盡其敬，上下皆得其安，是謂因人性而作儀。賓取粱與醬以降，則賓〔註174〕者以告於箱，於時賓自拜於階下，公要其節而

──────────
〔註174〕憲仁案：據其意，此處當是「擯」者。又案告於箱者，宜是贊者，蓋以渾稱

降拜，因以送賓也。如公自箱入堂，則賓降時，公宜辭，公降時，賓又辭，節文滋繁，義無所取，蓋自聘享禮，賓覿問之後，饗禮既行，敬文皆備，至於食而主賓益渥洽矣，故儀可漸省也。（卷九，頁 14～15）

《欽定儀禮義疏》：「存疑」鄭氏康成曰「不北面者，異於辭」、賈氏公彥曰「上文賓受侑幣出……故東面」。案上文賓拜皆北面，非獨門左沒霤之拜爲然也，大抵賓之拜皆向君而拜，前之北面拜以君在堂也，門左沒霤之北面拜，以君在中庭也，此時賓以將出而降，君從之降，則君在東方而西面矣，故賓獨東面拜。下文云公降是也，《注》《疏》恐非經意。案賓降將出，故公亦從而降也，公既降則自無使賓更升成拜之事矣。（卷二十，頁 25～26）

褚寅亮《儀禮管見》：既奠於西階西，乃進至階東，東面拜。凡西階下之拜，無有在階西者，敖氏臆說，不可從，《注》云不北面，異於辭者，專對沒霤北面之拜而言。（卷中之三，頁 8）

胡培翬《儀禮正義》：鄭以沒霤北面之拜爲辭退，故云異於辭也。或曰：以公從而降在東方，故賓東面拜也。（卷十九，頁 1136）

憲仁案：方氏言公迎賓於門內，不敢以臣禮待之，此說可商，敵者拜迎於門外，今公拜迎於門內，正是非以敵者待之，此君迎臣之禮也。賓食九飯三飲，則贊知食禮將盡，乃東箱告公，公於是至東序內之位，賓取粱醬以降，坐奠于階西，於是到西階東，面東再拜稽首，公或於賓奠于階西時，便降，或於賓拜時降，至於東階西，答拜，禮有所終，故主國君不使賓拜於堂，而自亦階下答拜。主國君答拜於階下，不以臣禮待賓也，亦見其厚意，臣拜君以再拜稽首禮，君拜臣以再拜。

褚寅亮駁敖說，甚有見地，「凡西階下之拜，無有在階西者」是也。方苞云「食禮既終，賓拜稽首於階下，又自同於本國之臣也。公降而答拜，使賓無庸復升，終不敢以臣禮待之也。主賓各盡其敬，上下皆得其安，是謂因人性而作儀。」說禮義甚佳。

至此可繪食卒部分儀節圖。

擯贊無別，若別稱則贊在堂上佐禮，上擯於堂下佐禮。

卒食圖三

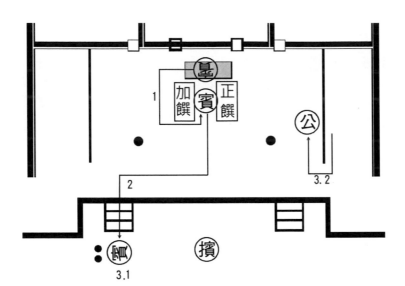

1.賓興，降席
　　至席前北面
　　坐
2.賓取粱與醬
　　以降
3.1.賓西面坐
　　奠粱醬于
　　階西
3.2.公出，至
　　序內之位

食卒圖四

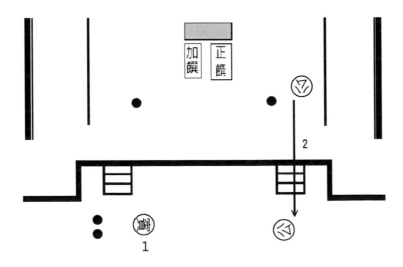

1.賓東面，再
　　拜稽首
2.公降，再拜

十二、賓　退

●經文 12-01：介逆出，賓出。公逆〔註175〕于大門內，再拜。賓不顧。
（卷二十五，頁 17）

　鄭《注》：初來揖讓，而退不顧，退禮略也，示難進易退之義。擯者以賓
　　　　　不顧告公，公乃還也。（卷二十五，頁 17）

　賈《疏》：云「擯者以賓不顧告公，公乃還也」者，知擯者告公者，按經
　　　　　公送于大門內，公不見賓矣。而云賓不顧，明知擯者告公，公
　　　　　還入宴〔註176〕寢也。此擯者告賓不顧，即《論語》云：「賓退，
　　　　　必復命曰：賓不顧矣。」但彼據聘享訖，此據食禮訖，事雖不
　　　　　同，復命云賓不顧矣即不異。（卷二十五，頁 17）

　凌廷堪《禮經釋例》：凡送賓，主人敵者于大門外，主人尊者于大門內。
　　　　　　（卷一，頁 107）

　胡培翬《儀禮正義》：注云「擯者以賓不顧告公，公乃還也」者，還，謂
　　　　　　自廟還路寢也。（卷十九，頁 1237）

　憲仁案：此段經意為公送賓于大門內，上擯等出大門外送賓，待賓離去，
上擯入門告公，公乃還路寢。至此可繪「賓退圖」。

〔註175〕「逆」字宜作「送」，孫詒讓校勘云「曹據嚴本正」（〔清〕孫詒讓：《十三經
　　　　注疏校記》，下冊，頁 385），作送，意較清楚。
〔註176〕孫詒讓校勘引曹云：「『宴』當爲『燕』。案二字通」（同上註）。宴與燕多混用。

賓退圖一

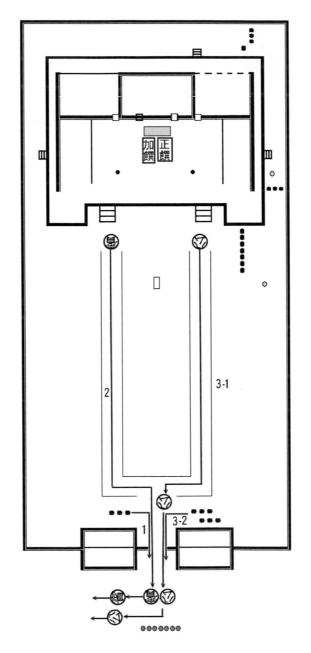

1.介逆出
2.賓出
3.1.公送
3.2.擯出

（本圖繪賓出廟門，公亦送出廟門。）

賓退圖二

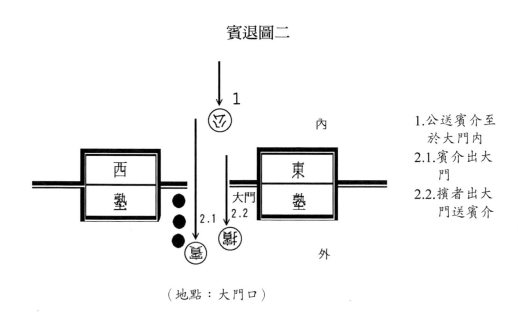

1.公送賓介至
　於大門內
2.1.賓介出大
　　門
2.2.擯者出大
　　門送賓介

（地點：大門口）

十三、歸　俎

●經文 13-01：**有司卷三牲之俎，歸于賓館。**（卷二十五，頁 17）

　　鄭《注》：卷猶收也，無遺之辭也。三牲之俎，正饌尤尊，盡以歸賓，尊
　　　　　之至。歸俎者實于筐，它時有所釋故。（卷二十五，頁 17）

　　賈《疏》：云「歸俎者實于筐」者，此食禮無肵俎，而言卷三牲之俎，不
　　　　　言用俎，唯云實于筐。按〈士虞禮〉亦無肵俎，尸舉牲體皆盛
　　　　　于筐，吉凶雖不同，無肵俎是一，故知同用筐也。云「它時有
　　　　　所釋故」者，解三牲之俎言卷，案〈特牲〉及〈士虞〉尸卒食，
　　　　　取俎歸於尸三個，是有所釋，此無所釋，故稱「卷」也。彼注
　　　　　云「釋猶遺也」，遺者，君子不盡人之歡，不竭人之忠也。（卷
　　　　　二十五，頁 17～18）

　　敖繼公《儀禮集說》：云卷者，明盡以其俎與其實歸之，此牲體皆在俎，
　　　　　則食時不舉之明矣，〈少牢〉、〈特牲饋食禮〉尸所舉者，加于肵，
　　　　　〈虞禮〉則實于筐。（卷九，頁 23）

　　吳廷華《儀禮章句》：《注》云實于筐，竊謂經明言俎，與下不親食禮異，
　　　　　不當據以為例也。（卷二百七十九，頁 6）

《欽定儀禮義疏》：「存疑」鄭氏康成曰「歸俎者實於篚」、賈《疏》：此禮
　　無肵俎，「〈士虞禮〉亦無肵俎，尸舉牲體皆盛於篚，吉凶雖不同，
　　無肵俎是一，故知同用篚」、「他時有所釋故」、賈《疏》：〈特牲〉、
　　〈士虞〉「取俎歸於尸釋三个，是有所釋，此無所釋，故稱卷也」。
　　案〈特牲〉、〈少牢〉有肵俎者，祭禮也，此無肵俎者，賓禮也。〈士
　　虞〉亦無肵俎者，喪祭非吉，故盛於篚也。凡〈鄉飲〉〈射〉、〈燕
　　禮〉、〈大射〉之俎，賓皆以出，則此之歸俎亦當以俎歸之，如敖
　　氏之說。未必改實於他器而後以歸也。（卷二十，頁 27）

焦以恕《儀禮彙說》：鄭、賈實於篚者，無所遺之詞也，敖即以其俎歸之，
　　亦無所遺之詞也，二說蓋大同小異云。（卷九，頁 11）

褚寅亮《儀禮管見》：歸饔餼用鼎不用俎，俎乃行禮時設之，不以遺人，
　　《注》用篚之說爲長。（卷中之三，頁 8）

胡培翬《儀禮正義》：釋，猶遺也。謂留遺以備陽厭，是有所釋也。它時
　　指〈特牲〉、〈士虞〉言。此食禮無所釋，故三牲之在俎者，盡以
　　歸賓也。（卷十九，頁 1237）

　　憲仁案：鄭、敖之異，褚氏以鄭說為長，並駁俎無以為遺人之具。《欽定
儀禮義疏》則以敖說為是，並舉他禮為證。經既言「卷三牲之俎」，則說以三
牲及其所承之俎歸之，亦無不可，但以盛於篚較便也，或亦可盛於他物，此
亦不必泥於細者。

●13-02 魚、腊不與。（卷二十五，頁 18）

鄭《注》：以三牲之俎無所釋故也。禮之有餘爲施惠。不言腸胃、膚者，
　　　　在魚、腊下，不與可知也。古文與作豫。（卷二十五，頁 18）

敖繼公《儀禮集說》：言卷三牲之俎，則魚腊不與可知，乃言之者，亦經
　　文過於詳爾。（卷九，頁 23）

《欽定儀禮義疏》：案魚腊爲賓所不祭者，故不與，此但以俎實言之，若
　　豆鉶庶羞則不與，不必言矣。（卷二十，頁 28）

　　憲仁案：敖云「經文過於詳爾」，經之過詳正研讀經書者所期盼，不以為
缺點也。又只云「魚、腊不與」，設食之正饌與庶羞亦眾矣，經云卷三牲之俎，
則限於以俎歸館，而俎中魚、腊以下尚有腸、胃、膚，經文所言及，實亦不
得云過詳爾，但足以推知，其細物不在歸俎之列。

　　又此節乃陳述歸俎之細節，故不繪禮圖。

十四、賓拜賜

●經文 14-01：**明日，賓朝服拜賜于朝。拜食與侑幣，皆再拜稽首。**（卷二十六，頁 1）

　　鄭《注》：朝，謂大門外。（卷二十六，頁 1）

　　賈《疏》：自此盡「訝聽之」，論賓拜謝主君之事。云「朝，謂大門外」者，以其經云「拜賜于朝」，無賓入之文，又〈聘禮〉以柩造朝，亦無喪入之，故皆言朝云云，朝謂大門外也。……又此〈食禮〉拜侑幣，〈聘禮〉歸饔餼，直言拜饔與餼，不拜束帛者，彼使人致之，故不拜。此食禮，君親賜，不拜之。〔註177〕。（卷二十六，頁 1）

　　敖繼公《儀禮集說》：曏於既食、既受侑幣，皆已親拜謝公，今復往拜賜者，正禮不可廢也。此拜，公不見，故無嫌於重複。（卷九，頁 23）

　　郝敬《儀禮節解》：皆再拜稽首，四拜，四稽首也。（卷九，頁 13）

　　《欽定儀禮義疏》：案歸饔之拜賜皮弁，而此朝服者，《疏》謂朝服受還朝服拜，皮弁受亦皮弁拜是也，食于廟而拜賜于朝者，於時公在朝不在廟也。（卷二十，頁 28）

　　胡培翬《儀禮正義》：此朝即庫門外之朝，《注》云大門，即庫門也。（卷十九，頁 1238）

　　憲仁案：魏了翁《儀禮要義》文多節引賈《疏》，於「此食禮，君親賜，不拜之」引作「**此食禮，君親賜，故拜之**」，由上下文讀之，《要義》所引為是。孫詒讓校此，亦改為「故拜之」。此段經文為隔日，賓著朝服至庫門外之朝，各以再拜稽首的方式，答謝主國君的設饌賜食與侑幣。

●經文 14-02 **訝聽之。**（卷二十六，頁 1）

　　鄭《注》：受其言，入告出報也。此下大夫有士訝。（卷二十六，頁 1）

　　賈《疏》：云「此下大夫有士訝」者，此篇是子男使下大夫小聘，又案《周禮‧掌訝》「大夫有士訝」，故云此下大夫有士訝也。（卷二十六，頁 1）

_____

〔註177〕憲仁案：依其意，「不拜之」似當為「故拜之」。此食禮明顯有拜賜。

郝敬《儀禮節解》：訝，迎賓將命者。……聽之，謂入告出報也。凡拜賜，
不相見。（卷十九，頁13）

憲仁案：此段經文意為士訝於門迎賓，把賓的拜謝之辭帶入，回報給國
君。至此可以繪「賓拜賜圖」

賓拜賜圖

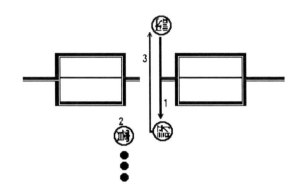

1.士訝出大門
2.賓拜食與侑幣，
　皆再拜稽首
3.士訝回報主國君

十五、食上大夫禮之加於下大夫者

●15-1：上大夫八豆、八簋、六鉶、九俎，魚腊皆二俎。（卷二十六，
頁1）

鄭《注》：記公食上大夫，異於下大夫之數。豆加葵菹、蝸醢，四四為列，
俎加鮮魚、鮮腊，三三為列，無特。（卷二十六，頁1）

賈《疏》：云「豆加葵菹、蝸醢」者，案《周禮‧醢人》朝事之豆，云韭
菹、醓醢、昌本、麋臡、菁菹、鹿臡、茆菹、麋臡。案上文下
大夫六豆用鹿臡，以下仍有茆菹、麋臡在。今上大夫八豆，不
取茆菹、麋臡，而取饋食之豆葵菹、蝸醢者，鄭以〈特牲〉、〈少
牢〉參之，彼二篇俱以饋食為始，皆用《周禮》饋食之豆。〈特
牲〉兩豆用饋食葵菹、蝸醢。〈少牢〉四豆，二豆與〈特牲〉
同，兩豆用朝事之豆：韭菹、醓醢。《注》云：「韭菹、醓醢，
朝事之豆也。」而饋食用之豐大夫禮，以此觀之，故此〈公食
大夫〉兼用饋食之豆，亦是豐大夫禮也。云「俎加鮮魚、鮮腊」

者，上文下大夫七俎，牛、羊、豕、魚、腊、腸胃與膚，此云「九俎」，明加鮮魚、鮮腊。云「無特」者，陳饌要方，上七俎者，東西兩行爲六俎，一俎在特，于俎東。此九俎爲三行，故無特，雖無特，膚亦爲下。（卷二十六，頁1）

敖繼公《儀禮集釋》：豆加茆菹、麋臡；籩加黍、稷各一；鉶加羊、豕；俎加鮮魚、鮮獸，於膚之下，如饗九鼎之次。云九俎，則四四爲列，而特鮮獸。（卷九，頁24）

姚際恒《儀禮通論》：鄭氏謂「豆加葵菹、蝸醢」，是也。此偶不用《周禮·醢人》之茆菹、麋臡，而用〈特牲〉、〈少牢〉之葵菹、蝸醢，適相合者耳。而敖、郝二氏，皆以爲茆菹、麋臡，何其惑于《周禮》而不悟與！（卷九，頁330）

方苞《儀禮析疑》：上大夫之禮乃附見於下大夫，何也？以示豆籩鉶俎之數，雖各依爵等，而主君德意之厚、體貌之隆則上下如一，所以固邦交而彰禮信也，若舉上大夫之儀，則疑每下而差減矣。（卷九，頁16）

《欽定儀禮義疏》：「存疑」鄭氏康成曰「豆加葵菹、蝸醢，四四爲列」、賈《疏》「〈醢人〉朝事之豆……《注》以〈特牲〉、〈少牢〉參之」、「俎加鮮魚、鮮腊，三三爲列，無特」、賈《疏》「陳饌要方……雖無特，膚小爲下」。案上大夫如聘禮之正賓是也，故食之之禮亦略如歸饗於賓之數。九俎者，如其西階前之飪鼎九也；八豆、八籩、六鉶，如其堂上戶西之所饌者也，豆實與陳俎之法俱當以敖氏爲正，蓋朝事之豆無庸意爲增損，而設俎之法未有無特者也，八豆之次當曰：韭菹以東醓醢、昌本、麋臡，麋臡南菁菹，以西鹿臡、茆菹、麋臡；九俎之次當曰：牛、羊、豕，魚，腊在牛南，腸胃、膚、鮮魚亞之，鮮腊爲特；八籩之次當曰：黍當牛俎，其西稷，稷南黍，其東稷，稷南黍，其西稷，稷南黍，其東稷；六鉶之次當曰：牛以西羊，羊西豕，豕南牛，牛東羊，羊東豕。（卷二十，頁29～30）

褚寅亮《儀禮管見》：若純用朝事豆實與人君禮無別矣，故《注》參取饋食二豆也。九俎饌法亦當依《注》三三爲列，不當如敖氏四四爲列而特鮮獸之說，蓋三俎、五俎、七俎，不得要方，故須特，三

三爲列則正方矣，何反而特乎？其饌法則北二列，仍如七俎而鮮魚則加在魚南，鮮腊則加在腊南，移膚於腸胃南也。八豆之次，則韭菹以東醓醢、昌本、麋臡，臡南菁菹，以西鹿臡、葵菹、蝸醢。八簋之次則六簋仍舊，加黍於稷南、稷於黍南。六鉶之次則牛以西羊、豕，豕南牛，牛東羊、豕。（卷中之三，頁 8〜9）

韋協夢《儀禮蠡測》：八豆，《註》謂加葵菹、蝸醢，蓋因〈特牲〉〈少牢〉兼用朝事、饋食之豆，此食賓之豆亦當同之，殊不知食賓若朝事、饋食兼用，則八豆六豆皆然，何以六豆祇用朝事乎？六豆祇（祇）用朝事，則八豆亦同。食賓之六豆八豆俱用朝事，則前歸饔餼之六豆八豆亦同矣。（卷九，頁 7）

劉沅《儀禮恆解》：上文食禮已畢，此下當云記，而記字乃在下文，簡編誤也。（卷九，頁 7）

胡培翬《儀禮正義》：云四四爲列者，上四字乃二字之誤，八豆分爲二列，每列四豆，故云二四爲列也。（卷十九，頁 1239）

黃以周《禮書通故》：八簋之次，則六簋如舊，加黍于稷南，黍東稷。六鉶之次，則四鉶如舊，加羊于牛南，羊西豕。（卷二十二，頁 992）

憲仁案：此段文字之爭議焦點有三：第一個焦點在於八豆爲六豆加「葵菹、蝸醢」或「茆菹、麋臡」，第二個焦點在九俎是「三三爲列」或是「四四爲列，特鮮獸」，第三個焦點是四鉶爲東西三列南北二行，或是東西二列，南北三行。鄭說與敖說各有其理由，鄭蓋以八豆不全用朝事之豆以別於國君（褚寅亮語），敖則以八豆全用朝事之豆，兩說實難定其是非，亦各有從之者。朝事之八豆是否僅國君可用？實未有關鍵性之證據。鄭玄之說或有其師承，〈特牲饋食禮〉、〈少牢饋食禮〉兼用朝事之豆與饋食之豆，則可以考慮之處有二，一則古人本有混有朝事與饋食之豆者，於禮本是如此；一則《周禮・天官・醢人》所云「朝事之豆：其實韭菹、醓醢，昌本、麋臡，菁菹、鹿臡，茆菹、麋臡」與「饋食之豆：其實葵菹、蠃醢，脾析、蠯醢，蜃、蚳醢，豚拍、魚醢」（卷六，頁 1），與《儀禮》或許非同時同地之禮。

〈聘禮〉載「歸饔餼於賓介」：「堂上八豆，設于戶西，西陳，皆二以並，東上。韭菹，其南醓醢，屈。」（卷二十一，頁 15）謝德瑩先生研究〈聘禮〉之儀節，其意見則依褚寅亮之說，以爲褚說「則亦可解釋何以下大夫六豆不兼取饋食之豆，而上大夫八豆則必取饋食二豆之故。然則是八豆之實《注》《疏》

之說長於敖說矣。」〔註178〕可為參考。八豆之實姑依鄭《注》；八籩則於六籩加黍、稷各一；六鉶則於四鉶加羊、豕各一；九俎則於七俎加鮮魚、鮮獸各一，此各家皆同。

至於陳設之法，胡培翬以「四四」當為「二四」，又其說下大夫六籩二行三列，並云「行即列」（卷十九，頁1240），故知其義為南北二行，東西四行。八籩之排列以《欽定儀禮義疏》與褚寅亮之說為是。舉鄭說八豆為例，則第一列由西至東為「韭菹、醓醢、昌本、麋臡」，第二列由西而東為「蝸醢、葵菹、鹿臡、菁菹」。

八籩則二行四列，第一列由西而東為「稷、黍」，第二列由西而東為「黍、稷」，第三列由西而東為「稷、黍」，第四列由西而東為「黍、稷」。

六鉶的陳設方式有二說，第一種說法是：第一列由西而東為「豕、羊、牛」，第二列由西而東為「牛、羊、豕」。第二種說法是：第一列由西而東為「羊、牛」，第二列由西而東為「豕、牛」，第三列由西而東為「豕、羊」。本文贊同第一種說法，蓋因東西二行而南北三列，則其後之黍稷六籩得再向南移一列，且庶羞之設「設于稻南籩西」，如此則庶羞與稻間隔二列，則全饌更向南移，而庶羞北之空隙更大矣，如此設庶羞，恐非得宜。

九俎之陳設有二說，鄭《注》以為三三為列，是陳饌要方也；而敖說以為「四四為列，而特鮮獸」則是二列，一列四俎，鮮獸俎特。敖說刻意與鄭說立異，此亦一例也，究其說法之源，蓋以八豆每列有四，俎設於豆之南，每列有四，然此設法則必有一俎為特，於饌亦不能成方矣。設俎之法，三、五、七，為質數，不可行列整齊排之，故有特者，九則三三可以排之，其饌要方，故鄭說為佳。又九鼎之次據〈聘禮〉云「飪一牢：鼎九，設于西階前，陪鼎當內廉。東面北上，上當碑，南陳。牛、羊、豕、魚、腊、腸胃同鼎、膚、鮮魚、鮮腊」，則七鼎所加之鮮魚、鮮腊其次序在膚後，參以七俎之設，則九俎第一列由西而東為「牛、羊、豕」，第二列由西而東是「魚、腊、腸胃」，第三列由西而東為「膚、鮮魚、鮮腊」。褚寅亮以為「鮮魚則加在魚南，鮮腊則加在腊南，移膚於腸胃南也」則是鮮魚之次在鮮腊前，鮮腊之次在膚前，以膚為最末，恐非九俎之次也。

〔註178〕謝德瑩：《儀禮聘禮儀節研究》（臺北：文史哲出版社，1983年），頁270。

●15-2：魚、腸胃、倫膚，若九若十有一，下大夫則若七若九。（卷二十六，頁1）

鄭《注》：此以命數為差也。九謂再命者也，十一謂三命者也，七謂一命者也，九或上或下者，再命謂小國之卿，次國之大夫也。卿則曰上，大夫則曰下。大國之孤視子男。（卷二十六，頁1）

賈《疏》：云「此以命數為差也」者，案《周禮·典命》公侯伯之卿三命，大夫再命，士一命；子男之卿再命，大夫一命，士不命。則諸侯之臣分為三等：三命、再命、一命。不命與一命同。此經魚、腸胃、倫膚亦分為三等，有十一，有九，有七。則十一當三命，九當再命，七當一命。若然，唯有上下二文者，以公侯伯之大夫與子男之卿同再命，卿爵尊為上，大夫爵卑為下。則上言若九者，子男之卿也，下言若九者，公侯伯大夫也，故鄭云「卿則曰上，大夫則曰下」。云「大國之孤視子男」者，欲見此經唯見三命以下，案《周禮·典命》大國之孤四命。又〈大行人〉云大國之孤，執皮帛以繼子男，又云「其他皆視小國之君」。若然，孤與子男同十三，侯伯十五，上公十七，差次可知。（卷二十六，頁2）

敖繼公《儀禮集釋》：其俎數之同者，又以此見尊卑也。因言上大夫以及下大夫，蓋以足前禮未備之意。（卷九，頁25）

張爾岐《儀禮鄭註句讀》：小國之上大夫、次國之下大夫，皆再命，故鼎實皆以九為數。（卷九，頁10）

《欽定儀禮義疏》：案《注》《疏》所論蓋謂子男之卿雖八豆、八簋、六鉶、九俎，與公侯伯之卿同，然其魚、腸胃、倫膚三俎惟用九數，不得用十有一數，所謂若九也。若公侯伯之卿則用十有一數，不止九數，所謂若十有一也。子男之大夫雖六豆、六簋、四鉶、七俎，與公侯伯之大夫同，然其魚、腸胃、倫膚三俎惟用七數，不得用九數，所謂若七也。若公侯伯之大夫則用九數，不止七數，所謂若九也，就其同之中又有少異者，以明其等焉。

「存疑」陳氏祥道曰「此禮一命魚七，再命九，三命十一，惟天子諸侯魚數不見經，先儒謂諸侯十有三，天子十有五，理或然也。」案陳氏所述即〈昏禮〉《疏》之說也，所推諸侯魚數與此《疏》所

謂孤與子男同十三，侯伯十五，上公十七者異。據此經則生人魚
數蓋以命數爲差者也，若然則此《疏》所推爲近，而天子之魚其
數當不止於十五矣。（卷二十，頁 31～32）

褚寅亮《儀禮管見》：按〈昏禮〉《疏》推魚之數，云或諸侯十三、天子
十五，此《疏》則云孤與子男同十三、侯伯十五、上公十七，差
次可知。兩《疏》不同，據此經卿大夫魚數以命數爲差，則五等
諸侯亦必以命數爲差矣。〈昏禮〉《疏》言或，疑詞耳。陳氏禮道
反據彼舍此，舛矣。若以此推天子魚數，其十九與？（卷中之三，
頁 9）

憲仁案：古代諸侯五等爵或與經典所傳不盡相同，又命數與爵等之關係，
亦可能因時而異，不必過於拘泥，亦不宜過於推衍。魚數，賈《疏》於〈士
昏禮〉與〈公食大夫禮〉並存二說，〈士昏禮〉禮有攝盛，可能影響推論。再
者，此經文云或九或十一與或七或九，則以此釋之而可。

● 15-3：**庶羞，西東毋過四列。**（卷二十六，頁 2）

鄭《注》：謂上下大夫也。古文毋爲無。（卷二十六，頁 2）

賈《疏》：上文云「庶羞旁四列」，此上大夫饌內言「庶羞西東毋過四列」，
　　　　則東西橫行，上下大夫皆四以爲行，下大夫四四十六，東西四
　　　　行，南北亦四行；上大夫東西四行，南北五行矣。（卷二十六，
　　　　頁 2）

敖繼公《儀禮集釋》：欲閒容人也，脀當稻南，若過四列則近於篚矣。西
　　　　東，西列、東列也，先言西者，上也。庶羞每列自北而南綷之，此
　　　　乃言西東毋過四列者，所以見庶羞雖多，其南北列之豆不得過四
　　　　也，南北列之豆若過於四，則西東列亦過於四矣。（卷九，頁 25）

《欽定儀禮義疏》：案四列謂如脀、臐、膮、炙四豆爲列也，如過此，或
　　　　六或八，則東偪篚而西亦不當席矣，言此者謂東西有定，而南可
　　　　加也。（卷二十，頁 32）

胡培翬《儀禮正義》：列即行也。下大夫庶羞十六豆，東西四行，南北亦
　　　　四行。上大夫庶羞二十豆，東西四行，南北則五行。故經獨云「西
　　　　東毋過四列」，以南北可過，而西東必不可過，若過四列，則篚炙
　　　　閒不能容人，有礙往來矣。西東謂設之以西爲上，自西而東，毋
　　　　過四列也。敖氏解爲西列、東列，恐非。（卷十九，頁 1240）

憲仁案：胡培翬之說可從。西東之所以有限制，乃因正饌與加饌開應可容人，故西東之器數不宜再增，席之寬有限，堂之深則遠大於席，又有贊者輔食祭，故南北較無所限，而西北當有所限也。

●15-4：上大夫庶羞二十，加於下大夫以雉、兔、鶉、鴽。（卷二十六，頁2）

鄭《注》：鴽，無母。（卷二十六，頁2）

賈《疏》：云「鴽，無母」者，案《爾雅‧釋鳥》云「鴽，鴾母」，郭氏曰：「𪃟也，青州人呼曰鴾母。」《莊子》曰：「田鼠化爲鶉。」《淮南子》云：「蝦蟇所化也。」〈月令〉曰：「田鼠化爲鴽。」然則鴽、鶉，一物也。（卷二十六，頁2）

敖繼公《儀禮集釋》：上言東西毋過四列，則此四者爲一列於南也。（卷九，頁25）

張爾岐《儀禮鄭註句讀》：據經鶉、鴽並列，還是兩物。（卷九，頁10）

吳廷華《儀禮章句》：〈內則〉膳二十豆，前十六豆上經加饌詳之，蓋下大夫禮也。此則其後之四豆合之，爲上大夫二十豆，所謂加于下大夫者以此。案《疏》謂鶉鴽一物，據《爾雅》「鴽，鴾母」郭《注》以爲𪃟，則𪃟也一物，不可爲二豆，此鴽字當從〈內則〉作鷃，《莊子》所謂斥鷃是也。〈內則〉《注》改鷃爲鴽，遂分一物爲二豆，此鴽字焉知非注家所改與？（卷二百七十九，頁7）

《欽定儀禮義疏》：案雉、兔、鶉、鴽之次，當曰「魚膾南雉，以東兔、鶉、鴽」。（卷二十，頁33）

憲仁案：此四者列爲庶羞之豆最南一列。其次《欽定儀禮義疏》言之甚明。鶉與鴽爲二物，後世或有以「物化」誤合者，不可從。至此可繪「公食上大夫全饌圖」。

公食上大夫全饌圖

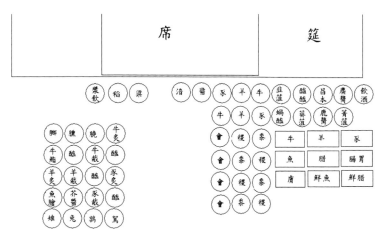

● 記：**上大夫庶羞。酒飲漿飲，庶羞可也。**（卷二十六，頁7）

　　鄭《注》：於食庶羞，宰夫又設酒漿，以之食庶羞可也。以優賓。（卷二十六，頁7～8）

　　賈《疏》：案上經云「上大夫庶羞二十豆」，此記人復記之者，欲見上大夫食加飯之時，得兼食庶羞。又食會飯及庶羞之時，宰夫更設酒飲、漿飲，故鄭云「於食庶羞，宰夫又設酒漿，所以〔註179〕食庶羞可也」所以然者，優賓故也。（卷二十六，頁8）

　　敖繼公《儀禮集說》：此〈記〉難強解。（卷九，頁31）

　　郝敬《儀禮節解》：公食下大夫，酒飲進于設正饌之時，漿飲進于賓三飯之後，如食上大夫，加庶羞爲二十，則酒飲漿再設，以酒漿食庶羞可也。（卷九，頁17）

　　張爾岐《儀禮鄭註句讀》：前經下大夫不言食庶羞，言飲漱；不言飲酒，亦其禮之殊者。（卷九，頁13）

　　吳廷華《儀禮章句》：經設漿飲在庶羞之後，又不言食庶羞，故〈記〉云羞時即可進酒飲漿飲，飲之并食庶羞，蓋以上大夫之禮，廣經之所不及也。（卷二百七十九，頁8）

　　盛世佐《儀禮集編》：此句疑有脫誤，當闕之。（卷二十，頁42）

　　孔廣林《儀禮肊測》：鄭康成云「於食庶羞，宰夫又設酒漿以之食庶羞可

〔註179〕「所以」二字，《注》文原作「以之」。

也，以優賓」。廣林謂「上大夫庶羞酒飲」絕讀之，「漿飲庶羞可也」自爲句。此經食下大夫，酒漿並設，賓止用漿飲，上大夫則於食正飯用庶羞時，得以酒漿優之也，賓或謙不敢當盛，即以漿飲庶羞亦可，《注》義未融。（卷九，頁4）

胡培翬《儀禮正義》：高愈云：「上大夫庶羞，多言於酒飲漿飲之時，雖食庶羞亦可。」江筠云：「上大夫食庶羞時，酒飲漿飲，得兼用之，以演安其庶羞之食耳。」盛氏云：「此節疑有脫誤，當闕之。」今案：細繹〈記〉文，難以強解，敖氏已言之矣。《注》說簡質難明。高（愈）、江（筠）說異於《注》，而於〈記〉亦未盡洽，當從盛說爲是。（卷十九，頁1258）

憲仁案：為各家說法中江筠與孔廣林之意見，可備一說。若斷句作「上大夫庶羞：酒飲；漿飲，庶羞可也。」亦無不可，以標明於公食上大夫之禮，其庶羞之不同於公食下大夫之禮者，酒飲與漿飲皆可於庶羞時用之也。

●**記：拜食與侑幣，皆再拜稽首。**（卷二十六，頁8）

鄭《注》：嫌上大夫不稽首。

張爾岐《儀禮鄭註句讀》：雖上大夫必執臣禮，故〈記〉特明之。

《欽定儀禮義疏》：案此〈記〉蓋爲不親食之拜賜者而發，故次於篇末。蓋親食拜賜之，皆再拜稽首也。經文已明，至不親食之拜賜，經惟曰拜賜於朝而已，記者嫌於其禮之或有殺於親食也，故特言此以明之。（卷二十，頁53）

褚寅亮《儀禮管見》：〈記〉明無論公親食與否，而兩者之拜，上大夫不得與下大夫異其儀也。（卷中之三，頁10）

盛世佐《儀禮集編》：此蓋記賓明日拜賜之禮，然已見於經矣，簡編斷缺，故重出于此而逸其上下文。（卷二十，頁42）

憲仁案：若依鄭《注》，此則〈記〉申明賓於公食禮，拜食與侑幣，皆應再拜稽首，不因賓之身分為卿或大夫而有別。若依清儒之意見，則此則乃申明不論公是否親食，賓於拜食與侑幣皆應行再拜稽首禮。

下附〈記〉一則，於前文已載之，與「食上大夫禮之加於下大夫者」有關，故載於此以互見。

●記：上大夫蒲筵，加萑席。其純，皆如下大夫純。（卷二十六，頁 7）

十六、君不親食使人往致

●16-1：若不親食，使大夫各以其爵、朝服以侑幣致之。（卷二十六，頁 2）

鄭《注》：謂主國君有疾病，若它故。（以侑幣致之）執幣以將命。（卷二十六，頁 2）

賈《疏》：自此盡「聽命」，論主君不親食，使大夫致禮於賓館之事。疾病之外，別云「他故」者，君有死喪之事，故〈聘禮〉云「主人畢歸禮，賓唯饗餼之受」，謂畢致饗食，但賓不受之。（卷二十六，頁 2）

張爾岐《儀禮鄭註句讀》：他故，謂死喪及賓有過，或大客繼至之屬。按〈聘禮〉聘遭喪「主人畢歸禮，賓唯饗餼之受」，謂有死喪而致饗與食，則賓不受之，若疾病及餘事不親食者，其致之皆可受也。（卷九，頁 10）

憲仁案：〈聘禮〉「若不親食」一節已載不親食之原由，各家引之是也。

●16-2：豆實，實于甕，陳于楹外，二以竝，北陳。簋實，實于筐〔註180〕，陳于楹內、兩楹間，二以竝，南陳。（卷二十六，頁 2）

鄭《注》：陳甕筐於楹間者，象授受於堂中也。南北相當，以食饌同列耳。甕北陳者，變於食。甕數如豆，醢芥醬從焉。筐米四。今文竝作併。（卷二十六，頁 2）

賈《疏》：云「南北相當，以食饌同列耳」者，案上文正食之時，黍稷亦南陳，今於楹間陳，筐米亦南陳，是正食及此饌陳是同列也。云「甕北陳者，變於食」者，上文正食之時，「宰夫自東房，薦豆六，設於醬東，西上」陳之，今於楹間二以併，北陳，故云「變於食」也。云「甕數如豆」者，以菹醢各異物，不可同，故甕數如豆。上大夫八豆則八甕，下大夫六豆則六甕。云「醢芥醬從焉」者，以其三牲不殺，生列於門內，醢經百日乃成，

〔註180〕他本或作「筐」，誤。

不由不殺，故有醢。庶羞之醢同是醬類，故使之相從。但庶羞之醢，更無別種，宜同一甕，芥醬宜亦一甕。知有芥醬者，以其有生魚，故知有也。云「筐米四」者，上文上大夫八簋，今乃生致之，黍稷宜各一筐，稻粱又二筐，故云筐米四。（卷二十六，頁2〜3）

敖繼公《儀禮集說》：豆實在甕，簋實在筐，又皆陳于楹間，皆變於食也。南北異陳，示不相統也。甕數如豆，北上，韭菹其東醓醢屈，筐數如簋，南上，黍其東，稷錯也。（卷九，頁25〜26）

郝敬《儀禮節解》：豆主薦者，自外陳而向北；簋主食者，自內陳而向南。（卷九，頁14〜15）

吳廷華《儀禮章句》：（豆實實于甕）在堂上，則醬東之豆也。（二以並）每豆一甕。……（兩楹間）在中者，食主于飯也。（卷二百七十九，頁7）

王士讓《儀禮紃解》：不陳俎與鉶者，凡俎鉶之實，多出於三牲。據下經牛羊豕生陳不殺，則俎惟魚腊，鉶惟有芼耳，不陳鐙湆，湆亦出於牲也。不言醬，醬亦實甕類也。不言酒飲漿飲，亦有觶豐從陳可知也。經第言豆簋之實，蓋舉其全而略其細者。（卷九，頁22）

《欽定儀禮義疏》：朱子曰「兩楹間不必與楹相當，謂堂東西之中耳」。（卷二十，頁33）

「存疑」鄭氏康成曰「醢芥醬從焉」賈《疏》以「三牲不殺，生列於門內，醢經百日乃成……芥醬亦一甕」、「筐米四」賈《疏》：「黍稷各一筐，稻粱又二筐」。案下經云「庶羞陳于碑內」，四醢、芥醬皆庶羞也，胡為從此而陳于堂上。《疏》云「同一甕」，尤非也。筐米四，二黍二稷，如簋之數，物雖同不併，稻粱加，未必與黍稷同陳于此，則在堂下與！又案〈聘禮〉歸饔，其豆、簋、簋之實，各以其器陳於戶西，而更有鉶，此則實於甕、筐，陳于楹內外，而又無鉶，致食禮變於饔也，且無饔則自無鉶矣，又饔有壺，此禮無壺，則以食不主於酒故也。（卷二十，頁34）

褚寅亮《儀禮管見》：賓所食者，粱則四筐，宜黍、稷、稻、粱各一，不言簋實者，省文也。若簋實陳於碑內，經必明著其文而列其位次。（卷中之三，頁9）

盛世佐《儀禮集編》：楹外、楹內南北節也，兩楹間東西節也，甒與筐南
　　北之節異而東西之節則同。（卷二十，頁 24）

韋協夢《儀禮蠡測》：醢、芥醬皆庶羞，自當陳于庶羞之列，敖氏謂庶羞
　　有魚膾與芥醬是也。《註》謂醢、芥醬從于豆實，未確。楹內，南
　　北節也；兩楹間，東西節也。（卷九，頁 7）

憲仁案：褚寅亮駁《欽定儀禮義疏》之說是也，經文只言簋實，不云簠
者，以簋概簠也。下云「庶羞」，庶羞為加饌之一，不必以之概加饌之粱稻也。
陳設位置，朱熹以「兩楹間不必與楹相當，謂堂東西之中耳」甚是，蓋物之
品庶，兩楹間不能盡容，故視堂東西之中亦合於兩楹間。

●16-3：庶羞陳于碑內。（卷二十六，頁 3）

鄭《注》：生魚也。魚腊從焉。上大夫加鮮魚、鮮腊、雉、兔、鶉、鴽，
　　不陳于堂，辟正饌。（卷二十六，頁 3）

賈《疏》：云「生魚」者，上文魚膾是魚之中膾者，皆是生魚也。案鄭注
　　《周禮》云「燕人膾魚方寸，切其腴以啗所貴」是也。此則全
　　生不膾，何者？十〔註 181〕膾在豆，與戴炙俱設，今戴炙在牲
　　未殺，膾全不破可知。若然，庶羞之內，眾羞俱有，鄭獨云生
　　魚者，以其戴炙在牲不殺，於此無矣。雖有乾腊、雉兔之等，
　　以生魚為主，故云生魚也。……雉、兔、鶉、鴽亦生致之矣。
　　云「不陳于堂，辟正饌」者，以其庶羞本在堂上，正饌之西，
　　今在碑內，故云辟正饌也。若然，不陳於碑南者，以其本合在
　　堂，今宜近堂，故在碑北。（卷二十六，頁 3）

李如圭《儀禮集釋》：生魚即庶羞所用為鱐者也，膾切之，此則用全。三
　　牲之戴、炙在牲未殺，醢、芥醬從豆實，故所陳者生魚耳，乾魚、
　　乾腊同類，故從焉。雉、兔、鶉、鴽亦生致之。牲不殺而有醢者，
　　醢經百日乃成，不繫于殺。有芥醬者，以有生魚故也。（卷十五，
　　頁 29）

敖繼公《儀禮集說》：庶羞者，醢四并魚膾與芥醬也，不陳於上，以牲在
　　下，宜從之。庶羞主於牲肉也，上大夫又加以雉、兔、鶉、鴽，

〔註181〕孫詒讓校勘云「十」當作「上」。（〔清〕孫詒讓：《十三經注疏校記》（北京：
　　中華書局，2009 年，雪克輯校本），下冊，頁 386）

此豆實也，亦實於罋。（卷九，頁 26）

吳廷華《儀禮章句》：此亦豆實，當實于罋，凡十六罋。本堂上饌，故近堂設之，不于堂者，加饌也。（卷二百七十九，頁 7）

王士讓《儀禮紃解》：庶羞本合在堂正饌之西。故于碑內，取其近堂也。士讓按：庶羞多出于三牲，今牲既不殺，則所陳者四醢芥醬，其魚未作膾，亦生致之，上大夫加雉、兔、鶉、駕，亦生致之可知。（卷九，頁 22）

《欽定儀禮義疏》：牛、羊、豕未殺，則膷、臐、膮、鮨、胾從牢未具也，其餘自當具之，生魚未成羞，當已膾矣，若加雉、兔、鶉、駕，亦當孰而實于罋，乃爲羞也。經不言魚腊及加之鮮魚、鮮腊，或當如《注》說從於此與？經又不言簠實，或亦陳于此，以加宜從加也。其陳之之次，則皆當北上，魚膾其東芥醬，南二醢，又南二醢，以四醢不得錚也，有加則又在其南，雉以東兔，兔南鶉，鶉西駕，魚腊當稍西，以俎實宜與饌同列也。魚直四醢西，又西腊，有加則在其南，魚南鮮魚，腊南鮮獸，粱稻則在魚腊之北，粱東而稻西與？又案〈聘禮〉之歸饔，陪鼎即庶羞也，此不陳鼎，故別見庶羞，彼當碑南陳，此陳於碑內者，以碑南當陳庭實故也。（卷二十，頁 35～36）

褚寅亮《儀禮管見》：庶羞中有膷、臐、膮、炙、胾、鮨，俱在牲體不得陳，所陳者四醢也。芥醬，魚膾也。上大夫則加駕、鶉、雉、兔也，皆當於此，其俎實之，魚、腊與所加之鮮魚、鮮腊或亦從焉。（卷中之三，頁 9）

胡培翬《儀禮正義》：雉、兔、鶉、駕，則上大夫所加之庶羞，自當陳於此。賈《疏》謂亦生致之，或然。云「不陳于堂，辟正饌」者，親食則庶羞亦陳於堂上，此則辟正饌而陳於碑內，亦變於食。碑內，碑北，與堂尚近也。（卷十九，頁 1243）

憲仁案：賈《疏》「此則全生不膾，何者？十膾在豆，與胾炙俱設，今胾炙在牲未殺，膾全不破可知。」之「十膾在豆」甚不可解，而魏了翁《儀禮要義》引作「本膾在豆」（卷二十六，頁 4），本字與十字形近，於此義較可說。又孫詒讓《十三經注疏校記》以為「十」字乃「上」字之誤，由宋人所引《疏》文來看，作「本膾在豆」似較有據。

　　此段經文之爭議處在「雉、兔、鶉、鴽」是否生致之，賈說以為生，李如圭與王士讓同之，胡培翬以為或然；敖說以為實于甕，吳廷華同之；《欽定儀禮義疏》以為熟之而實于甕；褚寅亮則以為實於俎。「雉、兔、鶉、鴽」即為庶羞之豆實，非於牛、羊、豕，則宜非生致之也。魚、腊、鮮魚、鮮腊、雉、兔、鶉、鴽等八種豆食應陳於碑內實于甕，其陳設之法當如《欽定儀禮義疏》之說。

● 16-4：**庭實陳于碑外。**（卷二十六，頁 3）

　　鄭《注》：執乘皮者也，不參分庭一在南者，以言歸，宜近內。（卷二十六，頁 3）

　　賈《疏》：「執乘皮者，不參分庭一在南者，以言歸，宜近內」者，庭實正法，皆參分庭一在南而陳之，故〈昏禮・記〉云：納徵，執皮者「參分庭一在南」。今云「碑外」，繼碑而言近北矣，彼參分庭一在南陳之者，謂在主人之庭，參分庭〔註 182〕陳之，擬與賓向外，故近南。此陳於客館，擬與賓入內，故鄭云以言歸故在內也。（卷二十六，頁 3）

　　李如圭《儀禮集釋》：凡陳庭實，三分庭一在南。設碑，三分庭一在北。碑外蓋南北之中庭。（卷十五，頁 30）

　　敖繼公《儀禮集說》：此庭實不於西方參分庭一在南，又不執之，皆變於食也。（卷九，頁 26）

　　郝敬《儀禮節解》：庭實陳于碑外，從其常處，但無人執。（卷九，頁 15）

　　《欽定儀禮義疏》：案此皮亦麋鹿皮，其陳之亦當左首。（卷二十，頁 36）

　　盛世佐《儀禮集編》：此庭實亦有執之者，馬則牽之，特其所陳之處異於常耳，敖及郝說皆非是。（卷二十，頁 26）

　　胡培翬《儀禮正義》：今云碑外，則與碑近，凡設碑參分庭一在北，是不參分庭一在南也。云「以言歸，宜近內」者，碑外較之一在南者為近內。以致食是歸於賓館，故宜近內也。

　　憲仁案：陳設之位，各家說法甚明，其處較「三分庭一在南」為北，相當庭之中也。皮皆左首，應有人執之，蓋禮例庭實皆有人執之，不待明言。

―――――――――――――

〔註 182〕阮元校勘云「毛本於『庭』後有『一』字」（卷二十六，校勘記頁 1（總 316））。

●16-5：牛、羊、豕陳于門內西方，東上。（卷二十六，頁3）

鄭《注》：爲其踐汙館庭，使近外。（卷二十六，頁3）

賈《疏》：案上庶羞與庭實在碑之內，近內陳之；此牛羊豕陳於門內，繼門言之，云「爲其踐汙館庭，使近外」也。若然，致饔餼，牛、羊、豕亦在此，此云使近外者，以饔餼有腥有熟，故略。其生者近門，是其常。此既不殺，牛、羊、豕宜近內，故決之也。（卷二十六，頁3）

敖繼公《儀禮集說》：生歸之，亦變於食。陳于門西，餼位也。（卷九，頁26）

吳廷華《儀禮章句》：生致之，如〈聘禮〉歸餼之陳。（卷二百七十九，頁7）

憲仁案：牛、羊、豕東上，經云甚明。由此推之，魚、雉、兔、鶉、鴽皆非生者。

●16-6：賓朝服以受，如受饔禮。（卷二十六，頁3）

鄭《注》：朝服，食禮輕也。（卷二十六，頁3）

賈《疏》：云「朝服，食禮輕」者，以其歸饔餼時，卿韋弁，賓皮弁。受此食禮，賓朝服，受不皮弁，故云「食禮輕」。（卷二十六，頁3）

敖繼公《儀禮集說》：云如受饔禮，則侑幣與食亦殊拜之。（卷九，頁26）

郝敬《儀禮節解》：如饔禮，謂以皮弁迎于門外再拜，大夫不答拜同，但不如受饔有庭實儐使者耳。（卷九，頁15）

《欽定儀禮義疏》：案云如受饔禮，則自賓迎大夫于外門外，以至終禮皆如之矣……（卷二十，頁37）

憲仁案：「如受饔禮」者，以〈聘禮〉載之已詳。

●16-7：無儐。（卷二十六，頁3）

鄭《注》：以己本宜往。（卷二十六，頁3）

賈《疏》：云「以己本宜往」者，明主君無故，速賓在廟行食禮，而有侑幣賓，無儐法。主君有故，致食禮並有侑幣，亦不合有儐，故云「以己本宜往」。（卷二十六，頁3）

李如圭《儀禮集釋》：擯當作儐，下無擯，同。（卷十五，頁30）

吳廷華《儀禮章句》：禮之殺。（卷二百七十九，頁7）

《欽定儀禮義疏》：案云如受饗禮，則自賓迎大夫于外門外，以至終禮皆
如之矣，但受饗有儐，而此無儐，故明之。（卷二十，頁37）

憲仁案：經文說之甚明，各家無他解，唯於「儐」、「擯」字，以作「儐」
為是。

●16-8：明日，賓朝服以拜賜于朝。訝聽命。（卷二十六，頁3～4）

鄭《注》：賜亦謂食，侑幣。（卷二十六，頁4）

賈《疏》：云「亦」者，亦上速賓食時，拜食與侑幣，今亦然，故云「亦」。
（卷二十六，頁4）

胡培翬《儀禮正義》：此拜，君亦不親見，訝為之入告出報也。（卷十九，
頁1244）

憲仁案：正式之食禮，拜賜君不親見，此禮殺，可以推之。又〈聘禮〉
亦有「若不親食」一節，可以相參，《欽定儀禮義疏》云：

〈聘禮〉曰「若不親食，使大夫各以其爵，朝服，致之以侑幣，如
致饗，無儐」其文正與此同，但彼不及其陳設之儀，故此詳之。（卷
二十，頁37）

其說可為參考，故引於此。

十七、大夫相食之禮

●17-1：大夫相食，親戒速。（卷二十六，頁4）

鄭《注》：記異於君者也。速，召也。先就告之，歸具，既具，復自召之。
（卷二十六，頁4）

賈《疏》：自此盡「大夫之禮」，論主國大夫食賓之禮別於主君之事。云
「記異於君者」，案下文「其他皆如公食大夫之禮」，故知自此
已下，皆記異於君法。是以此經大夫親戒速，決君不親戒速，
此則異於君也。以其下諸文皆異，故云記異於君者也。云「先
就告之，歸具，既具，復自召之」者，以其戒具兩有，皆親為
之，故為此解，與〈鄉飲酒〉、〈鄉射〉同，故彼二文皆云戒賓

　　　既歸，布筵設尊，乃親速賓是也。（卷二十六，頁 4）

　　敖繼公《儀禮集說》：親戒而又速之者，以其敵也。（卷九，頁 26）

　　吳廷華《儀禮章句》：質明戒，羮定速之。（卷二百七十九，頁 7）

　　王士讓《儀禮紃解》：先就告之，既具，復速致之。敵體情好。（卷九，
　　　　頁 22）

　　《欽定儀禮義疏》：案〈聘禮〉賓既覿則請有事於大夫謂問卿也，賓問之
　　　　則大夫食之，宜也，故〈聘・記〉曰「大夫於賓，一饗一食；上
　　　　介，若食若饗」，則是大聘之賓介、小聘之賓大夫，皆有食之饗之
　　　　之禮。（卷二十，頁 38）

　憲仁案：〈鄉飲酒〉、〈鄉射〉皆有戒有速，而〈公食大夫禮〉僅戒而不速，
大夫相食禮則親戒與速，親之者，以敵體相敬如此。

●17-2：迎賓于門外，拜至，皆如饗拜。（卷二十六，頁 4）

　　鄭《注》：饗，大夫相饗之禮也，今亡。古文饗或作鄉。（卷二十六，頁 4）

　　敖繼公《儀禮集說》：迎賓與拜至亦皆再拜，大夫相饗蓋亦附於公饗大夫
　　　　禮中，而并亡之矣。（卷九，頁 27）

　　《欽定儀禮義疏》：案迎賓不著所服，亦朝服也。門外，大門外也。其既
　　　　入而至于階，亦當大夫升一等而賓從之。大夫相饗，拜至如〈鄉
　　　　飲〉、〈射〉拜至之禮，經言如饗拜者，猶之上經言設洗如饗之意，
　　　　皆如其近者也。（卷二十，頁 38）

　憲仁案：賓著朝服，主人以相敵，故迎賓於大門外，亦拜至，《欽定儀禮
義疏》說可從。

●17-3：降盥，受醬、湆、侑幣，束錦也，皆自阼階降堂受，授者升
　　一等。（卷二十六，頁 4）

　　鄭《注》：皆者，謂受醬、受湆、受幣也。侑用束錦，大夫文也。降堂，
　　　　謂止階上。今文無束。（卷二十六，頁 4）

　　敖繼公《儀禮集說》：賓亦從降，主人辭降，賓對，主人乃盥于洗，南面，
　　　　卒盥，一揖一讓升。經不言，文省也。禮，賓主敵則不設槃匜，
　　　　惟盥于洗耳。降堂升一等，中等相授也。不受於堂，辟君也。中
　　　　等相授，異於士也。大夫之階亦惟三等，於此見之矣。〈考工記〉

言天子堂崇九尺，以是差之，則公侯伯七尺，子男五尺，大夫士皆三尺也。（卷九，頁27）

姚際恒《儀禮通論》：此節與前賓食食節，處處對映，讀者參觀，自得其妙。古束錦賤于束帛，故公用束帛，大夫用束錦。鄭謂「用束錦，大夫文」。然者諸侯宜不文乎？（卷九，頁332）

《儀禮通論‧士昏禮第二》：古人束帛貴，束錦賤。〈聘〉禮國君享用束帛，而賓介私覿皆用束錦。主君報禮用束帛，而儐賓介用束錦。夫人歸賓束帛，而賓儐使者束錦。又〈公食大夫〉侑幣用束帛，而大夫相食侑幣用束錦。其低昂輕重，悉可見矣。（卷二，頁64）

吳廷華《儀禮章句》：受醬亦降，大夫禮異。受有三：醬也、湆也、幣也。降有四，三受及一盥也。《注》第言三降，據不從降者言也。（卷二百七十九，頁7）

《欽定儀禮義疏》：案授公者宰夫也，此授大夫者其大夫之宰與？公食又有授梁之節，此不見者，豈以公食則公親設者三，大夫辟君，故親設者止於二邪？

「存疑」敖氏繼公曰「降堂升一等……皆三尺也，〈士冠禮〉賓受冠，降階一等」。案敖氏據此推之，以爲大夫之階亦三等，似矣，然〈禮器〉云「天子之堂九尺，諸侯七尺，大夫五尺，士三尺」，則以爵等爲隆殺，乃差之正也。殊覺「公侯伯七尺，子男五尺」之說矯揉，而不近於自然，疑此階五等，大夫降堂蓋降三等受之，授者升一等，乃是中等相受，所以然者，遠下君禮也。（卷二十，頁40）

褚寅亮《儀禮管見》：〈禮器〉明言諸侯堂七尺、大夫五尺、士三尺，敖氏乃以七尺、五尺分五等諸侯爲二，而以大夫與士同三尺，不可從。（卷中之三，頁9）

盛世佐《儀禮集編》：大夫之堂五尺、士三尺，見〈禮器〉。一尺爲一等，降堂升一等，是間三等相授也，敖說非。（卷二十，頁28）

胡培翬《儀禮正義》：《注》云「皆者，謂受醬、受湆、受幣也」者，謂經云「皆自阼階降堂受」，指此三者言也，授者蓋其家臣。云「侑用束錦，大夫文也」者，君侑幣用束帛，大夫侑幣用束錦，錦文於帛，〈聘禮〉《注》所謂「以少文爲貴」也是也。云「降堂，謂

止階上」者，此與〈昏禮〉婦降堂、〈聘禮〉賓降堂同，皆謂降堂不降階。

憲仁案：鄭云「降堂，謂止階上」則降堂未至地也，又授者升一等，則是授受於階。降盟，主人與賓皆降階至地，另三降堂者為：受醬、受涪、受侑幣，皆不至地也。侑幣即束錦，束帛質於束錦，質者近古，禮有以質為貴者，姚際恒說可疑。又大夫階數有異說，考古所見亦不同於傳世禮典，故闕疑不論。

●17-4：賓止也。（卷二十六，頁4）

鄭《注》：主人三降，賓不從。（卷二十六，頁4）

賈《疏》：云「主人三降」者，案上文鄭注「皆」者，謂受醬、受涪、受幣，皆自阼階降。此鄭云「主人三降」，即上三者。不數主人降盟者，案〈鄉飲酒〉所言降盟者，皆為洗爵，故賓從降。此降盟不為洗爵，故鄭不數之。案〈聘禮〉致饔餼，「賓降堂，受老束錦，大夫止」。注云：「止不降，使之餘尊。」此賓不降者，雖賓主敵，以主人降堂，不至地，故賓止不降也。（卷二十六，頁4）

張爾岐《儀禮鄭註句讀》：愚案《註》言「三降」，不數降盟者，盟時賓亦從降，自如常法也。（卷九，頁11）

方苞《儀禮析疑》：主人取醬涪，降自阼階，故客亦就阼以便主人，受授皆於中等，以授者升一等見之，而賓止於中等而不更降，主人之降沒階而後升，執醬涪幣者，俟於階下並見矣。（卷九，頁16）

吳廷華《儀禮章句》：不從降，賓主敵體也。（卷二百七十九，頁7）

張惠言《讀儀禮記》：經文「賓止」承上，皆自阼階降堂受之，文不得兼蒙降盟，故經云三降，其降盟賓亦從降矣。然降盟不異〈公食〉而記之者，設洗在庭如饗與公盟堂東異，蒙上如饗之文也。

憲仁案：《注》、《疏》、張爾岐、張惠言等之說甚明，方苞云「客亦就阼以便主人」則有增字解經之嫌，賓則止西階。

●17-5：賓執粱與涪，之西序端。主人辭，賓反之。（卷二十六，頁4）

鄭《注》：不敢食於尊處。（卷二十六，頁4）

賈《疏》：此兩大夫敵，故之西序端。上公食大夫，大夫降階下，臣卑故也。（卷二十六，頁 4）

敖繼公《儀禮集說》：亦爲主人立于堂，故不敢食於席也，其尊敵故，但辟之於堂上而已。梁不擁，亦降於君。云反之，明不對也，此下當有「辭於主人降一等主人從」十字，蓋傳寫脫之。（卷九，頁 27）

方苞《儀禮析義》：敖氏謂此下當有「辭於主人降一等主人從」十字，非也。賓既受涪，更執梁與涪以之西序，此時主人在堂上，賓即有辭，無爲降階，若辭侑幣，則主人不許其辭，當以授其介或私臣，故降一等而主人從之以對耳。（卷九，頁 17）

吳廷華《儀禮章句》：不降，別于君，餘同君食禮。（卷二百七十九，頁 7）

憲仁案：賓亦不敢食於尊處，故之西序端以辭主人，主人辭之，賓乃反於席。關於「賓執梁」者，參本章「九、賓食饌三飯」：「經文 09-01：賓北面自間坐，左擁簠梁」條之案語。

●17-6：卷加席，主人辭，賓反之。（卷二十六，頁 4）

敖繼公《儀禮集說》：卷加席，亦謙也。辭則反之，敵也。（卷九，頁 28）

《欽定儀禮義疏》：案〈公食禮〉賓卷席時，公已退于箱，公不辭賓，卑也，此卷加席而主人辭，則是大夫猶未退矣，意者公食之禮公未退，則賓不敢遽即席，大夫食之禮則賓未即席，大夫不敢遽退與！（卷二十，頁 40～41）

憲仁案：大夫相食爲敵體，賓卷加席，主人必辭之，不使卷加席也。而公食大夫，公尊於賓，公退賓乃卷加席，蓋若未於公退時卷加席，則公必辭之，公有命，賓不敢不從，則必不能合於賓之身分，故卷加席之事先後有不同。

●17-7：辭幣，降一等，主人從。（卷二十六，頁 4）

鄭《注》：從，辭賓降。（卷二十六，頁 4）

敖繼公《儀禮集說》：辭而降一等，爲恭也，亦略放於公食之禮而爲之。（主人從）從，亦降一等也。從者，辭其降，且不許其辭。（卷九，頁 28）

吳廷華《儀禮章句》：主人方降一等受，賓即降辭，與主人並在一等階也。

（主人從）主人又請，賓許乃升，主人從升，將授之也。《注》謂「從，辭賓降」，未審。（卷二百七十九，頁 7）

憲仁案：賓辭幣，降一等，主人從之，亦降一等以辭。其後，當如吳廷華之說，主人請，賓許，乃俱升。

前文云侑幣「皆自阼階降堂受，授者升一等」，則家臣持侑幣，升一階以授主人，主人降一階以受，故吳氏乃有此說，但鄭《注》亦無未審，鄭意賓辭幣而降一等，主人從其辭亦降一等。其後可以推知者，主人請賓升，賓許，主人與賓俱升，接著有受侑幣之事。

●17-8：受侑幣，再拜稽首。主人送幣亦然。（卷二十六，頁 4）

鄭《注》：敵也。（卷二十六，頁 4）

賈《疏》：案〈郊特牲〉云：「大夫之臣不稽首，非尊家臣，以辟君也。」又案《左氏傳》哀十七年：「公會齊侯盟于蒙，孟武伯相。齊侯稽首，公拜。齊人怒。武伯曰：『非天子，寡君無所稽首。』」若然，臣於君乃稽首，平敵相於〔註183〕當頓首。今言敵而「稽首」者，以食禮相尊敬，雖敵亦稽首，與臣拜君同故也。（卷二十六，頁 4）

敖繼公《儀禮集說》：著之者，主人非君，嫌不必稽首。（卷九，頁 28）

方苞《儀禮析疑》：平敵而稽首，以主人稱君命以將幣也。聘禮賓雖私獻，猶遙稱君命以將之，況食他國之卿大夫，有不奉命而私有事者乎！惟稱君，故受者如受主君之賜，而送者亦稽首也。（卷九，頁 17）

王士讓《儀禮紃解》：侑幣，乃公幣，非私幣也。故若不親食者，則公必作大夫朝服以侑幣致之。今此大夫親相食，則受侑幣如對主君，送侑幣如對聘君，二大夫皆奉命相將者也，則其相稽首也，為公也。（卷九，頁 23）

《欽定儀禮義疏》：案賓受幣亦稽首者，放公食受幣之禮而行之也。大夫送幣，亦稽首者，所以異於公之送幣也。此禮以歸饔之儐大夫者決之，大夫當奉幣西面，賓東面，大夫致幣，賓對，北面當楣再拜稽首，受幣于楹閒，南面退，東面俟，大夫再拜稽首，送幣，賓降揖執皮者以出。（卷二十，頁 42）

〔註183〕阮元校勘引毛本作施（卷二十六，校勘記頁 2（總 316）），較佳。

盛世佐《儀禮集編》：此受侑幣當于兩楹之間，與〈公食大夫〉受幣當東楹者異，經不言者，文不具。（卷二十，頁30）

憲仁案：所以稽首者，各家皆以有公命也，蓋其侑幣由公家出之。又頓首，賈以平敵之說，亦恐非是，頓首常見求於人與謝罪等場合，平敵則拜首而可。

●17-9：辭於主人，降一等，主人從。（卷二十六，頁4）

鄭《注》：辭，謂辭其臨己食。（卷二十六，頁4）

方苞《儀禮析疑》：不言主人退辟何？所以下文皆如公禮包之也。平敵相食而不與賓共之，以承君命而食異國之賓，不敢用同國相食之禮也。（卷九，頁17～18）

吳廷華《儀禮章句》：（降一等）降不盡階，殺于君。（主人從）從降許之，乃退。（卷二百七十九，頁7）

憲仁案：大夫相食與公食大夫，經之陳述有別者，大夫相食先述侑幣，後有辭主人臨己食；公食大夫則先述賓辭公臨己食，後有侑幣。其先後次序或許為述事者之便，非大夫相食必侑幣而後才辭主人臨己食。不可拘泥其陳述之次序先後，此段經文似記，乃記其與公食大夫不同者，未必為先後陳述之次序。

●17-10：卒食，徹于西序端。東面再拜，降出。（卷二十六，頁4）

鄭《注》：亦親徹。拜，亦拜卒食。（卷二十六，頁4）

敖繼公《儀禮集說》：亦奠于羃者所欲食之處也。拜不當階，又不北面，亦變於前，主人亦於阼階上西面答再拜也。（卷九，頁28）

吳廷華《儀禮章句》：鄉主人拜卒食。（卷二百七十九，頁7）

姚際恒《儀禮通論》：公食賓受幣出，復入拜，卒食。此受幣不出，即卒食。亦異。（卷九，頁333）

《欽定儀禮義疏》：案卑者侍食之禮，〈曲禮〉云「徹飯，齊以授相者」，主人辭之則止。其在敵者則孔《疏》以為不徹，此徹于西序端，主人不辭者，〈曲禮〉乃尋常食法，此大夫相食，則放公食之禮而降殺者也。羃者執粱與湆之西序端，故此亦徹，于西序端徹，亦徹其粱醬。案此拜東面者，亦放公食禮將出辭公之拜法而行之，

但彼階下而此階上耳，故既拜而後言降。（卷二十，頁 42～43）

憲仁案：〈曲禮〉該段文字乃燕食之法，此為禮食，較為正式，故親徹之。

●17-11：**其他皆如公食大夫之禮。**（卷二十六，頁 5）

賈《疏》：云「其他」，謂豆數、俎體、陳設皆不異，上陳但禮異者，謂親戒速，君則不親迎賓，公不出。此大夫出大門，公受醬涪幣，不降，此大夫則降也。公食大夫，大夫降食於階下，此言「西序端」。上公食卷加席，公不辭，此則辭之，皆是異也。（卷二十六，頁 5）

敖繼公《儀禮集說》：他謂在公食禮中而不見於上者也，然上禮所不見者，亦未可盡與公食禮相通。經云「皆如者」，大約言之耳，又此不別見所饌者之異，則是俎豆之屬亦皆如公食者矣。蓋大夫此禮為公而舉，故其饌放之，而不嫌與之同也。大夫祭其宗廟惟用少牢，且於其始也不敢純用朝事之豆，則此食禮之意可見矣。（卷九，頁 28～29）

張爾岐《儀禮鄭註句讀》：愚以為降而盥、侑用錦、降辭幣時，主人從而辭降、受幣時，主人稽首送幣、降辭主人，主人從降、卒食，徹於西序端，不拜階下，亦皆異於公食者。（卷九，頁 11）

蔡德晉《禮經本義》引高紫超曰：「此大夫相食異于公禮者九：親戒速，一也；迎賓門外，二也；降堂受醬、涪、幣，三也；賓執粱涪之西序，四也；辭卷加席，五也；受侑幣，主人送幣皆頓首，六也；賓辭幣、辭主人臨食，皆止降一等，七也；卒食撤于西序端，八也；卒食再拜不稽首，九也；舉此九者而公與大夫尊卑之數較然矣」。（卷七，頁 17）

《欽定儀禮義疏》：案既戒而復速，盥于洗所而不盥于東堂下，以及辭幣、辭於主人皆惟降一等，受幣卒食皆拜于階上，亦其異者也。（卷二十，頁 44）

胡培翬《儀禮正義》：異於公禮者，尚有數事。降盥就洗，一也；侑用錦，二也；卒食拜於階上，三也。（卷十九，頁 1244）

憲仁案：賈《疏》之文，今本誤作鄭《注》，前人已校出。於此誌之。公食大夫與大夫相食之別，具如經文所云諸事及上引各家之整理，其別異處有

十二點，可列之如下：

1. 親戒速
2. 迎賓門外
3. 降盥于洗
4. 降堂受醬、湇、幣
5. 賓執粱湆之西序
6. 辭卷加席
7. 受侑幣及送幣皆稽首
8. 賓辭幣、辭主人臨食，皆止降一等
9. 侑幣用束錦
10. 卒食撤于西序端
11. 卒食拜於階上
12. 卒食再拜不稽首

十八、大夫不親食君使人代致

●18-1：**若不親食，則公作大夫，朝服以侑幣致之。**（卷二十六，頁 5）

鄭《注》：作，使也。大夫有故，君必使其同爵者為之致禮。列國之賓來，榮辱之事君臣同。（卷二十六，頁 5）

方苞《儀禮析疑》：大夫不能親食，公猶使他人以侑幣致之，則賓介私面大夫相食之禮幣，皆官給可知矣。是以受者必稽首也。饗以訓恭儉，燕以示慈惠，而其間復設食禮，何也？惟饗為待賓客之正禮，其義極嚴，几設而不倚，爵盈而不飲，故復食以示饜飫焉。燕禮本為諸臣而設，蓋以酒獻酬可徧於多人，故於本國用之，而間用於國客，則簡其儀節，〈記〉所載「不嚌肺、不啐酒」，《經》之禮辭亦曰「請吾子與寡君須臾焉」是也。若食則並立賓介，而延食者惟賓，蓋介宜別食，揖使自食，即時而畢，其禮極簡，可無費時而壅國事也。經記於國客多言饗食而與客燕惟附見於〈燕禮〉之末，以其事甚希。（卷九，頁 18）

憲仁案：亦使同爵者朝服以侑幣致之。方苞詮釋禮意，可為參考。

●18-2：賓受于堂。無儐〔註184〕。（卷二十六，頁5）

鄭《注》：與受君禮同。（卷二十六，頁5）

賈《疏》：云「與受君禮同」者，〈聘禮〉賓受致饔幣，云「堂中西，北
面」，《注》：「趨主君之命也。堂中西，中央之西。」此雖無儐，
受幣亦與之同也。（卷二十六，頁5）

敖繼公《儀禮集說》：言此者，嫌或與君禮異也。賓受大夫餼不於堂，故
明之，賓阼階上北面再拜稽首，受幣于楹閒，則異於君禮。不見
者，可知也。（卷九，頁29）

憲仁案：〈聘禮〉致賓饔餼一節可以相參。敖說亦可補《注》所未言者。

〔註184〕阮元校勘載唐石經作擯（卷二十六，校勘記頁2（總316））。

第三章　禮義的探討

　　《儀禮》一書以記錄專禮的行進程序、儀容動作、器物擺設、人物應對為主，尠有說明禮義的文字，對於禮儀的各種安排，其思想與寓意，則由「禮記」及漢人著作（如《白虎通》及漢儒經注）可以得到一些詮釋；另外，人類學的相關著作與理論，也能提供不同思維的角度，有助於探求儀節之原始思維。

　　關於〈公食大夫禮〉的禮義，可以分成「整個禮儀」與「個別儀節動作」的含義兩方面來說明。

　　《禮記》中有數篇與《儀禮》相對應〔註1〕，可為《儀禮》專篇之記，如〈冠義〉對應《儀禮》的〈士冠禮〉、〈昏義〉對應〈士昏禮〉、〈鄉飲酒義〉對應〈鄉飲酒禮〉、〈射義〉對應〈鄉射禮〉與〈大射儀〉、〈燕義〉對應〈燕禮〉、〈聘義〉對應〈聘禮〉等，另外〈問喪〉對《儀禮·士喪禮》、〈喪服小記〉與〈服問〉對《儀禮·喪服》〔註2〕亦有補充與說解。不過《儀禮·公食大夫禮》並無專篇的「記」可為對應，因此關於公食大夫禮的制禮原意，便無漢代以前的文獻可以參考了。北宋時劉敞為此遺憾做了彌補，於是有〈公食大夫義〉之作，為後代禮學家所推崇，自朱熹作《儀禮經傳通解》始，便以之為〈公食大夫禮〉「禮義」的詮釋文獻〔註3〕，至清末皆然。

〔註 1〕 此處所稱的「對應」是指在篇名上有照應，且內容有解釋該篇某些儀節設計之禮義。

〔註 2〕 相關意見可參周何先生：《禮學概論》（臺北：三民書局，1998 年）頁 121、123。

〔註 3〕 朱熹云：「劉原父補亡記，如〈士相見義〉、〈公食大夫義〉儘好」。（〔南宋〕黎靖德編：《朱子語類》（《文淵閣四庫全書》本），卷八十五，頁 4）

本章第一節乃針對劉敞的〈公食大夫義〉做討論，第二節爲〈公食大夫禮〉的詮釋。

第一節　劉敞〈公食大夫義〉的探討

關於詮釋〈公食大夫禮〉禮義的專篇文獻，目前保留最早的是北宋劉敞的〈公食大夫義〉。劉敞（1019～1068 年），字原父，世稱「公是先生」，北宋新喻人（江西），慶曆六年（1046 年）進士，官至集賢院學士、知制誥，曾出使遼國，著有《公是集》。〈公食大夫義〉收錄於其《公是集》中，目前傳世《公是集》的版本是清乾隆年間四庫館臣據《永樂大典》輯出〔註4〕，另〈公食大夫禮〉亦見收錄於北宋至清人文集或禮學著作中，文字多有出入，下面就翻檢《四庫全書》所得全錄此文者〔註5〕，條列以說明之：

1. 〔北宋〕劉敞《公是集》，卷三十七，頁 2～4。
2. 〔南宋〕呂祖謙《宋文鑑》，卷一百一，頁 7～9。
3. 〔南宋〕朱熹《儀禮經傳通解》〈邦國禮四之下〉，卷二十三，頁 26～28。
4. 〔元〕吳澄《儀禮逸經傳》，卷二，頁 22～23。
5. 〔明〕賀復徵《文章辨體彙選》，卷二百三，頁 1～3
6. 〔清〕徐乾學等《御選古文淵鑒》，卷四十八，頁 23～25。於文之始處清聖祖評點「典實之文，知其深於經學」〔註6〕，全文並加註，多用鄭玄說。
7. 〔清〕秦蕙田《五禮通考》，卷一百五十九，頁 32～34。
8. 〔清〕江永《禮書綱目》〈嘉禮十一〉，卷六，頁 11～13。
9. 〔清〕盛世佐《儀禮集編》，卷二十，頁 42～44。

〔註4〕四庫館臣：〈公是集提要〉：「獨二劉（憲仁案：劉敞、劉攽兄弟二人）所著燬於兵，則其佚已久矣！惟《永樂大典》所載頗富，今裒輯排次，釐爲五十四卷。疑當時重其兄弟之文，全部收入，故所存獨多也。」（〔北宋〕劉敞：《公是集》（《文淵閣四庫全書》本），〈提要〉，頁2）

〔註5〕《四庫全書》未收或其編成之後諸書，亦有引用劉敞〈公食大夫義〉者，然皆不出四庫館臣所輯之《公是集》與朱熹《儀禮經傳通解》所引之文，故《四庫全書》以後諸書，本文不列入比較。

〔註6〕文句書於《御選古文淵鑒》卷四十八頁23書欄之上，此評點又收入《聖祖仁皇帝御製文集》（《文淵閣四庫全書》本）第三集，卷四十，頁4。

　　《四庫全書》爲手抄本，雖未爲善本，但便於檢索，故本文以之爲主要版本（若有必要，則參考他其版本如《通志堂經解》、《皇清經解》），對〈公食大夫義〉做校勘。

　　上揭九種，無兩種全同者，若除去「于」與「於」〔註7〕、「已」與「己」之別〔註8〕，則大致可分成兩類，一類以朱熹《儀禮經傳通解》爲引用之底本，秦蕙田的《五禮通考》、江永《禮書綱目》與盛世佐《儀禮集編》屬此類（這幾本書所引的〈公食大夫義〉並非文字全同），上揭九種去此類四種，則有五種爲另二類。兩類的最大差別在幾處文字之有無與用字殊異，下面便以《公是集》等五種爲「第一類」，作爲比較的「底本」，朱熹《儀禮經傳通解》等四種的「第二類」爲對照，將兩類之不同陳述如下：

◎ 「君子于所尊敬不敢狎，不敢狎故神明之，故忠臣、嘉賓樂盡其心也」一處，《儀禮經傳通解》於「神明之」後重此三字，作「不敢狎故神明之，神明之故忠臣、嘉賓樂盡其心也」，《五禮通考》、《禮書綱目》、《儀禮集編》同。

◎ 「宰東夾北，西面，北上」一處，《儀禮經傳通解》作「南上」，《五禮通考》、《禮書綱目》、《儀禮集編》同。

◎ 「內官之士在宰東，北面，南上」一處，《儀禮經傳通解》作「內官之士在宰東北，西面，南上」，《五禮通考》、《禮書綱目》、《儀禮集編》同。

◎ 「設筵加席、几，致安厚之儀也」，「儀」字《儀禮經傳通解》作「義」，《五禮通考》、《禮書綱目》、《儀禮集編》同。

◎ 「賓三飯，飯粱以涪醬，此君之厚己也」一處，《儀禮經傳通解》只

〔註7〕「于」和「於」在中古音以前並不相同，喻母與影母、合口與開口有別，但後來被當作通用字，因義同換讀的結果，就成了同音字，本來用法有別的兩字，後來就混用無別了。裘錫圭先生指出：「介詞｛於｝和｛于｝可能是由於方言或時代的不同而由一詞分化的。有的語言學者認爲較早的時代，介詞｛于｝和｛於｝的用法有一定區別」。（裘錫圭：《文字學概要》（臺北：萬卷樓圖書股份有限公司，1995年），頁282）

〔註8〕古書「已」、「己」、「巳」三家形近常混同（巳字由巳字分化而出）。裘錫圭先生指出：「已然之『已』本來假借辰巳之『巳』表示（春秋晚期的蔡侯盤銘以『母巳』表｛毋已｝。漢代人除有時借『以』表｛已｝外，都以『巳』表｛已｝，漢簡、漢碑中屢見其例，如孔龢碑『事巳即去』）。後來以在『巳』字左上角留缺口的辦法，分化出專用的『已』字。（《說文》無『已』）。」（《文字學概要》，頁256～257）

有一個飯字，故其斷句為「賓三飯粱以涪醬」，《五禮通考》、《禮書綱目》同。又《儀禮經傳通解》作「以君子之厚己也」，易「此」為「以」字，又多「子」字，《五禮通考》、《禮書綱目》同，《儀禮集編》亦作「以」，而無「子」字。

◎「其餘衰是，見德之殺也」一處，《儀禮經傳通解》作「其餘衰，見是德之殺也」，《五禮通考》、《禮書綱目》、《儀禮集編》同。

◎「君子之言曰：愛人者，使人愛之者也。……」，《儀禮經傳通解》作「君子言之曰」，「之」字與「言」字語序不同，《五禮通考》、《禮書綱目》、《儀禮集編》同。

◎「未有不愛、不敬、不親、不尊，而能長有國者也」一處，《儀禮經傳通解》作「不尊、不親」，次序不同，後一句作「長有其國者也」，多一「其」字，《五禮通考》、《禮書綱目》、《儀禮集編》同。

◎「小人所泰者也」一處，《儀禮經傳通解》作「小人所泰餘也」，《五禮通考》、《禮書綱目》、《儀禮集編》同。〔註9〕

這些現象，更可說明《五禮通考》、《禮書綱目》、《儀禮集編》所引用的源頭即為《儀禮經傳通解》。〔註10〕第一類的各種版本，雖然較第二類更為分歧，但應該由《公是集》（指亡佚前傳流的本子）與其他版本互參而來。各種分歧，本文將一一說明，擇優以順其文。下面將〈公食大夫義〉依其行文與旨趣分段，各別校勘則分段說明之。

一、〈公食大夫義〉文字校勘

本文將〈公食大夫義〉依其文意與結構，分成五段。各段先敘明校勘後之文句，其後則為校勘之說明。

※第一段

食禮，公養賓，國養賢，一也。親之故愛之，愛之故養之，養之故食之。食而弗愛，猶豢之也；愛而弗敬，猶畜之也。饗禮，敬之至也；食禮，愛之至也。饗為愛，弗勝其敬；食為敬，弗勝其愛，文質之辨也。

〔註 9〕此處，各本亦較分歧，如《宋文鑑》、《儀禮逸經傳》、《文章辨體彙選》、《御選古文淵鑒》作「小人所泰也」，無者字。

〔註10〕有一點應說明，「大羹」一詞各書皆同，《禮書綱目》作「太羹」字獨與各書異。

　　此段「國養賢」，《儀禮經傳通解》脫「國」字，《五禮通考》引同，亦以《儀禮經傳通解》爲底本而引用之《儀禮集編》則仍有「國」字。此篇後文云「自卑者，使人尊之者也。是故公養賓、國養賢，其義一也。」《儀禮經傳通解》、《五禮通考》、《禮書綱目》引文皆同。因此可推知此處作「食禮，公養賓、養賢，一也」者，實脫「國」字。

　　此段「食而弗愛」，《公是集》作「食之而弗愛」，諸本引文皆無「之」字。此段行文多用排偶，有助於文句之校勘。由下文排偶句觀之，各本（包括《公是集》文）皆作「愛而弗敬，猶畜之也」。因而推論文句應是「食而弗愛，猶豢之也」。蓋以行文多句頂針，故涉上而衍一之字。

第二段

> 公使大夫戒，必以其爵，恭也；已輕則卑之，已重則是以其貴臨之也。賓三辭，聽命，言是禮之貴弗敢當也；弗敢當，故難進也。公迎賓于大門內，非不能至于外也，所以待人君之禮也，臣之意欲尊其君，子之意欲尊其父，故迎賓于大門內，所以順其爲尊君之意也。三揖至于階，三讓而升堂，充其意、諭其誠也。于廟用祭器，誠之盡也。君子于所尊敬不敢狎，不敢狎故神明之，神明之故忠臣、嘉賓樂盡其心也。

　　此段「賓三辭，聽命，言是禮之貴弗敢當也；弗敢當，故難進也。」一處《儀禮逸經傳》作「賓三辭，聽命，言是禮之貴勿敢當也；弗敢當，故難進也。」易第一個「弗敢當」爲「勿敢當」，與諸本不同，其作「勿敢當」，而下文接著爲「弗敢當」，不如各本字順。

　　此段「于廟用祭器，誠之盡也。」《文章辨體彙選》易「盡」字爲「至」字，與諸本不同，以其孤例，兩字意思相同，故不從改。

　　此段「君子于所尊敬不敢狎，不敢狎故神明之，神明之故忠臣、嘉賓樂盡其心也。」各本甚爲分歧，此處從《儀禮經傳通解》等文句。《公是集》其「神明之」三字無重，《宋文鑑》、《儀禮逸經傳》、《文章辨體彙選》、《御選古文淵鑒》皆同之，今以重者文意較爲完備，姑從重者。又《御選古文淵鑒》僅有一「不敢狎」，其文爲「君子於所尊不敢狎，故神明之，故忠臣、嘉賓樂盡其心也。」文意甚簡，又爲孤例，故不從。

第三段

> 大夫立于東夾南，西面，北上；士立于門東，北面，西上；小臣東

堂下，南面，西上；宰東夾北，西面，南上；內官之士在宰東北，西面，南上。百官有司備，以樂養賢也。設筵加席、几，致安厚之義也。公設醬，然後宰夫薦豆葅醢，士設俎；公設大羹，然後宰夫設鉶、啓簋，言以身親之也。賓徧祭，公設粱，宰夫膳稻，士膳庶羞，為殷勤也。賓三飯，飯粱以涪醬，此君之厚己也。賓必親徹，有報之道也。庭實乘皮，侑以束帛，雖備物，猶欲其加厚焉也。公拜送，終之以敬也。有司卷三牲之俎，歸于賓館，不敢褻其餘也。上大夫八豆、八簋、六鉶、九俎、庶羞二十，其餘衰是，見德之殺也。

此段「宰東夾北，西面，南上」，《公是集》作「北上」《宋文鑑》、《儀禮逸經傳》、《文章辨體彙選》、《御選古文淵鑒》同之，而《儀禮經傳通解》作「南上」，《五禮通考》、《禮書綱目》、《儀禮集編》亦同之。此一分歧可由查考〈公食大夫禮〉以判別是非。〈公食大夫禮〉此處鄭《注》云：「古文無南上」〔註11〕，是今之〈公食大夫禮〉經文「南上」二字，古文無之，而鄭玄從今文，後世禮學家或有從古文者，〈公食大夫禮〉此處經文是否有「南上」二字，與「宰」的解釋有關，但這些爭論的焦點是「南上」有無，而從未有作「北上」者，故可知作「北上」者無據。

此段「內官之士在宰東北，西面，南上」，《儀禮經傳通解》、《五禮通考》、《禮書綱目》、《儀禮集編》皆如此，而《公是集》、《宋文鑑》、《儀禮逸經傳》、《文章辨體彙選》、《御選古文淵鑒》五種皆無「西」字，則其句讀應為「內官之士在宰東，北面，南上」〔註12〕。查考〈公食大夫禮〉知有西字。〔註13〕

此段「設筵加席、几，致安厚之義也」，《儀禮經傳通解》、《五禮通考》、《禮書綱目》、《儀禮集編》皆如此，而《公是集》、《宋文鑑》、《儀禮逸經傳》、《文章辨體彙選》、《御選古文淵鑒》五種「義」字皆作「儀」字。加席及几，乃使賓得安坐，故有致安厚之義，乃主國君之盛意，若作儀字，則以賓因加席及几而能有安厚之儀（儀態或行儀），文意纍疊，作義字文理較爽明。

〔註11〕〔東漢〕鄭玄注、〔唐〕賈公彥疏：《儀禮注疏》（臺灣：藝文印書館，清嘉慶二十年阮元南昌府學重刊宋本），卷二十五，頁4（總300）。

〔註12〕若斷句為「內官之士在宰東北面，南上」，以東北面為東北方向解釋，則甚不合《儀禮》行文習慣，亦與先秦語法有別，劉敞〈公食大夫義〉語句形式多仿效《禮記》〈冠義〉、〈昏義〉諸篇。

〔註13〕〔東漢〕鄭玄注、〔唐〕賈公彥疏：《儀禮注疏》，卷二十五，頁5（總301）。

此段「公設醬，然後宰夫薦豆菹醢，士設俎，公設大羹」有兩處分歧，「菹醢」〔註14〕或作「俎醢」，甚誤。設俎者爲士，宰夫所設爲菹醢之豆也。相關文字〈公食大夫禮〉經文記載十分清楚：「宰夫自東房授醯醬，公設之。賓辭，北面坐遷而東遷所。……宰夫自東房薦豆六，設于醬東，西上。韭菹以東醯醢、昌本，昌本南麋臡，以西菁菹、鹿臡。士設俎于豆南，西上，牛、羊、豕、魚在牛南〔註15〕，腊、腸胃亞之。膚以爲特。」〔註16〕故知「宰夫薦豆菹醢」一句，《宋文鑑》與《文章辨體彙選》作俎醢或涉下文「士設俎」而誤。另一處爲「大羹」，《禮書綱目》作太羹，就詞義而言無別，就用字而言，太爲大的分化字，《儀禮》全書不用太字，凡太皆用大。其他各本〈公食大夫義〉亦皆用「大」。又，《公是集》此處或有誤爲「犬羹」〔註17〕者，非是，不可從。

此段「宰夫膳稻」，《儀禮逸經傳》作「宰夫設稻」，應涉上文而誤，就訓詁而言，「膳稻」與「設稻」於此處語義同，僅用字有別，但在校勘上，仍宜清理，查對〈公食大夫禮〉經文作「膳稻」〔註18〕，當依之。

此段「士膳庶羞，爲殷勤也」，獨《公是集》是句作「慇懃」二字，殷勤爲聯緜詞，「慇懃」乃後造本字，卻少見使用，多數文獻習慣用殷勤。諸本皆作殷勤，故從眾。

此段「賓三飯，飯粱以洅醬」，《公是集》、《宋文鑑》、《儀禮逸經傳》、《文章辨體彙選》、《御選古文淵鑒》、《儀禮集編》等六個版本皆如此作，而《儀禮經傳通解》、《五禮通考》、《禮書綱目》三者同作：「賓三飯粱以洅醬」，兩說意思並無不同，但辭氣舒緩有別，查〈公食大夫禮〉作「賓三飯以洅醬」〔註19〕，上揭二種文字皆與此不同，姑以「賓三飯，飯粱以洅醬」文句較爲通暢而從之。

〔註14〕《公是集》作「葅醢」，葅乃菹之異體字（亦有可能受到俎字影響，將菹所从之水寫作仌形）。

〔註15〕原作「在牛西」（〔東漢〕鄭玄注、〔唐〕賈公彥疏：《儀禮注疏》，卷二十五，頁9（總303）），此據胡培翬《儀禮正義》改（〔清〕胡培翬：《儀禮正義》（南京：江蘇古籍出版社，段熙仲點校本），冊二，卷十九，頁1209。）。

〔註16〕〔東漢〕鄭玄注、〔唐〕賈公彥疏：《儀禮注疏》，卷二十五，頁9（總303）。

〔註17〕如迪志文化出版的「文淵閣《四庫全書》電子版」資料庫之文字。

〔註18〕原文爲「宰夫膳稻于粱西」，參見〔東漢〕鄭玄注、〔唐〕賈公彥疏《儀禮注疏》，卷二十五，頁12（總304）。

〔註19〕同上註，卷二十五，頁15（總306）。

　　此段「此君之厚己也」，《公是集》、《儀禮逸經傳》、《儀禮集說》如是作，而另有兩歧，一爲「比君之厚己也」，首見於《宋文鑑》，《御選古文淵鑑》從之；一爲「以君子之厚己」，首見於《儀禮經傳通解》，《五禮通考》、《禮書綱目》從之。「比」當爲「此」字之訛，另一說又衍「子」字，且易「此」爲「以」（兩字形亦近），此處「君」乃指主國君，若作「君子」則與〈公食大夫禮〉用字不同，故當以「此君之厚己也」爲是。

　　此段「雖備物，猶欲其加厚焉也」意指「侑幣」一節，鄭《注》云「主國君以爲食賓，殷勤之意未至，復發幣以勸之，欲用深安賓也。」〔註20〕此乃加厚以深安之，唯《文章辨體彙選》作「尤欲其加厚焉者也」，易「猶」爲「尤」，並衍「者」字，不如他本語意通順。

　　此段「其餘衰是，見德之殺也」，德字或作「徳」，乃異體字耳，蓋德字右上从「直」，右下從「心」，後之字易「直」字下之曲筆爲短橫，更其後也，有省短橫者，乃致字形不易說解。此句或作「其餘衰，見是德之殺也」，《儀禮經傳通解》如此，《五禮通考》、《禮書綱目》、《儀禮集編》皆從之。查〈公食大夫禮〉，相關內容爲「上大夫八豆、八簋、六鉶、九俎，魚腊皆二俎。魚、腸胃、倫膚，若九若十有一，下大夫則若七若九。庶羞，西東毋過四列。上大夫庶羞二十，加於下大夫以雉、兔、鶉、鴽。」〔註21〕是先陳述上大夫如何，再說明下大夫衰於上大夫之制當如何。故推劉敞之意爲：上大夫八豆、八簋、六鉶、九俎、庶羞二十，下大夫則衰於上大夫，如此可見德之殺也。因此「其餘」指上大夫以下（即中大夫或下大夫）之制，「衰是」即「衰此」，等級之差亦以名物度數與德相應，若作「其餘衰，見是德之殺」，則謂「見此德之殺」，終不如前一說好。

第四段

　　君子言之曰：愛人者，使人愛之者也；敬人者，使人敬之者也；親人者，使人親之者也；自卑者，使人尊之者也。是故公養賓、國養賢，其義一也。未有愛之、敬之、親之、尊之，而其位不安者也；未有不愛、不敬、不親、不尊，而能長有其國者也。將由乎好德之君，則將怡焉，惟恐其不足于禮；將由乎驕慢之君，則將曰是食于我而已矣。故禮，君子所不足，小人所泰也。

〔註20〕同上註。
〔註21〕同上註，卷二十六，頁1（總312）。

　　此段「君子言之曰」，見於《儀禮經傳通解》，《五禮通考》、《禮書綱目》、《儀禮集編》皆從之。另一說以「言之」二字相乙，作「君子之言曰」，《公是集》、《宋文鑑》、《儀禮逸經傳》、《文章辨體彙選》、《御選古文淵鑒》等是。兩說文意皆可，然以劉敞《公是集》乃清人輯錄，且宋人著作亦有轉引，兩者有歧，欲擇一而從，則可參考先秦用法之例，《禮記‧檀弓下》一則：

　　　　季孫之母死，哀公弔焉。曾子與子貢弔焉，闇人爲君在，弗内也。
　　　　曾子與子貢入於其廄而脩容焉。子貢先入，闇人曰：「鄉者已告矣。」
　　　　曾子後入，闇人辟之。涉内霤，卿大夫皆辟位，公降一等而揖之。
　　　　君子言之曰：「盡飾之道，斯其行者遠矣。」〔註22〕

以此推論，作「君子言之曰」或較有據。〔註23〕

　　此段「自卑者，使人尊之者也」，獨《御選古文淵鑒》作「自取者，使人尊之者也」，訛誤。〔註24〕

　　此段「未有不愛、不敬、不親、不尊，而能長有其國者也」，有二處分歧，在「不親、不尊」處，《儀禮經傳通解》次序作「不尊、不親」，《五禮通考》、《禮書綱目》、《儀禮集編》皆從之。以前文之順序爲「愛」、「敬」、「親」、「尊／卑」，故可定此處之序。另「而能長有其國者也」，《儀禮經傳通解》等四本皆有「其」字，而《公是集》等五本皆無「其」字，衡諸上文「而其位不安者也」，兩句排偶，故推此處有「其」字爲佳。

　　此段「將由乎好德之君，則將怡焉，惟恐其不足于禮；將由乎驕慢之君，則將曰是食于我而已矣」之「惟」字，或作「唯」，惟與唯二字之用爲「發語詞」或「僅；僅有」（副詞用法）、「尚；猶」等，於先秦本皆用「隹」字表示，此乃無本字之假借，又以唯或惟借之〔註25〕，先秦文獻唯與惟混用，〈公食大

───────────────

〔註22〕　〔東漢〕鄭玄注、〔唐〕孔穎達正義：《禮記注疏》（臺灣：藝文印書館，清嘉慶二十年阮元南昌府學重刊宋本），卷十，頁25（總198）。

〔註23〕　劉敞〈公食大夫義〉之章法與用字刻意仿《禮記》，《朱子語類》載：「《儀禮》是經，《禮記》是解《儀禮》，如《儀禮》有〈冠禮〉，《禮記》便有〈冠義〉，《儀禮》有〈昏禮〉，《禮記》便有〈昏義〉，以致燕、射之類，莫不皆然。只是《儀禮》有〈士相見禮〉，《禮記》卻（憲仁案：原抄寫作邵，今改）無〈士相見義〉，後來劉原父補成一篇。文蔚問：『補得如何？』曰：『他亦學《禮記》下言語，只是解他《儀禮》。』」（〔南宋〕黎靖德編：《朱子語類》，卷八十五，頁3）。

〔註24〕　《欽定四庫全書考證》云：「宋劉敞〈公食大夫義〉篇『自卑者，使人尊之者也』，刊本『卑』訛『取』，據《宋文鑑》改。」（《御選古文淵鑒》，卷九十七，頁4）

〔註25〕　唯字《說文解字》釋其義爲「諾」也，惟則爲「凡思」也。唯和惟兩字，是

夫義〉寫於北宋之時，二字皆有可能，此處姑用惟字，以《公是集》、《宋文鑑》、《儀禮逸經傳》等宋元各家如是。此外尚有兩處分歧。第一處爲「怡」字，大多數版本作「怡」字，僅有《公是集》、《儀禮逸經傳》、《文章辨體彙選》三者作「飴」字。飴字有二讀音，一爲《廣韻》之「與之切」〔註26〕，其本義爲飴糖，引申義如「甘美」，並泛指甘美之食物，並有假借義「遺」，乃由假借爲「貽」字而來。另一讀音爲《集韻》之「祥吏切」〔註27〕，其義爲「飼」。此處文句云「將由乎好德之君，則將△焉，惟恐其不足于禮」，是指好德之君其食賓而猶恐己不備全於禮，若作「飼」則不如同音之「食」爲佳，故不宜將此處以飴釋爲飼的方式理解。飴可包含貽字，讀作貽則不如作飴。飴與怡字，在此文句中，飴字指提供甘美的食物，而怡字則能表達主國君食賓之心意，相較之下，怡字較佳。第二處是「將由乎驕慢之君」的「由」字，僅《文章辨體彙選》作「繇」，然其前一句之「將由乎好德之君」，則仍用「由」字，故知其作「繇」者不可從。

　　此段「小人所泰也」亦有分歧。《公是集》作「小人所泰者也」有「者」字；而《宋文鑑》作「小人所泰也」無「者」字，《儀禮逸經傳》、《文章辨體彙選》、《御選古文淵鑑》等同；又《儀禮經傳通解》作「小人所泰餘也」，易「者」字爲「餘」字，《五禮通考》、《禮書綱目》、《儀禮集編》等同。分歧之三種文字，《公是集》是清儒輯佚，所據爲明人版本。《宋文鑑》與《儀禮經傳通解》較可留意，前者元明諸版本同之，後者爲清人三家所引用，以前者較古，而兩說皆可，難定孰是，姑從「小人所泰也」者。〔註28〕

第五段

　　孔子食于少施氏，將祭，主人辭曰：「不足祭也」；將飧，主人辭曰：
　　「不足飧也」。孔子退曰：「吾食而飽。少施氏有禮哉！」故君子難

　　　　在隹字上加上義符而產生的形聲字，也是隹的分化字，唯字很有可能是隹的
　　　　異體字後來再分化。
〔註26〕〔北宋〕陳彭年等重修：《宋本廣韻》（臺北：黎明文化事業股份有限公司，
　　　　影印張氏重刊澤存堂藏板），上平之韻，頁25。
〔註27〕〔北宋〕丁度等修定：《集韻》（《文淵閣四庫全書》本），卷七（去聲志部），
　　　　頁22。
〔註28〕另可考量到《論語·子罕》：「拜下，禮也；今拜乎上，泰也。」（〔魏〕何晏集
　　　　解、〔北宋〕邢昺疏：《論語注疏》（臺灣：藝文印書館，清嘉慶二十年阮元南
　　　　昌府學重刊宋本），卷九，頁1（總77））。宋儒重視《論語》，劉敞此文似先秦
　　　　之文，此處用「泰餘」、「泰者」雖然都解釋得通，但於經書中未必有其用法。

親也，將親之，舍禮何以哉！

此段引述《禮記・雜記下》所載孔子食于少施氏之事，〈雜記下〉之原文如下：

孔子曰：「吾食於少施氏而飽，少施氏食我以禮。吾祭，作而辭曰：『疏食不足祭也。』吾飱，作而辭曰：『疏食也，不敢以傷吾子。』」〔註29〕

各版本文句除「于」與「於」有別，其餘文字皆同。

二、〈公食大夫義〉禮義探討

朱熹云「劉原文補亡記，如〈士相見義〉、〈公食大夫義〉儘好。」〔註30〕二文皆收入《儀禮經傳通解》中〔註31〕，足見朱熹對此二文之重視。閻若璩對此文之筆法亦有肯定：

按：劉敞原父有〈士相見義〉、〈公食大夫義〉二篇，朱子取以補《儀禮》爲「鄉禮一之下」暨「國禮四之下」。愚最愛其古雋之致，在溫醇爾雅中，氣味自不涉秦以後，摹古至此，可無毫髮之恨，既而思《禮記》畢竟出七十子後之學者及漢儒所共作，故劉原父筆力高，復寢食行走浸灌于經學中，放筆摹擬尚可得其神。〔註32〕

自朱熹後，凡思補〈公食大夫禮〉者，莫不以劉敞此文爲首選，後人實亦無再有超越此篇之作。

〈公食大夫義〉首句即點明要旨，「食禮，公養賓，國養賢，一也。親之故愛之，愛之故養之，養之故食之。」先言食禮之要在養賓養賢，並推演其義——愛敬，接著以饗禮、食禮相比，兩者雖皆有愛敬之意，前者重敬，後者重愛。接者，緊扣〈公食大夫禮〉經文之儀節，夾敘夾論，戒賓、賓三辭、公迎賓、三揖三讓、陳具，應之以恭、謙、尊君、誠諸德目，此一段詮釋後，復再述再論，主國臣官立位，百官有司備，回扣養賢之旨，依禮儀行進之程序，有加席、加几、設正饌、祭正饌、設加饌、祭加饌、三飯、庭實侑幣、禮終送賓、歸俎賓館，並言及上下大夫之差等，皆依〈公食大夫禮〉之經文，

〔註29〕〔東漢〕鄭玄注、〔唐〕孔穎達正義：《禮記注疏》，卷四十三，頁16（總755）。
〔註30〕〔南宋〕黎靖德編：《朱子語類》，卷八十五，頁4。
〔註31〕〈士相見義〉收於卷六「鄉禮一之下」；〈公食大夫義〉收於卷二十三「邦國禮四之下」。
〔註32〕〔清〕閻若璩：《古文尚書疏證》（《文淵閣四庫全書》本），卷五上，頁50～51。

逐項釋理，以明禮義。至「君子言之曰」始，則與第一段相呼應，復強調愛、敬、親、尊爲食禮之精神，好德之君必能以此行養賓養賢之樂。最後一段引《禮記》之文，孔子食于少施氏之事爲例，寓食事不可不重禮，亦所以親賢也。

　　其文以愛、敬、親、尊，及恭、誠、厚等德目以詮釋〈公食大夫禮〉並及食禮之義，尤其最後一段出自《禮記·雜記下》，已不屬公食大夫，但仍屬於食禮，故其文之意，不全在公食大夫之禮。葉國良先生指出：

> 從題目看，本篇是爲〈公食大夫禮〉作「義」，而〈公食大夫禮〉乃是《儀禮·聘禮》的姊妹篇，據鄭玄《三禮目錄》，聘禮是以卿爲使者，是爲大聘；公食大夫禮也是聘禮，只是使者爲大夫，是爲小聘，規格較低。《禮記》中已有〈聘義〉，因而此篇〈公食大夫義〉理論上應與〈聘義〉呼應，補其不足。但就此篇內容看，其實不然。
>
> 文章一開始，劉敞即說「食禮，公養賓，國養賢，一也」，文中又以「忠臣、嘉賓」並舉，本來公食大夫禮乃是聘禮，只能說是「公養賓」，不能說是「國養賢」，國養賢讓人想到燕禮或養三老五更，與公養賓的意義絕對不同，而劉敞將二者合而爲一，顯示劉敞意圖藉此泛論食禮，而不只是公食大夫禮，這也可從全篇不特別強調兩國之好看出。
>
> 按廣意的食禮有三：一、饗禮，二、食禮，三、燕禮。饗禮有酒，食禮無酒，但如與燕禮相比，則饗禮、食禮在廟，禮較重，燕禮在寢，禮較輕。但不論重輕，都是上養下之禮。據〈聘禮〉及〈公食大夫禮〉，公對使者均行饗禮及食禮。〈饗禮〉亡，所以《禮記》中也沒有〈饗義〉。但《儀禮》中〈聘禮〉、〈公食大夫禮〉、〈燕禮〉含蓋了廣義的食禮，《禮記》雖有〈聘義〉和〈燕義〉，但內容不足詮釋食禮而已，而涉及食禮的部分，發揮也有限。筆者認爲劉敞此篇正因如此而同時對聘禮（含公食大夫禮）、饗禮、燕禮中的食禮有所詮釋，並不是因爲〈聘禮〉已有〈聘義〉所以單純詮釋〈公食大夫禮〉而已。筆者甚至認爲：此篇原名可能是〈食義〉而不是〈公食大夫義〉，所以篇首以「食禮」開始，兼及國養賢，篇末又云孔子食於少施氏而飽，亦與公食大夫無關，或許可以支持筆者的推論。如果筆者推論不誤，則朱子將此篇置於〈公食大夫禮〉之後，便不是

　　那麼恰當了。〔註33〕

葉先生清楚地點出劉敞此文以「食禮」為詮釋之範疇，不囿於「公食大夫禮」。〈公食大夫義〉一開頭的「公養賓」、「國養賢」便是雙軌設論，公食賓是公以食禮（饗食）款待來聘之賓，而國養賢便是其國君以食禮表達對臣子之嘉許與慰勞；葉先生提出劉敞〈公食大夫義〉所云不限於公食大夫禮，而是以範疇更大的食禮為對象以闡其義，分析精闢，可從。

　　與飲食有關之禮，禮學家多分為饗、食、燕三種，而公養賓與國養賢，兩者之範疇其實也均包含饗、食、燕。饗禮於三者最不易明，亦無傳世古籍專文可資論述，周聰俊先生由古籍中搜羅資料，合以地下出土文獻，對於饗禮多所發明，其歸納《左傳》中饗（享）禮之記載，凡六十六條，「云饗者十五條，云享者五十一條，饗享義通」，分析：「王饗諸侯」、「王饗卿」、「諸侯饗王」、「諸侯饗諸侯」、「諸侯饗卿大夫」、「卿大夫饗諸侯」、「卿大夫饗卿大夫」、「夫人饗諸侯」、「亡國貴族饗士卒」等九類。〔註34〕周先生云：

> 綜合諸家言饗之為用，則有五焉：諸侯來朝，天子饗之，一也。王親戚及諸侯之臣來聘，王饗之，二也。夷狄之君或其使來，王饗之，三也。饗宿衛者老孤子，四也。饗群臣於學校，五也。此蓋就天子所施用範圍而言之，其諸侯卿大夫之饗禮則不與焉。其實饗者設盛禮以飲賓，其為用必廣。縱就天子立說，上所舉五事，未必即兼賅所有。饗禮通乎上下，自天子以至於士庶人，蓋皆有之。〔註35〕

在所列舉的五事外，並補充四類：「饗禮有附射禮而行者」、「饗禮有附藉禮而行者」、「饗禮有附冠禮而行者」、「饗禮有附婚禮而行者」。〔註36〕饗禮自天子以至於士皆得有之，食、燕亦然。

　　劉敞的〈公食大夫義〉開頭由食饗的比較，帶出食禮，而食禮廣義的範疇，可包括饗燕，即使就狹義的範疇來看，也包括了禮食與燕食，公食大夫禮也是其中的一種食禮，此文乃推公食大夫之禮為食禮之意。雖然此文所詮釋，不限於公食大夫禮，但第二段及第三段的內容，卻全以詮釋〈公食大夫禮〉為主，依公食大夫禮行進的程序，逐項說理。下文就各點提出看法：

〔註33〕葉國良：〈關於劉敞的四篇禮「義」〉，收錄於《傳統中國研究集刊》，第三輯（上海：上海人民出版社，2007 年），頁 386。
〔註34〕周聰俊：《饗禮考辨》（臺北：文史哲出版社，2011 年），頁 42〜46。
〔註35〕同上註，頁 224。
〔註36〕同上註，頁 234〜241。

「公使大夫戒，必以其爵，恭也；已輕則卑之，已重則是以其貴臨之也。」
此說法受到鄭《注》的啓發，經文云：「使大夫戒，各以其爵」，鄭玄說解其
理云：「敵者易以相親敬」〔註37〕，劉敞乃申而廣之，推演其義，探得禮旨。

「賓三辭，聽命，言是禮之貴弗敢當也；弗敢當，故難進也。」觀〈公
食大夫義〉，大夫來告之以食禮，賓乃三辭，辭讓爲禮之基礎涵養，亦是謙謙
君子之德。鄭《注》云「不敢當」〔註38〕，劉敞承之而云「弗敢當」也。

「公迎賓于大門內……所以待人君之禮也」，劉敞以臣之意推其禮義，說
禮者素以「主賓敵則迎賓于大門外，主尊於賓則迎賓於大門內」爲說，劉敞
以「臣之意欲尊其君」由另一個角度切入，帶出「尊君」的理念，將禮的嚴
格規範詮說爲臣子發自內心尊敬君父的展現，這樣的展現是由內心服膺，發
而至外的。

凡入門必有三揖三讓，「三揖至于階，三讓而升堂，充其意、諭其誠也。」
因轉身而必揖，故當曲則揖，至碑又揖，階前則有三讓，表現出主人對賓的重
視，也表現出賓對主人的尊重。食禮於五禮雖屬嘉禮，但公食大夫乃因聘而食，
聘禮於五禮屬賓禮，是以公食大夫之禮具有賓禮之性質，〈坊記〉載孔子之語，
云：「賓禮每進以讓」〔註39〕，主賓相接以讓，更能將禮的精神眞誠的實踐。

公食大夫於廟舉行，凡禮行於廟，有「尊重事而不敢擅重事」的含義，
且使用的禮器必爲精美者。劉敞乃闡發其理云「于廟用祭器，誠之盡也。君
子于所尊敬不敢狎，不敢狎故神明之，神明之故忠臣、嘉賓樂盡其心也。」
一個樂字，將誠與尊敬詮釋得自在而生動。

「百官有司備，以樂養賢也。」即說「即位」之節。主國之大夫、宰夫、
內官之士、士等即位，或有所司，或以觀禮，皆表現出對該次食賓之禮的重視。

「設筵加席、几，致安厚之義也。」與上文于廟用祭器，皆說陳具之事，
安、厚二字表現出主國君之樂於禮，盡其養賓之心。接著乃爲設饌之事：「公
設醬，然後宰夫薦豆菹醢，士設俎；公設大羹，然後宰夫設鉶、啓簋，言以
身親之也。」、「賓徧祭，公設梁，宰夫膳稻，士膳庶羞，爲殷勤也。」公親
設醬、大羹湆及梁，表達主人之殷勤厚意，這是〈公食大夫禮〉的「設正饌」
與「設加饌」二事，並引鄭《注》「殷勤之加也」〔註40〕以說禮義。「賓徧祭」

〔註37〕〔東漢〕鄭玄注、〔唐〕賈公彥疏：《儀禮注疏》，卷二十五，頁1（總299）。
〔註38〕同上註。
〔註39〕〔東漢〕鄭玄注、〔唐〕孔穎達正義：《禮記注疏》，卷五十一，頁20（總869）。
〔註40〕〔東漢〕鄭玄注、〔唐〕賈公彥疏：《儀禮注疏》，卷二十五，頁12（總304）。

指的是「賓祭正饌」，亦兼含「賓祭加饌」之事，接著「賓三飯，飯梁以涪醬，此君之厚己也。」為「賓食饌三飯」，梁與涪醬皆君之親設，故云「君之厚己也」。至「賓必親徹，有報之道也。」乃為「卒食」之事。

在賓食饌三飯後，有公侑幣之儀節，即「庭實乘皮，侑以束帛，雖備物，猶欲其加厚焉也。」所言；食禮既卒，賓退，「公拜送，終之以敬也。」並有歸俎「有司卷三牲之俎，歸于賓館，不敢褻其餘也。」

〈公食大夫禮〉有記「食上大夫禮之加於下大夫者」，劉敞也在〈公食大夫義〉談到，並詮其理為「其餘衰是，見德之殺也。」至此都一一由〈公食大夫禮〉逐項說理，是其文題為「公食大夫義」的原因。顏其文為「義」，故又於文末說禮義，「君子言之曰：愛人者，使人愛之者也……故禮，君子所不足，小人所泰也。」將文章開頭的「愛之故養之」、「養之故食之」重申一遍，並擴之以「君子」「小人」之別，最後引《禮記·雜記下》「孔子食于少施氏」之事，孔子固為君子，少施氏亦為君子也，主賓皆知禮，以明君子可以禮親之，食事必求合禮，方得賓主盡歡，其心可樂。

劉敞此文於詮釋〈公食大夫禮〉與食禮之義，簡要而深入，既能專對《儀禮》此篇，又能包括整個食禮來詮釋，無怪乎其文既成，宋儒便用注解《禮經》，元明清三代展轉引用，受到極大的肯定，真可謂「深於經學」〔註41〕了。

第二節　公食大夫禮的精神

上文在討論劉敞〈公食大夫義〉時，已對「公食大夫禮」的精神有過說明了，這一節乃針對上一節未提到的部分來闡述。

國君以食物款待友邦來聘問的大夫，藉此表達彼此相好之情，隨著人文禮儀的進展，逐漸發展出以饗禮與食禮兩種禮儀來款待使者。食禮涵蓋的類型很多，公食大夫禮是其中之一，並且也是聘禮的一部分，對於來聘的賓客，最容易表現主人盛情的，便是豐盛食物的宴請，這種款待方式在現今的外交場合也是必要的；制度化的公食大夫禮，是先秦禮儀文化精神的一種落實，禮以合理稱情為可貴，並且以體履為特色，能合乎情理的便易於體履實踐，

因此「先王之制禮也，過之者，俯而就之；不至焉者，跂而及之」，得其中庸，亦所以能施行於世。國君對賓客之好，固然可以盡情設宴、厚賞幣帛，但如此則易衍生弊端，因此公食大夫禮對於使者身分與其辭讓拜揖、方位進退、牲牢器物、侑幣制度等皆以禮規範之，務使名與器可相合。主國君與賓以禮相交接，正是相互尊重的表現，公食大夫禮便是在這樣的前題下進行的。

〈仲尼燕居〉云：「食饗之禮，所以仁賓客也。」〔註42〕食與饗雖有別而其精神則同是主人展現對賓客的仁德，因此主人盡心地安排食物、設備器具與場地，對於擯贊與相禮、觀禮人員亦特意挑選，這些準備都是以主人待客之真誠為出發點，希望賓客能。在食禮的進行中，主人殷勤地準備侑幣，表達對賓客的重視，侑幣之贈亦是仁賓客的表現。

公食大夫之禮，公以一國之尊對於來聘的大夫，不以臣子相待，而視其為國君的代表，因此當賓以臣子自居拜於階下時，公推辭，要求賓以敵體拜於上；親設食以款待聘賓，揖讓行進處處為賓設想，不時表達出殷勤之意；當賓欲食於階下，公則迴避使其食於尊處，這是安賓尊賓的作法。賓則視己為臣，以臣禮行之，因公之命，才敢以賓身分行禮，表現出賓不敢自以為賓的謙卑態度，所以每拜，必下階，自比於臣，又逡巡辟公之拜，必適時表達出臣敬君的聘使的禮儀涵養。

〈公食大夫禮〉主國臣司慎重地即位，大夫立于東夾南、士立于門東、小臣立于東堂下、宰立于東夾北、內官之士各有其位，與面位。各就其位，井然有序，敬慎重事。其中，士之位本應東上，此禮因避賓而西上（統於門），乃為尊賓而變動。

〈公食大夫禮〉有「為賓」、「安賓」、「尊賓」而設者，鼎入載俎後，右人由門西出去，鄭《注》云「入由東，出由西，明為賓也。」〔註43〕；侑幣以束帛，鄭《注》云「欲用深安賓也」〔註44〕。賓執束帛出，公降立中庭以俟其反；卷三牲之俎，「盡以歸賓，尊之至」〔註45〕。公之殷勤皆可有此以見之。

賓對公的尊重，可由必下堂答再拜稽首、辟之不敢當其禮、栗階升以趨主君之命〔註46〕、食饌則不敢食於尊處等見之。「左擁簠粱，右執湆以降」，

〔註42〕《禮記注疏》，卷五十，頁17（總853）
〔註43〕《儀禮注疏》，卷二十五，頁6（總301）。
〔註44〕同上註，卷二十五，頁15（總306）。
〔註45〕同上註，卷二十五，頁17（總307）。
〔註46〕同上註，卷二十五，頁6（總301）。

敖繼公云：「擁之者，示其重也」〔註47〕，欲食於階下，以臣禮自守，亦所以
尊公也。《欽定儀禮義疏》詮釋云：

> 公辭者，欲其食於尊處，公意愈重也。前公降一等而賓栗階，此不
> 從降，亦栗階者，臣禮彌恭也。〔註48〕

公意愈重而臣禮彌恭，主賓以禮相接，親之尊之，食禮展現增進彼此的情誼，
相勵以禮的精神和功能，賓以臣自居，恭敬之意甚明，公欲其食於尊處，愛
之之意亦甚明，恭敬與親愛是相連貫的精神，因身分相對而有不同的行儀。
孔子庭教「不學禮，無以立」〔註49〕，禮之設計，使彼此的進退應對，揖讓
升降，都能提供適切的準則，主國君的意重，與賓臣的彌恭，便使得身分階
等與禮制規範，不只是生硬的形式，而是一種修養與人際交往的美感。

　　方苞詮釋拜於階下與升成拜之理，云：

> 惟本國之臣有拜於階下而不升成拜，公拜至，賓降拜而升不拜，欲
> 自同於本國之臣也。故公必命之成拜，以升而成拜，友邦之臣之所
> 同，拜於階下而不升，與升而不復拜者，本國之臣之所獨也。……
> 食禮既終，賓拜稽首於階下，又自同於本國之臣。公降而答拜，
> 使賓無庸復升，終不敢以臣禮待之也。主賓各盡其敬，上下皆得其
> 安，是謂因人性而作儀。〔註50〕

人我分際，行儀中節，則主賓各盡其敬，樂於以禮相接，公食賓以仁、以愛、
以禮、以敬，在賓這方面，則表達對公的尊愛與恭敬。《左傳·昭公二十五年》
載：

> 子大叔見趙簡子，簡子問揖讓周旋之禮焉。對曰：「是儀也，非禮也。」
> 簡子曰：「敢問，何謂禮？」對曰：「吉也聞諸先大夫子產曰：『夫禮，
> 天之經也，地之義也，民之行也。』……〔註51〕

揖讓周旋，若未能得精神，則為儀，不足以稱禮，上揭〈公食大夫禮〉之賓
主相接應對，公意愈重而臣禮彌恭，主賓各盡其敬，正所謂善於禮也。《禮記·

〔註47〕　〔元〕敖繼公：《儀禮集說》，卷九，頁24～25。
〔註48〕　〔清〕清乾隆敕撰：《欽定儀禮義疏》（《文淵閣四庫全書》本），卷二十，頁
　　　　　13～14。
〔註49〕　〔魏〕何晏集解、〔北宋〕邢昺疏：《論語注疏》，卷十六，頁9（總150）。
〔註50〕　〔清〕方苞：《儀禮析疑》（《文淵閣四庫全書》本），卷九，頁14～15。
〔註51〕　〔晉〕杜預注、〔唐〕孔穎達等正義：《春秋左傳正義》（臺灣：藝文印書館，
　　　　　清嘉慶二十年阮元南昌府學重刊宋本），卷五十一，頁7～8（總888）。

聘義》云：「敬讓也者，君子所以相接也。」〔註52〕〈曲禮上〉亦云：「君子
恭敬撙節，退讓以明禮。」〔註53〕〈公食大夫禮〉的精神正是恭、敬、讓，
這是屬於五禮中賓禮的特質，又有屬於饗食禮的尊、愛、仁、親的精神。這
些精神與特質，貫串在全篇的各個儀節中，並且籍由行進的儀式，展現豐富
的人文美學。

〔註52〕 〔東漢〕鄭玄注、〔唐〕孔穎達正義：《禮記注疏》，卷六十三，頁3（總1028）。
〔註53〕 同上註，卷一，頁11（總15）。

結　語

　　本書正文分成三章，是以三個子題的方式呈現，這三個子題分爲是：「〈公食大夫禮〉之性質及其與〈聘禮〉之關係」、「由經文的研讀到儀節圖的繪製」、「〈公食大夫禮〉禮義的探討」。因此，也可以說三章各自獨立，但又都以《儀禮·公食大夫禮》爲中心，相互連繫。

　　在「〈公食大夫禮〉之性質及其與〈聘禮〉之關係」一章，本文討論「兩篇撰寫先後」與「是否出於一人之手」的問題。前者，本文認爲〈聘禮〉先於〈公食大夫禮〉寫成；後者，本文認爲無明確證據可以支持兩篇出自一人之手。這在古籍的辨僞學與考據學上，是很小的問題，但筆者還是嘗試以學術論證的方式加以探討，從寫作目的與文句字詞異同兩方面進行分析。從事學術研究的學者都同意，即使是同一作者而文句字詞也不見得一致，如同本書爲筆者一人撰寫，全書仍無可避免體例與用字上的分歧，所以由字詞異同來判斷，實在不能視爲積極的論證。不過仔細地比對兩文，仍然可以看出一些不同之處，這些不同處較傾向於出自不同人之手。或許，還有筆者未及切入的點，相信學術研究之樂趣與推進，在於不同角度的分析與不同觀點的激盪，對於本書第一章提出的看法與研究方式，應該還能有各種發展與可能。

　　「由經文的研讀到儀節圖的繪製」一章，佔了全書最多的篇幅，也是本書撰寫的主要目的，筆者在研讀《儀禮》過程，深覺禮圖的重要。禮圖可分爲名物圖與儀節圖。就名物圖來說，筆者先前在研究所讀書時，曾進行過禮器的探討，平日也甚留意禮器的研究與相關考古資料，但對於《儀禮》經文的記載，仍有一些疑惑。自己覺得較熟悉的先秦古器物，存在不少與經文不能相對應之處，熟悉的尚且如此，對於儀節的進行，困疑自然更多了。因此，

深感有必要對儀節圖進行專題式的分析與研讀，於是有了自繪儀節圖的想法，本書第二章便是這個想法的落實。

在繪製儀節圖之前，經文的釋讀是先備的工作，而歷來注疏著作甚多，意見亦有分歧，於是決定由集釋入手。在當今的國學研究，成果之呈現已不鼓勵做集釋的方式，而是以論文格式，在引文後加以論述的方式進行。本書在撰寫時，也一直考慮這個問題，最後決定先條列重要的各家意見，再加上自己案語的方式來呈現。條列的各家意見中，彼此或已有論辯，後說對於前說已提出存疑與糾正，或各云己見，要之皆足以啓發吾人。條列的呈現方式，讓各家的意見一目了然，多了客觀與完整性，少了贅飾與支離。雖然本書採用了舊方法與舊格式，但是這種方式與格式是古人所留下來最好的治學途徑。案語長短不拘，但都盡可能呈現筆者的意見，在正饌及加饌的陳設與食前之祭等儀節，有較多的討論，其他各儀節也或多或少有篇幅較長的論述。每個儀節都是先經由各家意見的研讀與擇取後，才進行儀節圖的繪製。本書第二章第二節繪製的儀節圖有三十七幅，分布情況如下（數字爲儀節編號）：

1. 戒賓一幅
2. 陳具二幅
3. 賓入拜至六幅
4. 鼎入載俎二幅
5. 設正饌一幅
6. 賓祭正饌二幅
7. 設加饌一幅
8. 賓祭加饌三幅
9. 賓食饌三飯八幅
10. 侑幣三幅
11. 卒食四幅
12. 賓退二幅
14. 賓拜賜一幅
15. 食上大夫禮之加於下大夫者一幅

希望這些儀節圖能提供學術界參考，自知是野人獻曝，卻也是筆者的款款眞誠。

第三章「禮義的探討」，先就北宋劉敞的〈公食大夫義〉做校對與說明，

第二章是對〈公食大夫禮〉禮意與精神的一些看法。

　　本書是筆者研究的一個嘗試，筆者深知禮是實學，不投入長期的研究，是無法產出成果的，前人的研究深度也是不易企及的，但是筆者還是建構了一個研究的藍圖，以禮文、禮圖、新出土材料相結合的研究架構來整理周代禮制，在〈公食大夫禮〉方面，「名物圖：禮文與考古──出土文物的考察」、「禮文與史實──記事史籍的考察」、「食禮禮例」均未能寫入本書，對於整個〈公食大夫禮〉的研究便有不全面的遺憾，而公食大夫之禮只是食禮的一個項目，本書撰寫後，還有更多課題得持續進行，這是研究的展望，也是下一個進程的開始。

參考書目

一、古籍類（依四庫分類法排列）

（一）禮　類

甲、周禮類

1. 〔東漢〕鄭玄注、〔唐〕賈公彥疏：《周禮注疏》，臺北：藝文印書館，1955年，景印嘉慶二十年江西南昌府學刊本。

2. 〔清〕乾隆敕撰：《欽定周官義疏》，收錄於《景印文淵閣四庫全書》，臺北：臺灣商務印書館，1983年。

3. 〔清〕戴震：《考工記圖》，收錄於《續修四庫全書》，上海：上海古籍出版社，2002年，景印清道光二十五年錢氏刻指海本。

4. 〔清〕程瑤田：《考工創物小記》，收錄於《續修四庫全書》，上海：上海古籍出版社，2002年，景印清嘉慶刻通藝錄本。

5. 〔清〕鄭珍：《鳧氏爲鐘圖說》，收錄於《續修四庫全書》，上海：上海古籍出版社，2002年，景印清光緒二十年高氏刻本。

乙、儀禮類

1. 〔東漢〕鄭玄注、〔唐〕賈公彥疏：《儀禮注疏》，臺北：藝文印書館，1955年，景印嘉慶二十年江西南昌府學刊本。

2. 〔南宋〕張淳：《儀禮識誤》，收錄於《景印文淵閣四庫全書》，臺北：臺灣商務印書館，1983年。

3. 〔南宋〕李如圭《儀禮集釋》，收錄於《景印文淵閣四庫全書》，臺北：臺灣商務印書館，1983年。

4. 〔南宋〕李如圭：《儀禮釋宮》，收錄於《景印文淵閣四庫全書》，臺北：

臺灣商務印書館，1983 年。

5. 〔南宋〕楊復：《儀禮圖》，收錄於《通志堂經解》，臺北：大通書局，1969 年。

6. 〔南宋〕楊復：《儀禮圖》，收錄於《景印文淵閣四庫全書》，臺北：臺灣商務印書館，1983 年。

7. 〔南宋〕楊復：《儀禮旁通圖》，收錄於《景印文淵閣四庫全書》，臺北：臺灣商務印書館，1983 年。

8. 〔南宋〕魏了翁：《儀禮要義》，收錄於《景印文淵閣四庫全書》，臺北：臺灣商務印書館，1983 年。

9. 〔元〕吳澄：《儀禮逸經傳》，收錄於《景印文淵閣四庫全書》，臺北：臺灣商務印書館，1983 年。

10. 〔元〕敖繼公：《儀禮集說》，收錄於《通志堂經解》，臺北：大通書局，1969 年。

11. 〔元〕敖繼公：《儀禮集說》，收錄於《景印文淵閣四庫全書》，臺北：臺灣商務印書館，1983 年。

12. 〔元〕汪克寬：《經禮補逸》，收錄於《景印文淵閣四庫全書》，臺北：臺灣商務印書館，1983 年。

13. 〔明〕郝敬：《儀禮節解》，收錄於《續修四庫全書》，上海：上海古籍出版社，2002 年，景印明萬曆郝千秋刻九部經解本。

14. 〔清〕張爾岐：《儀禮鄭註句讀》，臺北：學海出版社，1981 年。

15. 〔清〕萬斯大：《儀禮商》，收錄於《景印文淵閣四庫全書》，臺北：臺灣商務印書館，1983 年。

16. 〔清〕李光坡：《儀禮述註》，收錄於《景印文淵閣四庫全書》，臺北：臺灣商務印書館，1983 年。

17. 〔清〕姚際恒：《儀禮通論》，北京：中國社會科學出版社，1998 年，陳祖武點校本。

18. 〔清〕方苞：《儀禮析疑》，收錄於《景印文淵閣四庫全書》，臺北：臺灣商務印書館，1983 年。

19. 〔清〕馬駉：《儀禮易讀》，收錄於《四庫全書存目叢書》，臺南：莊嚴文化事業有限公司，1997 年，景印清乾隆二十年山陰縣學刻本。

20. 〔清〕吳廷華：《禮經章句》，收錄於《景印文淵閣四庫全書》，臺北：臺灣商務印書館，1983 年。

21. 〔清〕吳廷華：《儀禮章句》，收錄於《皇清經解》，臺北：復興書局，1961 年，景印學海堂本。

22. 〔清〕王士讓：《儀禮紃解》，收錄於《續修四庫全書》，上海：上海古籍出

版社，2002 年，景印清乾隆三十五年張源義刻本。

23. 〔清〕蔡德晉：《禮經本義》，收錄於《景印文淵閣四庫全書》，臺北：臺灣商務印書館，1983 年。

24. 〔清〕姜兆錫：《儀禮經傳內編》，收錄於《續修四庫全書》，上海：上海古籍出版社，2002 年，景印清乾隆元年寅清樓刻本。

25. 〔清〕任啓運：《宮室考》，收錄於《景印文淵閣四庫全書》，臺北：臺灣商務印書館，1983 年。

26. 〔清〕沈彤：《儀禮小疏》，收錄於《景印文淵閣四庫全書》，臺北：臺灣商務印書館，1983 年。

27. 〔清〕乾隆敕撰：《欽定儀禮義疏》，收錄於《景印文淵閣四庫全書》，臺北：臺灣商務印書館，1983 年。

28. 〔清〕焦以恕：《儀禮匯說》，收錄於《續修四庫全書》，上海：上海古籍出版社，2002 年，影印清乾隆三十七年研雨齋刻本。

29. 〔清〕褚寅亮：《儀禮管見》，收錄於《續修四庫全書》，上海：上海古籍出版社，2002 年，影印清乾隆刻本。

30. 〔清〕盛世佐：《儀禮集編》，收錄於《景印文淵閣四庫全書》，臺北：臺灣商務印書館，1983 年。

31. 〔清〕韋協夢：《儀禮蠡測》，收錄於《續修四庫全書》，上海：上海古籍出版社，2002 年，影印道光二十五年帶草軒刻本。

32. 〔清〕劉沅：《儀禮恆解》，收錄於《續修四庫全書》，上海：上海古籍出版社，2002 年，影印清刻後印本。

33. 〔清〕孔廣林：《儀禮肊測》，收錄於《續修四庫全書》，上海：上海古籍出版社，2002 年，影印清光緒十六年山東書局刻孔叢伯說經五稿本。

34. 〔清〕凌廷堪：《禮經釋例》，臺北：中央研究院中國文哲研究所，2002 年，彭林點校本。

35. 〔清〕張惠言：《儀禮圖》，收錄於《續修四庫全書》，上海：上海古籍出版社，2002 年，景印清嘉慶十年刻本

36. 〔清〕胡承珙：《儀禮古今文疏義》，收錄於《續修四庫全書》，上海：上海古籍出版社，2002 年，景印清道光五年求是堂刻本。

37. 〔清〕洪頤煊：《禮經宮室答問》，收錄於《續修四庫全書》，上海：上海古籍出版社，2002 年，景印清嘉慶刻傳經堂叢書本。

38. 〔清〕胡培翬：《儀禮正義》，南京：江蘇古籍出版社，1993 年，段熙仲點校本。

39. 〔清〕朱駿聲：《儀禮經注一隅》，收錄於《續修四庫全書》，上海：上海古籍出版社，2002 年，影印清道光二十九年朱氏家塾刻本。

40. 〔清〕鄭珍:《儀禮私箋》,收錄於《續修四庫全書》,上海:上海古籍出版社,2002 年,景印清同治五年唐鄂生刻本。

41. 〔清〕俞樾:《士昏禮對席圖》,收錄於《皇清經解續編》,臺北:復興書局,1972。

42. 〔清〕吳之英,《壽櫟廬儀禮奭固禮器圖》,《壽櫟廬叢書》之二,收錄於《續修四庫全書》,上海:上海古籍出版社,2002 年,景印民國九年吳氏刻壽櫟廬叢書本。

43. 〔清〕吳之英:《壽櫟廬儀禮奭固禮事圖》,《壽櫟廬叢書》之三,收錄於《續修四庫全書》,上海:上海古籍出版社,2002 年,景印民國九年吳氏刻壽櫟廬叢書本。

44. 〔清〕曹元弼:《禮經校釋》,收錄於《續修四庫全書》,上海:上海古籍出版社,2002 年,景印清光緒十八年刻後印本。

45. 〔清〕曹元弼:《禮經學》,收錄於《續修四庫全書》,上海:上海古籍出版社,2002 年,景印清宣統元年刻本。

46. 〔清〕于鬯:《讀儀禮日記》,收錄於《續修四庫全書》,上海:上海古籍出版社,2002 年,景印清光緒十六年刻學古堂日記本。

丙、禮記類

1. 〔東漢〕鄭玄注、〔唐〕孔穎達等正義:《禮記注疏》,臺北:藝文印書館,1955 年,景印嘉慶二十年江西南昌府學刊本。

2. 〔清〕乾隆敕修:《欽定禮記義疏》,收錄於《景印文淵閣四庫全書》,臺北:臺灣商務印書館,1983 年。

3. 〔清〕孫希旦:《禮記集解》,臺北:文史哲出版社,1990 年,沈嘯寰、王星賢點校本。

4. 〔清〕胡培翬:《燕寢考》,收錄於《續修四庫全書》,上海:上海古籍出版社,2002 年,清道光二十五年錢氏刻指海本。

丁、三禮綜合及通禮類

1. 〔北宋〕聶崇義:《三禮圖集注》,收錄於《景印文淵閣四庫全書》,臺北:臺灣商務印書館,1983 年。

2. 〔北宋〕聶崇義:《新定三禮圖》,北京:清華大學出版社,2006 年,丁鼎點校解說本。

3. 〔北宋〕陳祥道:《禮書》,收錄於《景印文淵閣四庫全書》,臺北:臺灣商務印書館,1983 年。

4. 〔南宋〕朱熹:《儀禮經傳通解》,收錄於《景印文淵閣四庫全書》,臺北:臺灣商務印書館,1983 年。

5. 〔明〕劉績:《三禮圖》,收錄於《景印文淵閣四庫全書》,臺北:臺灣商

務印書館，1983 年。

6. 〔清〕江永：《禮書綱目》，收錄於《景印文淵閣四庫全書》，臺北：臺灣商務印書館，1983 年。

7. 〔清〕秦蕙田：《五禮通考》，收錄於《景印文淵閣四庫全書》，臺北：臺灣商務印書館，1983 年。

8. 〔清〕孔廣森：《禮學巵言》，收錄於《皇清經解》，臺北：復興書局，1961 年。

9. 〔清〕焦循：《群經宮室圖》，收錄於《皇清經解續編》，臺北：復興書局，1972。

10. 〔清〕金鶚：《求古錄禮說》，收錄於《孔子文化大全》，濟南：山東友誼書社，1992 年，影印清道光庚戌嘉平木犀香館本。

11. 〔清〕林昌彝：《三禮通釋》（《三禮圖》)，收錄於《四庫未收書輯刊》第二輯（四庫未收書輯刊編纂委員會編），北京：北京出版社，2000 年）第二輯。

12. 〔清〕邵懿辰：《禮經通論》，收錄於《皇清經解續編》，臺北：復興書局，1972。

13. 〔清〕黃以周：《禮書通故》，收錄於《續修四庫全書》，上海：上海古籍出版社，2002 年，光緒十九年刻黃氏試館本。

14. 〔清〕黃以周：《禮書通故》，北京：中華書局，2007 年，王文錦點校本。

（二）其他類

1. 〔西漢〕孔安國傳、〔唐〕孔穎達等正義，《尚書注疏》，臺北：藝文印書館，1955 年，景印嘉慶二十年江西南昌府學刊本。

2. 〔清〕閻若璩：《古文尚書疏證》，收錄於《景印文淵閣四庫全書》，臺北：臺灣商務印書館，1983 年。

3. 〔南宋〕楊甲著、毛邦翰補：《六經圖》，收錄於《景印文淵閣四庫全書》，臺北：臺灣商務印書館，1983 年。

4. 〔魏〕何晏集解、〔北宋〕邢昺疏：《論語注疏》，臺北：藝文印書館，1955 年，清嘉慶二十年阮元南昌府學重刊宋本。

5. 〔東晉〕郭璞注、〔北宋〕邢昺疏：《爾雅注疏》，臺北：藝文印書館，1955 年，清嘉慶二十年阮元南昌府學重刊宋本。

6. 〔清〕王引之：《經義述聞》，收錄於《續修四庫全書》，上海：上海古籍出版社，2002 年，景印清道光七年王氏京師刻本。

7. 〔清〕孫詒讓：《十三經注疏校記》，北京：中華書局，2009 年，雪克輯校本。

8. 〔北宋〕陳彭年等重修：《宋本廣韻》，臺北：黎明文化事業股份有限公司，

影印張氏重刊澤存堂藏板，1976 年。

9. 〔北宋〕丁度等修定：《集韻》，收錄於《景印文淵閣四庫全書》，臺北：臺灣商務印書館，1983 年。

10. 〔隋〕魏徵等撰：《隋書》，臺北：藝文印書館，1958 年，景印清乾隆武英殿刊本。

11. 〔元〕托克托等著：《宋史》，收錄於《景印文淵閣四庫全書》，臺北：臺灣商務印書館，1983 年。

12. 〔唐〕杜佑：《通典》，收錄於《景印文淵閣四庫全書》，臺北：臺灣商務印書館，1983 年。

13. 〔清〕萬斯同：《廟制圖考》，收錄於《景印文淵閣四庫全書》，臺北：臺灣商務印書館，1983 年。

14. 〔清〕朱彝尊：《經義考》，臺北：中央研究院中國文哲研究所，1997 年汪嘉玲、張惠淑、張廣慶、黃智信點校本。

15. 〔明〕焦竑：《國史經籍志》，收錄於《續修四庫全書》，上海：上海古籍出版社，2002 年，景印明徐象橒刻本。

16. 〔明〕楊士奇、〔清〕傅維鱗：《明書經籍志》，臺北：成文出版社，1978 年。

17. 〔清〕永瑢、紀昀等著：《四庫全書總目》，（《景印文淵閣四庫全書》本），臺北：臺灣商務印書館，1983 年。

18. 〔清〕侯康：《補三國藝文志》，收錄於《叢書集成新編》本，臺北：新文豐出版公司，1985 年。

19. 〔清〕顧懷三：《補後漢書藝文志》，收錄於《二十五史補編》，北京：中華書局，1955 年。

20. 〔清〕姚振宗：《隋書經籍志考證》，收錄於《續修四庫全書》，上海：上海古籍出版社，2002 年，景印開明書店鉛印師石山房叢書本。

21. 〔清〕張鵬一：《隋書經籍志補》，收錄於《四部文明・隋唐文明卷》，西安：陝西人民出版社出版，2007 年，據開明書店二十五史補編本拼版景印。

22. 〔清〕倪燦：《宋史藝文志補》，收錄於《續修四庫全書》，上海：上海古籍出版社，2002 年，景印清光緒刻廣雅書局叢書本。

23. 〔清〕錢大昕：《補元史藝文志》，收錄於《百部叢書初編》，臺北：藝文印書館，1964 年，廣雅書局本。

24. 〔南宋〕黎靖德：《朱子語類》，收錄於《景印文淵閣四庫全書》，臺北：臺灣商務印書館，1983 年。

25. 〔北宋〕呂大臨：《考古圖》，收錄於《景印文淵閣四庫全書》，臺北：臺灣商務印書館，1983 年。

26. 〔清〕萬斯同：《群書疑辨》，臺北：廣文書局，1972 年。

27. 〔清〕陳澧：《東塾讀書記》，香港：三聯書店有限公司，1998 年，楊志剛編校本。

28. 〔北宋〕劉敞：《公是集》，收錄於《景印文淵閣四庫全書》，臺北：臺灣商務印書館，1983 年。

29. 〔清〕清聖祖御製：《聖祖仁皇帝御製文集》，收錄於《景印文淵閣四庫全書》，臺北：臺灣商務印書館，1983 年。

30. 〔南宋〕呂祖謙：《宋文鑑》，收錄於《景印文淵閣四庫全書》，臺北：臺灣商務印書館，1983 年。

31. 〔明〕賀復徵：《文章辨體彙選》，收錄於《景印文淵閣四庫全書》，臺北：臺灣商務印書館，1983 年。

32. 〔清〕徐乾學等著：《御選古文淵鑒》，收錄於《景印文淵閣四庫全書》，臺北：臺灣商務印書館，1983 年。

33. 〔清〕王謨：《漢魏遺書鈔》，收錄於《叢書集成續編》，臺北：藝文印書館，1970 年。

34. 〔清〕馬國翰：《玉函山房輯佚書》，京都：中文出版社，1979 年。

35. 〔清〕黃奭，《黃氏逸書考》，京都：中文出版社，1986 年，影印民國 14 年王鑒據懷荃室藏板修補本。

二、今人著作（依作者筆劃排列）

（一）專書及學位論文

1. 中國社會科學院考古研究所：《中國考古學・兩周卷》，北京：中國社會科學出版社，2004 年。

2. 王薇：《《儀禮》名物詞研究》，東北師範大學碩士學位論文，2005 年 5 月。

3. 皮錫瑞：《經學通論》，臺北：河洛圖書出版社，1974 年。

4. 皮錫瑞：《經學歷史》，臺北：藝文印書館，1987 年。

5. 吳宏一：《鄉飲酒禮儀節簡釋》，臺北：臺灣中華書局，1973 年。

6. 吳煥瑞：《儀禮燕禮儀節研究》，臺北：文津出版社，1982 年。

7. 李宗霖：《《儀禮》中的禮儀用字與傳統禮儀文化的特點》，內蒙古師範大學碩士學位論文，2008 年 4 月。

8. 杜正勝：《古代社會與國家》，臺北：允晨文化公司，1992 年。

9. 沈文倬：《宗周禮樂文明考論》，杭州：杭州大學出版社，1999 年。

10. 汪中文：《儀禮鄉射禮儀節研究》，臺北：國立臺灣師範大學國文研究所碩士論文，1980 年。

11. 周何：《禮學概論》，臺北：三民書局，1998 年。

12. 周聰俊：《三禮禮器論叢》，臺北：文史哲出版社，2011 年。

13. 周聰俊：《饗禮考辨》，臺北：文史哲出版社，2011 年。

14. 孟美菊：《《武威漢簡‧儀禮》異文研究》，西南師範大學碩士學位論文，2003 年 4 月。

15. 屈萬里：《古籍導讀》，臺北：臺灣開明書局，1989 年。

16. 林素娟：《空間、身體與禮教規訓──探討秦漢之際的婦女禮儀教育》，臺北：臺灣學生書局，2007 年。

17. 林碧琴：《聶崇義《三禮圖》研究》，臺北：國立政治大學中國文學研究所碩士論文，1993 年。

18. 施隆民：《鄉射禮儀節簡釋》，臺北：臺灣中華書局，1973 年。

19. 胡楚生：《經學研究論集》，臺北：臺灣學生書局，2002 年。

20. 姬秀珠：《儀禮飲食禮器研究》，臺北：里仁書局，2005 年。

21. 徐福全：《儀禮士喪禮既夕禮儀節研究》，臺北：國立臺灣師範大學國文研究所碩士論文，1979 年。

22. 張光裕：《儀禮士昏禮、士相見之禮儀節研究》，臺北：臺灣中華書局，1971 年。

23. 梁啓超：《中國近三百年學術史》，臺北：華正書局，1979 年。

24. 梁啓超：《古書眞僞及其年代》，臺北：臺灣中華書局，1956 年。

25. 陳榮杰：《《武威漢簡‧儀禮》整理研究》，重慶：西南大學碩士學位論文，2006 年。

26. 彭妙卿：《儀禮少牢饋食禮儀節研究》，臺北：中國文化大學中國文學研究所碩士論文，1980 年。

27. 彭美玲：《古代禮俗左右之辨研究──以三禮爲中心》，臺北：國立臺灣大學文學院，1997 年。

28. 程克雅：《乾嘉學者「以例釋禮」解經方法比較研究：江永、凌廷堪與胡培翬爲主軸之析論》，臺北：國立臺灣師範大學國文學系所博士論文，1998 年。

29. 黃啓芳：《儀禮特牲饋食禮儀節研究》，臺北：臺灣中華書局，1971 年。

30. 楊天宇：《經學探研錄》，上海：上海古籍出版社，2004 年。

31. 楊伯峻：《經書淺談》，臺北：國文天地雜誌社，1990 年。

32. 楊志剛：《中國禮儀制度研究》，上海：華東師範大學出版社，2001 年。

33. 葉國良、夏長樸、李隆獻合著：《經學通論》，臺北：大安出版社，2005 年。

34. 葉國良：《宋人疑經改經考》，臺北：國立臺灣大學出版委員會，1980 年。

35. 葉國良：《經學側論》，新竹：國立清華大學出版社，2005 年。

36. 裘錫圭：《文字學概要》，臺北：萬卷樓圖書股份有限公司，1995 年。

37. 鄭良樹：《儀禮宮室考》，臺北：臺灣中華書局，1971 年。

38. 錢玄：《三禮通論》，南京：南京大學出版社，1996 年。

39. 謝德瑩：《儀禮聘禮儀節研究》，臺北：文史哲出版社，1983 年。

40. 羅聯添等編著：《國學導讀》，臺北：巨流圖書公司，1992 年。

（二）期刊論文及專書論文（論文集單篇）

1. 丁鼎：〈「衡」、「軛」考略──《新定三禮圖》校讀札記〉，《古籍整理研究學刊》，2005 年第 4 期。

2. 丁鼎：〈試論《儀禮》的作者與撰作時代〉，《孔子研究》，2002 年第 6 期。

3. 刁小龍：〈評清代《儀禮》文獻研究〉，《清華大學學報（哲學社會科學版）》，第 23 卷第 2 期，2008 年。

4. 王娜：〈論《五禮通考‧賓禮》對阮刻本《儀禮注疏》的校勘價值〉，《文教資料》，2009 年 18 期。

5. 王輝：〈從古考與古文字的角度看《儀禮》的成書年代〉，《傳統文化與現代》，1991 年第 1 期。

6. 王鍔：〈《儀禮》中之「側」字解〉，《古籍整理研究學刊》，2000 年第 3 期。

7. 王鍔：〈宋聶崇義《新定三禮圖》的價值和整理──兼評丁鼎先生整理的《新定三禮圖》〉，《孔子研究》，2008 年第 2 期。

8. 李峻岫：〈凌廷堪考據學發微〉，《古籍整理研究學刊》，2002 年第 5 期。

9. 李无未：〈《周禮》「諸侯之邦交」之斷句正誤〉，《文獻》，1998 年第 4 期。

10. 沈文倬：〈周代宮室考述〉，《浙江大學學報》，第 36 卷 3 期，2006 年。

11. 汪梅枝：〈近二十年來《儀禮》研究綜述〉，《圖書館理論與實踐》，2010 年第 8 期。

12. 周洪：〈《禮經學》校點札記〉，《古籍整理研究學刊》，2010 年第 4 期。

13. 林存陽：〈秦蕙田與《五禮通考》〉，《北京聯合大學學報（人文社會科學版）》，第 3 卷第 10 期（總第 10 期），2005 年。

14. 林存陽：〈張爾岐與《儀禮鄭注句讀》〉，《齊魯學刊》（總第 160 期），2001 年第 1 期。

15. 林碧琴：〈宋代聶崇義「三禮圖」初探〉，《大同商專學報》第 7 期，1993 年。

16. 金中樞：〈宋代的經學當代化初探：聶崇義的三禮圖學〉，《國立成功大學歷史學報》第 10 期，1983 年。

17. 柳向春：〈《儀禮正義》成書考〉，《文獻季刊》，2005 年第 3 期。

18. 段熙仲：《禮經十論》，收錄入於陳其泰、郭偉川、周少川編：《二十世紀中國禮學研究論集》，北京：學苑出版社，1998 年。

19. 徐良高、王巍：〈陝西扶風雲塘西周建築基址的初步認識〉，《考古》，2002年第 9 期。

20. 徐杰令：〈春秋時期饗燕禮的演變〉，《學習與探索》，2004 年第 5 期（總第 154 期）。

21. 陝西周原考古隊：〈扶風召陳西周建築群基址發掘簡報〉，《文物》，1981年第 3 期。

22. 陝西周原考古隊：〈陝西岐山鳳雛村西周建築基址發掘簡報〉，《文物》，1979年第 10 期。

23. 陝西周原考古隊：〈陝西扶風雲塘、齊鎮西周建築基址 1999～2000 年度發掘簡報〉，《考古》，2002 年第 9 期。

24. 陝西省雍城考古隊：〈秦都雍城鑽探試掘簡報〉，《考古與文物》，1985 年第 2 期。

25. 陝西省雍城考古隊：〈鳳翔馬家莊一號建築群遺址發掘簡報〉，《文物》，1985年第 2 期。

26. 馬增強：〈《儀禮》研究及其意義〉，《長安大學學報（社會科學版）》第 4卷第 4 期，2002 年。

27. 馬增強：〈《儀禮》與禮學研究〉，《西北大學學報（哲學社會科學版）》第33 卷第 2 期，2003 年。

28. 張圍東：〈談四庫本儀禮圖版本〉，《國立中央圖書館臺灣分館館訊》，1991年第 6 期。

29. 張華：〈試說《儀禮》中的「三辭」：禮辭、固辭、終辭——兼補正《漢語大詞典》的遺漏和釋義〉，《河南機電高等專科學校學報》第 17 卷第 4 期，2009 年。

30. 張壽安：〈清儒禮學思想之實踐——以胡培翬、夏鑾二家族爲例的探究〉，《第一屆國際清代學術研討會論文集》，高雄：中山大學中國文學系，1993年 11 月。

31. 張磊：〈古籍整理的新成果，禮學研究的新收穫——評丁鼎先生校釋的《新定三禮圖》，《魯東大學學報（哲學社會科學版）》第 24 卷第 4 期，2007年。

32. 曹建墩：〈周代牲體禮考論〉，《清華大學學報（哲學社會科學版）》第 23卷第 3 期，2008 年。

33. 許清雲：〈儀禮概述〉，收錄於李曰剛等著：《三禮研究論集》，臺北：黎明文化事業有限公司，1982 年。

34. 陳高志：〈從《三禮圖集注》之舛誤談彝哭定名之難〉，《中國文學研究》第 6 期，1992 年。

35. 傅熹年：〈陝西扶風召陳西周建築遺址初探──周原西周建築遺址研究之二〉，《文物》，1981 年第 3 期。

36. 彭林：〈評楊大堉、胡肇昕補《儀禮正義》〉，《清華大學學報（哲學社會科學版）》第 22 卷第 2 期，2007 年。

37. 程一凡：〈阮刻本《儀禮注疏》校議〉，《文教資料》（下旬刊），2010 年 6 月。

38. 程克雅：〈胡培翬《儀禮正義》以例釋禮方法探究〉，《中央大學中文所研究生論文集》，1994 年。

39. 程克雅：〈敖繼公《儀禮集說》駁議鄭《注》之研究〉，《國立東華大學文學院學報》，第 3 期，2000 年 7 月。

40. 程艷梅：〈論《周禮》和《儀禮》中賈公彥義疏的語法觀〉，《滁州學院學報》第 8 卷第 4 期，2006 年。

41. 楊天宇：〈略論「禮是鄭學」〉，《齊魯學刊》（總第 168 期），2002 年第 3 期。

42. 楊天宇：〈鄭玄校《儀禮》不從誤字、衍字、倒文、壞字考〉，《河南大學學報（社會科學版）》第 45 卷第 6 期，2005 年。

43. 楊天宇：〈釋《儀禮》「凡堂上之拜皆北面」之義〉，《史學月刊》，2009 年第 11 期。

44. 楊鴻勛：〈西周岐邑建築遺址初步考察〉，《文物》，1981 年第 3 期。

45. 萬麗華：〈《十三經注疏》中《三禮》注疏句讀辨誤〉，《古籍整理研究學刊》，2006 年第 2 期。

46. 葉國良：〈駁《儀禮》為孔子手定完書說及其延伸論述〉，收錄於《屈萬里先生百歲誕辰國際學術研討會論文集》（抽印本），臺北：國家圖書館、中央研究院歷史語言研究所、國立臺灣大學中國文學系主編，2006 年。

47. 葉國良：〈關於劉敞的四篇禮「義」〉，《傳統中國研究集刊》第 3 輯，上海：上海人民出版社，2007 年。

48. 葉國良：〈論《儀禮》經文與記文的關係〉，收錄於《孔德成先生學術與薪傳研討會論文集》，國立臺灣大學中國文學系，2009 年。

49. 賈宜瑔：〈胡培翬《儀禮正義》論鄭玄《儀禮注》、敖繼公《儀禮集說》正誤舉隅──以古禮賓介問題為例〉，《中國文學研究》第 15 期，2001 年。

50. 趙昭：〈《儀禮》成書考〉，《蘭台世界》22 期，2008 年。

51. 劉克明、周德鈞：〈《周禮》與古代圖學〉，《文獻》1997 年第 1 期。

52. 劉德漢：〈三禮概述〉，收錄於李曰剛等著：《三禮研究論集》，臺北：黎明

文化事業有限公司，1982 年。

53. 潘斌：〈近二十多年來鄭玄《三禮注》研究綜述〉，《古籍整理研究學刊》，2007 年第 5 期。

54. 鄭憲仁：〈周代「諸侯大夫宗廟圖」研究〉，《漢學研究》第 24 卷 2 期，2006 年。

55. 鄭憲仁：〈關於《儀禮》儀節研究的探討——以〈公食大夫禮〉爲例〉，《國立臺南大學「人文與社會研究學報」》第 43 卷第 2 期，2009 年。

56. 鄧聲國：〈戴震校勘《儀禮》鄭注論析〉，《井岡山大學學報（社會科學版）》第 31 卷第 1 期，2010 年。

57. 錢慧眞：〈「三禮」名物訓詁史述略〉，《貴州教育學院學報（社會科學）》第 24 卷第 1 期，2008 年。

58. 鍾柏生：〈儀禮有司徹儀節研究〉，《花蓮師專學報》第 7 期，1975 年。

59. 韓偉：〈馬家莊秦宗廟建築制度研究〉，《文物》，1985 年第 2 期。

60. 韓碧琴：〈儀禮少牢饋食禮、特牲饋食禮儀節之比較研究〉，《國立中興大學臺中夜間部學報》第 3 期，1997 年。

61. 韓碧琴：〈儀禮有司徹、特牲饋食禮儀節之比較研究〉，《國立中興大學文史學報》第 28 期，1998 年。

62. 韓碧琴：〈儀禮覲禮儀節研究〉，《興大中文學報》第 17 期，2005 年。

（三）研究報告

1. 周聰俊：「儀禮儀節圖研究」（國科會計畫成果報告書），計畫編號 NSC91-2411-H-231-002

2. 葉國良：「儀禮士昏禮採色 3D 動畫研發後續計畫」（國科會計畫成果報告書），計畫編號 NSC 89-2411-H-002-102

3. 葉國良：「儀禮士婚禮彩色 3D 動畫 CD」（國科會計畫成果報告書），計畫編號 NSC 88-2411-H-002-023

（四）古籍今人註解與改編

1. 丁鼎點校、解說：《新定三禮圖》，北京：清華大學出版社，2006 年。（與古籍採互見之方式處理）

2. 李學勤主編：《儀禮注疏‧賓禮（十三經注疏整理本）》，臺北：臺灣古籍出版有限公司，2001 年。

3. 彭林：《儀禮全譯》，貴陽：貴州人民出版社，1997 年。

4. 楊天宇：《儀禮譯注》，上海：上海古籍出版社，1994 年。

三、外國學者著作

1. 〔日〕倉石武四郎：《儀禮疏攷證》，東京：東京大學東洋文化研究所附屬東洋學文獻セソター刊行委員會，昭和 54 年（1979 年）。

2. 〔日〕瀧川龜太郎考證：《史記會注考證》，高雄：復文圖書出版社，1991年。

3. 〔美〕羅伯特・路威著（Robert Heinrich Lowie）、呂祖湘譯：《文明與野蠻（Are We Civilized?－Human Culture in Perspective）》，北京：生活・讀書・新知三聯書店，1992 年。